"十四五"职业教育国家规划教材

"十三五"江苏省高等学校重点教材

(编号：2019-2-116)

江苏省"十四五"首批职业教育规划教材

智慧健康养老系列教材

老年康乐活动策划与组织

（第二版）

主　　编　姜　燕　朱　佩
副 主 编　周　飞　何　娅　奚涛立
参编人员（按姓氏拼音首字母排序）
　　　　　丁彩艳　丁　馨　郭　亮
　　　　　蒋　春　蒋　玲　吉子环
　　　　　柯赟洁　李　培　孙　伟
　　　　　徐海炳　谢　孟　张静兰

扫码获取更多资源

 南京大学出版社

图书在版编目(CIP)数据

老年康乐活动策划与组织 / 姜燕,朱佩主编. — 2版. — 南京：南京大学出版社,2024.6
ISBN 978-7-305-28114-3

Ⅰ.①老… Ⅱ.①姜… ②朱… Ⅲ.①老年人－休闲娱乐－组织管理 Ⅳ.①G241.3

中国国家版本馆 CIP 数据核字(2024)第 100778 号

出版发行	南京大学出版社
社　　址	南京市汉口路 22 号　邮　编　210093
书　　名	**老年康乐活动策划与组织** LAONIAN KANGLE HUODONG CEHUA YU ZUZHI
主　　编	姜　燕　朱　佩
责任编辑	尤　佳　　　　　　编辑热线　025－83592315
照　　排	南京南琳图文制作有限公司
印　　刷	常州市武进第三印刷有限公司
开　　本	787 mm×1092 mm　1/16　印张 14.75　字数 359 千
版　　次	2024 年 6 月第 2 版　2024 年 6 月第 1 次印刷
ISBN	978－7－305－28114－3
定　　价	59.00 元

网址：http://www.njupco.com
官方微博：http://weibo.com/njupco
官方微信号：njupress
销售咨询热线：(025) 83594756

* 版权所有,侵权必究
* 凡购买南大版图书,如有印装质量问题,请与所购
　图书销售部门联系调换

前 言

党的二十大报告提出:"实施积极应对人口老龄化国家战略,发展养老事业和养老产业,优化孤寡老人服务,推动实现全体老年人享有基本养老服务"。《老年康乐活动策划与组织》一书积极响应国家老龄事业发展和养老体系建设规划的战略部署,根据党中央关于建设一支宏大的高素质养老服务人才队伍的要求,依据教育部正式颁布的《老年人服务与管理专业教学标准》编写,实现国际标准本土化,突出职业特色,强调实际动手操作能力培养,强化职业态度和职业素养培育。本书荣获2019年"十三五"江苏省高等学校重点教材、江苏省"十四五"首批职业教育规划教材,本书亦是江苏省青蓝工程优秀教学团队成果之一。

本书编写团队,是一支由长期从事老年服务与管理的校内专任教师和校外行业、企业精英组成的,有丰富教学经验和企业实践经验的综合编写团队。在针对老年康乐活动深度调研的基础之上,以科学严谨的工作态度和职业精神,以国家和行业标准为依据,确保教材内容的典型性、先进性、实用性、可操作性和可复制性。

本书引进国际标准和国内行业技能操作标准、工作流程、管理规范,教材内容对接岗位需要,从"懂知识"到"会技术"再到"精技能",全面提升学习者的专业能力、岗位能力、职业能力和创新创业能力。教材项目坚持"行动导向教学模式",教学过程对接工作过程,项目导向,任务驱动,能力递增,适应理实一体教学。同时,开发"互联网+教材",丰富教学案例,提供在线学习资源。

本书将老年康乐活动的策划与组织划分为认知康乐行业岗位、培养康乐服务能手和塑造康乐管理高手三大模块。全书由八个项目构成,主要内容为:项目一,老年康乐活动策划与组织基础知识;项目二,老年康乐活动策划与组织实践基础;项目三,智力类康乐活动;项目四,运动类康乐活动;项目五,操作类康乐活动;项目六,音乐类康乐活动;项目七,四季、节日主题康乐活动;项目八,认知症老人康乐活动。每个项目包括若干个任务,每个任务都以实际工作流程为载体,以职业活动内容为情境,通过情景聚焦、任务目标、任务要点、知识准备、任务实施、案例展示和任务拓展等部分形成有职业特色的完整教学体系。所选案例都来自行业一线,线上与线下混合,学习与实践结合,教学过程体现了"学、教、评、思、做"一体化的教学实训模式。将职业态度和产业文化融入每个教学任务,是本书的一大亮点。

本书编写既体现了"授业""解惑",更以"传道"为责任和使命,引导学生树立正确的世界观、人生观和价值观,大力推进"课程思政",确保本教材"课程思政"改革与"思政课程"在价值引领和育人导向上同向同行,协同育人。本书不仅对高职院校老年服务与管理专业学习与研究的师生,也对一线老年社会工作者具有一定的理论与实践指导意义,具有独特的实用价值,同时,也适合养老机构和社会培训机构作为培训教材使用。

本教材编写大纲和模块设计借鉴国内外同类教材的成功经验,经全体参编教师多次研讨、调整和修改后,最终定稿。本教材项目一由姜燕编写,项目二、四、八由朱佩编写,项目三由奚涛立编写,项目五由周飞编写,项目六、七由何娅编写。全书由朱佩作为主要执笔人进行汇总,统一修改、统稿和定稿。

本书编写过程中,引用和参考了许多专家学者的相关著作和资料,吸收了许多最新的研究成果,在此一并致谢!

我国的老年康乐活动策划与组织还处于发展阶段,与之相关的服务工作还需要不断探索和发展,加之本教材编者知识、经验、水平有限,难免存在一些不足与缺憾,恳请读者批评指正。

《老年康乐活动策划与组织》编写组
2024年5月

目 录

项目一 老年康乐活动策划与组织基础知识 ······· 1
    任务一 了解老年康乐活动 ······· 2
    任务二 了解老年康乐活动的策划组织者 ······· 6
    任务三 建立与老年人的信任关系 ······· 8
    任务四 掌握与老年人沟通的技巧 ······· 10

项目二 老年康乐活动策划与组织实践基础 ······· 15
    任务一 策划老年康乐活动 ······· 17
    任务二 计划老年康乐活动 ······· 36
    任务三 实施老年康乐活动 ······· 45
    任务四 评价老年康乐活动 ······· 56
    任务五 安全管理和实施时的注意事项 ······· 63

项目三 智力类康乐活动 ······· 71
    任务一 认识智力类康乐活动 ······· 72
    任务二 策划智力类康乐活动 ······· 75
    任务三 组织智力类康乐活动 ······· 87

项目四 运动类康乐活动 ······· 94
    任务一 认识运动类老年康乐活动 ······· 95
    任务二 策划运动类老年康乐活动 ······· 99
    任务三 组织运动类老年康乐活动 ······· 121

项目五　操作类康乐活动 125
任务一　认识操作类老年康乐活动 126
任务二　策划操作类老年康乐活动 128
任务三　组织操作类老年康乐活动 142

项目六　音乐类康乐活动 146
任务一　认识音乐类老年康乐活动 147
任务二　策划老年音乐类康乐活动 152
任务三　组织老年音乐类康乐活动 165

项目七　四季、节日主题康乐活动 169
任务一　制订年度、月度康乐活动计划 170
任务二　策划四季、节日主题康乐活动 174
任务三　组织四季、节日主题康乐活动 185

项目八　认知症老人康乐活动 188
任务一　认识"认知症" 189
任务二　认识认知症老人康乐活动 192
任务三　策划认知症老人康乐活动 194
任务四　组织认知症老人康乐活动 221

参考文献 229

项目一
老年康乐活动策划与组织基础知识

情景聚焦

党的二十大报告中指出：我们深入贯彻以人民为中心的发展思想，在幼有所育、学有所教、劳有所得、病有所医、老有所养、住有所居、弱有所扶上持续用力，人民生活全方位改善。人均预期寿命增长到七十八点二岁。居民人均可支配收入从一万六千五百元增加到三万五千一百元。城镇新增就业年均一千三百万人以上。建成世界上规模最大的教育体系、社会保障体系、医疗卫生体系，教育普及水平实现历史性跨越，基本养老保险覆盖十亿四千万人，基本医疗保险参保率稳定在百分之九十五。及时调整生育政策。改造棚户区住房四千二百多万套，改造农村危房二千四百多万户，城乡居民住房条件明显改善。互联网上网人数达十亿三千万人。人民群众获得感、幸福感、安全感更加充实、更有保障、更可持续，共同富裕取得新成效。

《中华人民共和国老年人权益保障法》第七十一条规定，国家和社会采取措施，开展适合老年人的群众性文化、体育、娱乐活动，丰富老年人的精神文化生活。但是目前，我国老年人的精神文化生活保障情况不容乐观，老年人文化氛围不浓；公共文化设施为老人服务的功能有待进一步提高；老年文化产品和服务供给不足等，满足不了老年人精神需要。

限制老年人精神文化生活提升的因素主要有四项：

1. 空巢因素，空巢老人普遍存在孤独感现象，心理上常被失落、孤独、焦虑等情绪笼罩；

2. 经济因素，老年人的收入总体不高，用于学习娱乐、外出旅游等精神文化方面的支出相对较少；

3. 身体和心理因素，老年人大都患有慢性病，而绝大多数疾病又都是终身相随的，使他们对精神文化生活持消极的态度；

4. 活动环境和设施因素，户外活动场地的缺少，许多知识讲座尤其是健康知识讲座，往往伴随着推销保健品的商业行为，使老年人心存疑惧。

结合目前老年人精神文化现状，请思考：作为老年服务从业人员，如何帮助老年人提高生存质量，成就老年人有尊严、有质量的晚年生活？

任务目标

知识目标：
（1）掌握老年康乐活动的基本概念、特征及基本分类；
（2）掌握老年康乐活动策划组织者的素养要求；
（3）掌握老年期身心变化特征及应对方法；
（4）掌握与老年人沟通的技巧。

能力目标：
（1）具备老年康乐活动策划组织基本能力；
（2）培养学习者将所学专业基础知识进一步转化成专业应用能力。

素质目标：
（1）通过认知老年康乐活动策划与组织相关知识，培养老年康乐活动工作者的专业意识及职业素养；
（2）增强学习者对老年人康乐活动的认识与体会，初步建立职业概念。

任务要点

重点：了解老年康乐活动。
难点：掌握与老年人沟通的技巧。

知识准备

查阅相关资料，思考问题：
（1）老年康乐活动有哪些具体形式？
（2）为提高老年人生活及生命质量，我们可以做什么？
（3）与不同特点的老年人如何开展有效沟通？

任务一 了解老年康乐活动

任务组织

了解老年康乐活动的作用和意义，对于老年康乐活动工作者策划活动和制定计划，都是非常有用的。

1. 老年康乐活动的概念

随着老年人的增加，对老年人开展身心照护的养老机构也增加了。在机构或社区中，为了让老年人愉快地生活而开展的体操、游戏等各类活动,就是老年康乐活动,其主要目的就是让老年人能够享受到生活的乐趣。

具备基本老年康乐活动专业知识的人士,就可以成为老年康乐活动工作者。其工作内容就是通过策划、组织老年康乐活动为老年人提供支持。作为老年康乐活动工作者,笑容是最基本的要素,明亮的笑容能让老年人安心、愉快地参加活动;时刻为老年人考虑,接纳、理解老年人,自然能够加深与老年人的交流沟通。

2. 老年康乐活动的特征

老年康乐活动重视的是为老年人提供参与老年康乐活动的机会,提高生活满意度。这一理念在机构和社区活动中已经逐渐达成共识。最新研究表明,老年康乐活动对于提高日常生活活动的效果也有一定的帮助。例如擅长绘画的老人,通过参与康乐活动发挥自身特长,得到全体参加者的称赞,也获得了生活的快乐和精神满足感。

老年康乐活动具有以下特征:
① 并非"空闲时间的娱乐",是帮助老年人找到生活乐趣的活动。
② 活动重点是"在日常生活中找到生活中的乐趣和意义"。
③ 恢复老年人功能和提高自立生活能力的康乐活动,对于提高老年人生活、生命质量及日常生活活动能力也有效。

3. 老年康乐活动的分类

3.1 老年康乐活动的基本类型

(1) 集体康乐活动。唱歌、跳舞等以团体活动方式举行的我们称之为"集体康乐活动"。这种活动方式在机构和社区中应用最为广泛,关注也最多。

(2) 个别康乐活动。老年人的爱好各不相同,每个人的身体状况也存在差异。因此,近年来,结合老年人自身兴趣爱好和身体状况而设计的康乐活动,在机构和社区中越来越受到重视。像这样对应老年人个体差异的活动就称为"个别康乐活动"。

(3) 基本生活康乐活动。结合就餐和入浴等基本生活活动的康乐活动,增加了老年人感到舒适的时间,越来越受到重视。这种在基本生活中实行的老年康乐活动称为"基本生活康乐活动"。

了解这3种活动类型的差异,对于我们策划和计划老年康乐活动具有重要意义。表1-1中介绍了各种类型活动及其具体实施案例,老年康乐活动工作者在开展活动前,可对照此表进行确认。

表 1-1　老年康乐活动的类型及案例

老年康乐活动的类型	具体案例
集体康乐活动	在机构和社区中举行的团体体操
	在机构中举行的每月的生日会和节日活动
	(团体方式的)园艺、唱歌、乐器演奏等
个别康乐活动	绘画、围棋、手工、插画等在自由时间内进行的趣味活动
	锻炼大脑的游戏、书写计算等根据参加者状态举行的,提高其自立生活能力的活动
基本生活康乐活动	用餐时间观看怀旧电影
	入浴时间播放音乐
	在机构和社区的公共区域内绘画装饰、布置鲜花

3.2　新视角下的老年康乐活动分类

在积极老龄化视角下,按照活动操作类型主要分为:智力类康乐活动、运动类康乐活动、操作类康乐活动、音乐类康乐活动、四季节日主题类康乐活动和认知症老人康乐活动等。

(一) 智力类康乐活动

智力锻炼与记忆锻炼是紧密结合在一起的。智力锻炼会促进记忆功能的改进,而记忆功能的改善又会进一步推动老年人智力的恢复。智力锻炼也是认知症老人康复锻炼一个非常重要的一部分,对治疗认知症有重要作用。智力锻炼分为观察力、自然事物分类能力、数字与数学计算能力、视觉空间辨识能力、想象力与右脑锻炼6个方面。

(二) 运动类康乐活动

运动可以刺激大脑,避免老人长期待在房间里,减少失能,也能改善抑郁等精神症状。散步、做操、进行关节活动训练和平衡能力训练、徒手或借助器械,让老人进行各种改善运动功能的锻炼,以恢复运动功能,预防和治疗肌肉萎缩、关节僵硬。

（三）操作类康乐活动

操作类康乐活动可以使老人集中精神，增强注意力和记忆力，增强体力和耐力，并可获得满足感，重建对生活的信心。

1. 书画创作。满足老人在情绪、社交及书画能力发展方面的需要，作品还可以反映出老人当前的问题与困境。

2. 手工制作。通过使用剪刀、小刀、胶水等工具，重复剪、贴、捏、搓、揉等手部精细动作，锻炼老年人动手能力，提高手脑协调性；各类主题元素的选择和制作，充分培养老年人对美的认识和感知。

3. 操作作业。针对老年人日常自理能力的训练，从日常生活活动、劳动中，选出他们感兴趣并能帮助恢复功能和技能的活动。例如刺绣、针织、做饭、叠衣服等，还有操作作业类的活动，例如园艺、厨艺等，通过操作过程充分刺激老年人的感官和大脑，促进身心愉悦。

（四）音乐类康乐活动

使用音乐元素展开康乐活动，达到身体或心理锻炼的活动就是音乐康乐活动。音乐类活动在老人中比较受欢迎，通过歌唱等活动形式释放负面情绪，锻炼心肺功能，还能增加老人的社会交往。此外还有歌曲讨论、音乐回忆、音乐想象等方法。

（五）四季节日主题类康乐活动

根据不同的季节、节日或事件选择主题后，选择音乐、运动、手工、美术、益智等不同的活动形式，变换成与主题相呼应的内容，就可组成一场主题康乐活动。这样的活动与现实时间和日常活动结合紧密，具有很好的活动效果。

（六）认知症老人康乐活动

针对认知症老人的正规康复训练包括作业训练、怀旧训练、认知训练、音乐治疗、美术治疗和运动疗法等。

1. 作业训练。操作作业法可以使老人集中精神，增强注意力和记忆力，增强体力和耐力，并可获得满足感，重建对生活的信心。例如写信、写作，协助准备餐食、做家务等。

2. 怀旧训练。怀旧训练是在安全、舒适的环境中，运用老照片、音乐、食物及过去家用的或其他熟悉的物件作为记忆触发，唤起老人的往事记忆并鼓励其分享、讨论个人生活经历，如"旧时的音乐（节庆）""儿时记忆""读书时光""我的家庭""工作经历"等。

3. 认知训练。包括记忆力、定向力、判断力、计算能力、注意力和推理能力的训练。可以采用多种方法来增强认知功能。

4. 音乐治疗。通过音乐及乐器与认知症老人搭建起沟通的桥梁。音乐治疗可以改变认知症老人的情绪，欢快的歌曲会让他们脚步轻快，而舒缓的歌曲可以帮助他们放松，进而保持身心愉悦，促进其运动感觉和智能方面的改善。

5. 美术治疗。美术治疗又称为"绘画疗法"，指通过绘画让老人产生自由联想来稳定和调节情感。通过绘画让认知症老人发泄不良情绪，进而达到调节情绪的目的。

6. 运动疗法。体育锻炼可以改善肌肉张力、骨骼强度、心血管系统、认知功能和情绪。已有科学报告指出，体育运动可以降低罹患认知症的风险。

3.3 老年康乐活动实施场所

以往的康乐活动实施场所主要是在机构中。但近年来,随着养老机构的增加,以及越来越多的老年人采取居家养老的方式,老年康乐活动也相应地发生了变化,以家庭为中心而进行的康乐活动增加了。也就是说,只要是老年人生活的场所都可以实施康乐活动。

3.4 康乐活动实施时间

一般情况下,个人一日活动内容如表1-2所示,大致分为三个部分。

表1-2 3个生活时间

基本生活时间	就餐、入浴、排泄、睡眠、做饭、清洗、扫除等,维持正常生活的基本时间
社会生活时间	工作和学习等时间
自由创造生活时间(空闲时间)	基本生活时间、社会生活时间以外的可自主支配的时间

进入老年期"社会生活时间"减少,"空闲时间"增加。以往的康乐活动主要着眼于充实老年人的空闲时间,侧重于举行团体方式的唱歌、跳舞、游戏等。但现在,在充实"空闲时间"的基础上,充实"基本生活时间"的康乐活动也被作为策划组织活动的重要考虑因素。

任务二 了解老年康乐活动的策划组织者

任务组织

我们称为"老年康乐活动工作者"的工作内容就是帮助、支持老年人找到"生活的乐趣"和"意义",提升老年人的QOL,为老年人带来笑容。QOL(Quality of Life)指"生活质量"和"生命质量",不仅包括物质生活的丰富,还包含精神要素的充实。提高老年人对日常生活的满足感,进而提升QOL。

1. 老年康乐活动工作者的基本态度

老年康乐活动工作者,以需要帮助的老年人为对象开展活动。

1.1 对老年人的"支持"

老年康乐活动工作者应时刻牢记:实施老年康乐活动是为了在日常生活中"帮助"老年人找到生活的乐趣和意义。换言之,康乐活动工作者采取的基本态度应该是"支持",而不是"指导"。

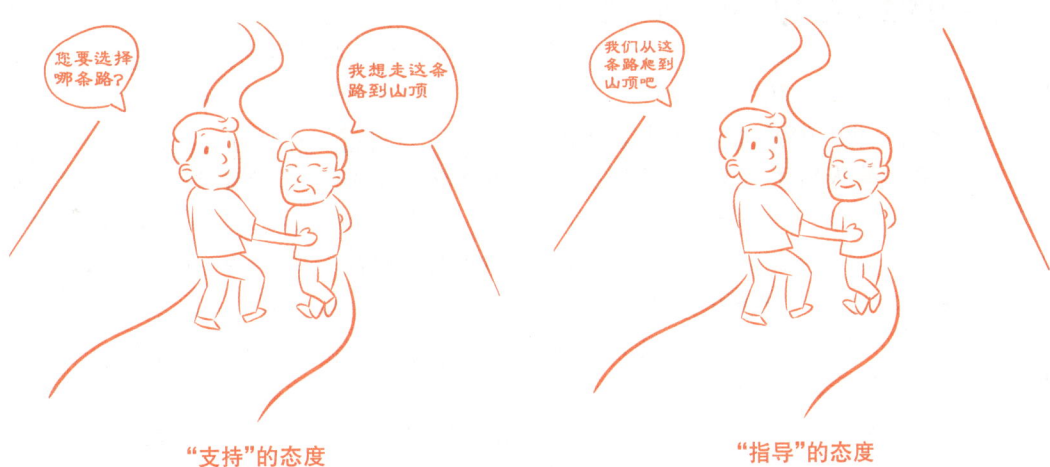

图 1-1 "支持"与"指导"的区别

"指导"是牵着老人的手,手把手地示范教老人怎么做;而"支持"是和老年人一起思考、共同行动,守护老年人,创造让他们感到舒适的条件。因此,安全、整洁的环境对老年康乐活动也具有重要作用。

1.2 采取"支持"态度的理由

"指导"和"支持"活动对象的主体性具有较大差异,总结如表 1-3 所示。

表 1-3 指导与支持的差异

指导	活动对象主体性较小 ● 具有专业知识和技术、技能的人,为了提升活动对象的能力,通过示范实施教育 ● 教育的意味强烈
支持	活动对象主体性较大 ● 围绕活动对象的所感、所期,思考为了帮助活动对象实现愿望自身可以做些什么,进而予以支持 ● 为活动对象最大限度地发挥自身能力提供支持的意味强烈

2. 老年康乐活动工作者的伦理观

老年人往往认为需要照顾的老年人会受到来自社会各种无形的约束,由于自身处于弱势地位,权益也更容易受到侵犯。为此,在组织实施老年康乐活动的过程中,注意事项可简单概括为以下几条:

(1) 责信义务。为了保护活动对象的个人尊严,协助其达到自立的生活状态,应常怀同理心,站在老年人的立场和角度体会老人的情绪、想法和感受,诚实地开展服务活动,确保有效能的专业行为。

(2) 接纳义务。不论老人的社会地位与个人能力及态度如何,都能一视同仁,提供其所需服务。接纳老人状况,并从中发现老人本身的能力和长处,相信其有成长与改变的潜能。对老人保持开放态度,不轻易责难与判断,确认每位老人的独特性及其特征,积极为老人创造更多接受服务或提供服务的渠道与机会。

（3）保密义务。尊重老人隐私权。老年康乐活动工作者在无正当理由前提下，不得向无关人员泄露老年人隐私。

作为康乐活动工作者，要经常站在老年人的立场思考问题。为此必须注意：

（1）注重老年人感受。我们认为好的方式，也许会伤害到老年人的尊严。为此，我们必须先要认识到：对于老年人来说什么方式才是合适的？什么样的行为让老人感到有损尊严？这个尺度因人而异。因此，在开展活动前与活动参加对象进行沟通，将自己的想法认真传达给对方，是避免双方认知差异的有效方法。

（2）提供适当辅助。老年康乐活动工作者侧重于利用老年人自身残存能力，让老年人自主参与活动，在活动过程中守护老年人，给予适当的辅助，并根据活动现场的变化适时调整，协助老年人顺利参与活动。为此，在活动策划阶段，就应与相关护理人员取得联系，充分了解参加者状况、场地信息等。

任务三　建立与老年人的信任关系

任务组织

如何与老年人建立信任关系，是老年康乐活动工作者必须认真考虑的问题。尊重、接纳老年人，根据对方的需求提供温暖的服务，是建立与老年人信任关系的基本要素。

1. 老年期的身心变化特点及应对方法

把握老年期的身心变化及特征，以此为基础来考虑应对方法。

（1）老化引起的身心变化。老化指的是随着年龄的增长，心理和身体机能的减退及其过程。"老化"程度差异较大，老化的速度、缓解老化的方法都因人而异，表1-4列举了常见的变化。理解这些变化和个体差异，开展个性化的交流和沟通非常重要。

（2）以实现老年人自立为目标。无论是身体健康的老年人还是日常生活需要辅助的老年人，都存在感情老化现象，因此必须采取合适的应对方法。认识每个人的独特个性，慎重考虑如何表达、对方为何这样说等，对帮助老年人实现自立非常重要。

表 1-4 老化的主要特征

身体机能的降低，可见的变化	心理的丧失感
● 白发增加，易脱发 ● 皮肤出现皱纹 ● 体力和耐力降低 ● 动作变得迟缓 ● 眼睛的各种症状（白内障等） ● 听力减退 ● 脊椎弯曲 ● 容易骨折 ● 咀嚼、吞咽功能降低	● 身体机能的衰弱引起心理丧失感 ● 配偶和亲人的离世、子女的独立等带来的孤独感、孤立感 ● 退休等造成地位丧失和经济等方面的问题，进而引发不安感 ● 自责、对死亡的恐惧增强 ● 意识到自身记忆力的下降 ● 以前能做的事情无法独立完成，造成自尊心的伤害
人格、感情的老化	精神机能（脑）的老化
● 以自我为中心 ● 变得啰唆 ● 变得保守 ● 反应迟钝 ● 变得急躁 ● 变得顽固 ● 抑郁倾向明显 ● 情感控制和交替变得不易实现 ● 自发性和主动性减退 ● 以前感兴趣的活动变得不再关心 ● 集中注意力和思考的能力下降	● 智力的老化（智力指数降低） 

2. 维护老年人的尊严

2.1 站在对方立场上思考

与老年人接触的基本原则就是站在对方立场考虑问题，时刻顾虑对方的想法和感受。只有站在对方立场上才能将自身所感与对方所感联系起来，有利于问题的全面解决。老年康乐活动工作者，面对作为活动主体的老年人，要经常反思检查：是否存在自我意识过强现象？是否真正做到了"站在对方立场"思考。

2.2 贴近老人心灵构建关系

维护老年人尊严的方法就是对每一位老年人保持兴趣，认真倾听老年人的表述。对于老年人来说，经过长时间积累起来的能力、财富、社会关系等，都随着老化慢慢失去，由此带来的不安是不能轻易消解的。但我们能做的就是倾听他们的讲述，让老年人尽情表达。关系的构建并没有严格的定义，需要老年康乐活动工作者在日常生活中常怀同理心，用自身所期待的沟通方式与老年人建立关系。

3. 建立对老年人的支持

3.1 保持聆听

"聆听"是带着恭敬的态度、有意识地、集中精神听对方的话语,这一行为包含了对老年人的充分尊重,因而是对老年人开展支持的重要方法。通过聆听老年人的表达,让老年人充分感受到自己被接受,因而逐渐敞开心扉。

3.2 保持稳重的态度

让老年人产生安全感的沟通的基本条件就是:始终保持游刃有余的稳重态度,要恰当处理因为忙碌而无法展开详细交流的情况,尽可能当场与老年人约定好之后详细沟通的具体时间。与老年人沟通的过程中要保持适度的音量,使用明快、柔和的语调,清晰表述。

3.3 注意表情管理

在沟通中时刻留心自己的表情,保持微笑,让老年人产生安全感和信赖感。遇到老年人情绪失落,或者交流话题比较沉重,也要注意通过自身的表情表达对对方的关心和理解。

3.4 主动问候积极回应

打招呼和回应在人际交往中起着重要的作用。在与老年人交流时,应避免使用否定表达方式,尽量向对方传达积极的信号。

例如:
- 表达称赞

"您的腿能抬这么高了,太棒了!"
- 表达佩服

"您插的这束花真漂亮,放在这里,房间都明亮起来了。"

图1-2 积极赞扬

3.5 遵守约定

遵守约定对于建立信任关系十分重要。如果经常发生不能在规定时间举行活动,或者没按照约定带来相应器材等情况,就会失去机构和社区人员的信任。如果不能按时赴约,一定要提前向机构或社区相关人员说明情况,才能建立起彼此信赖的合作关系。

任务四 掌握与老年人沟通的技巧

任务组织

1. 与老年人沟通的基本要素

掌握与老年人沟通交流的技巧,无论是与护理人员沟通,还是实施康乐活动都会变得更加顺利。

1.1 表情和肢体语言

沟通的方式既有语言的,也有肢体语言的。与老年人及其家人、护理人员沟通的基本要素就是笑容,带着笑容开始沟通能够使对方对你产生信任感。笑容拥有比语言更强的效果,因此在活动组织中始终保持微笑,对活动的顺利推进有重要作用。

在沟通中对老年人的语言、情绪、心理要保持高度关注,既有用肢体语言表达的关注,如工作人员要面向老人,面带笑容,手势自然,眼神亲切,身体适当向前倾向老人等;也有非语言的心理关注表达,如观察老人的手势、神态、身体动作及语气语调,揣摩老人的心理以及体会老人话语的"言外之意"。

另外,用大幅度的动作表现快乐的心情,也是创造良好活动氛围的一种方式,也往往能够带动活动现场氛围达到一个小高潮。

1.2 同理心

同理心指工作人员对老人的一种"感同身受"和投入理解。同理心表明工作人员进入了老人的内心世界,并对老人的感觉与理解做出表达,同时能够明察出潜在的、隐含的或透露不足的部分并对此进行有效的沟通,有助于康乐活动的策划、计划、实施和评价。

2. 与听说障碍老人的沟通

2.1 与听力困难老人的沟通

随着年龄增长而出现的听力困难,称为"老年性听力困难"。"老年性听力困难"的症状是以高频听力下降为主,老人首先对门铃声、电话铃声、鸟叫声等高频声音不敏感,逐渐对多种声音敏感性都降低。

在与听力困难老人交流时我们应该注意把握以下几点:

(1)使用简短语句清晰表述。使用尽量简短的语句清晰地表达非常重要。如果老人佩戴了助听器,则不需要大声讲话。

(2)不要过度依赖笔谈。如果对方可以阅读和书写,那么利用笔谈能够更加准确地表达意思,是一种很好的交流方式。但是如果过度依赖笔谈,老人会产生"肯定不想再我和说话了"之类的想法,伤害到老人的自尊心。因此,不要过分依赖笔谈,应主动与老人搭话。

2.2 与失语症老人的沟通

失语症是大脑言语中枢病变引起的语言功能障碍。表现为不能说话,或说话有错句、错音或自己虽有说话能力,却对别人的话完全或部分不能理解。

与失语症老人交流时应注意:

(1)谈话简短清晰。失语症患者理解语言需要花费时间,一个词语一个词语简短地表达,则比较容易理解,务必避免语速过快、过急的情况。

(2)展示实物或者图片。失语者患者对于实物和图片具有较强的理解力。当无法通过语言沟通时,可以通过向对方展示物品、日常对话中出现的人物、描述话题线索的图片等展开对话。但要注意不要过度使用,以免伤害对方的自尊心。

对于老人在交流过程中出现的语言错误,不要去纠正,不能取笑,也不要勉强老人讲话。

3. 与偏瘫老人的沟通

3.1 偏瘫的症状

偏瘫又叫半身不遂,是指同一侧上下肢、面肌和舌肌下部的运动障碍,是急性脑血管病的常见症状。右侧偏瘫的症状表现如图1-3所示。

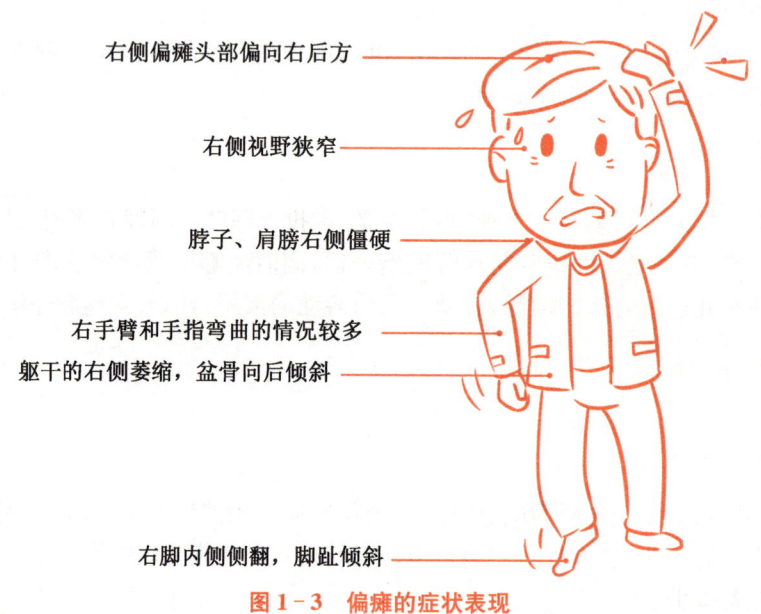

图1-3 偏瘫的症状表现

3.2 与偏瘫老人的沟通方法

与偏瘫老人接触时,不能仅凭观察外表判断老人的行为能力,一定要切实了解老人的残存能力及程度。在实施老年康乐活动时,请护理人员协助完成,尽量帮助老人发挥残存功能和长处,让老人产生自信,进而树立积极的生活态度。

另外,因为坐在轮椅上的老人面部正好与周围人的手部和家具等同等高度,往往容易造成碰伤等情况,因此必须注意避开这些危险。其他的注意点见案例。

案例 1　乘坐轮椅参加康乐活动的章爷爷——如何矫正身体和面部歪斜

章爷爷因为右半身偏瘫需要乘坐轮椅，但经常会出现身体侧滑、头部倾斜等状况。

如何处置？

在康乐活动过程中，活动组织者需要经常注意章爷爷的状况，如果发现章爷爷身体或者头部出现倾斜，可以一边提醒一边帮助章爷爷矫正。

"章爷爷，我们稍微调整下坐姿吧。"

"章爷爷，抬头看那边噢"。

案例 2　乘坐轮椅参加康乐活动的曹奶奶——乘坐轮椅参加体操类活动时

下半身偏瘫的曹奶奶表示"为了积极参加复健活动，虽然坐在轮椅上，我也想参加体操活动"。

如何处置？

对于乘坐轮椅又想参加体操类活动的老年人，因为在活动过程中会有身体的活动和移位，所以必须先把轮椅的两侧踏板都向上打开，使老人双脚切实踏地。另外不要忘记打开轮椅的刹车，保证轮椅不移动。

4. 与视觉障碍老人的沟通

4.1 视觉障碍的症状

视野发生异常的视野缺失可大致分为"视野狭窄""偏盲""暗点"3大类。

(1) 视野狭窄：可分为视野整体变狭窄的"球心狭窄"；和视野部分不规则变形导致的"不规则狭窄"。

(2) 偏盲：以注视点为界，视野的一半缺损称为"偏盲"。

(3) 暗点：指视野中存在看不见的部分。"中心暗点"是指暗点位于中心注视点。

4.2 掌握与视觉障碍老人沟通的方法

与视觉障碍的老人沟通，最重要的是要利用其视觉以外的其他感觉，如听觉和触觉等，让老人充分获取信息进行沟通。同时，将物品放置在老人正常视野一侧，并提醒老人注意。在向老人指示方向时，避免使用"这边""那边"等模糊的方向词语，务必使用"左""右"等具体明确的语言准确指示，以正确传达信息。

本章小结

- 老年康乐活动就是"面向老年人举行的，找出日常生活中的乐趣和意义的各种活动"。
- 老年康乐活动工作者，就是具有实施老年康乐活动的专业知识的人才。通过实施老年康乐活动，支持老年人找出日常生活中的乐趣和意义，给老年人带来笑容。
- 老年康乐活动对于提高老年人的 ADL 和 QOL 都具有重要作用。
- 老年康乐活动大致可分为以集体活动形式举行的"集体康乐活动"，对应个性的"个别康乐活动"，在就餐、入浴时实施的"基本生活康乐活动"三大类型。
- 机构和社区、老年人的家中等老年人生活场所均可以实施老年康乐活动。
- 自由创造生活时间（空闲时间）、基本生活时间均可以实施老年康乐活动。
- 目前实施老年康乐活动的人员，主要是护理员、社工、地区志愿者、老年人家属等人员。
- 老年康乐活动工作者在策划、组织活动时应采取的基本态度是："时刻牢记老年人才是活动的主体""为作为活动主体的老年人最大限度地发挥自身能力提供支持"。

任务拓展

请在下列括号内填写相应内容。

(1) 老年康乐活动指"面向老年人举行的，找出日常生活中的（　　　）和（　　　）的各种活动"。

(2) 具有实施老年康乐活动的专业知识的人才称为（　　　）。

(3) （　　　）是生活和生命质量的指标，（　　　）是日常生活动作的相关指标。对于老年人来说，老年康乐活动有助于提高这两个指标。

(4) 老年康乐活动主要分为集体康乐活动、（　　　）康乐活动和基本生活康乐活动三大类型。

(5) 人一天的活动，可划分为基本生活时间、社会生活时间和（　　　）这三种。进入老年期后，社会生活时间减少，而（　　　）增加。

(6) （　　　）对于老年人的康乐活动应该采取（　　　）的基本态度，而非指导的态度。

项目二
老年康乐活动策划与组织实践基础

情景聚焦

华新社区福川苑小区内居住者的主要特点是，老年人口较多，且大多数老人生活单调，除日常基本生活外，均以散步或聊天的方式度过一天的时光，其中甚至有部分老人身边连个说话的人都没有。某社会工作服务中心工作人员入驻福川苑老年活动中心后，如何利用各种资源开展利于老年人身心健康的活动显得十分重要。鉴于此，工作人员在华新社区的支持下，计划于福川苑老年活动中心为老年人开展一次康乐活动，活动主要包括健康知识课堂和手工活动两部分。希望通过此活动，为老人搭建健康支持系统和邻里互动平台，提高老人对自我价值的认可，通过活动达到老有所学，老有所乐。

1. 健康知识课堂

活动在小游戏"笑口常开"带来的欢声笑语中开始，杨阿姨因为一时大意出错被老伙伴们起哄表演了一首《快乐老家》，大家为她热情鼓掌，玩得不亦乐乎。热身游戏结束后，工作人员带领大家进入了健康知识课堂。工作人员给老人们播放了一段健康操视频，然后亲身示范各个姿势，以及讲解穴位点，并一一指导老人做健康操，工作人员叮嘱老人在家没事的时候也可以按照所学的动作经常活动几下，有利于防眩晕防中风。

天气逐渐转凉，工作人员还向老人们介绍了怎样预防秋季老年疾病，重点介绍了症状、预防、科学用药等，同时引导他们加强自我保健，指出老年人适当的体育锻炼、户外运动能强身健体。

2. 老年手工活动

健康知识课堂结束后，工作人员向老人们介绍了手工制作内容——杯垫，并详细介绍了制作的流程和方法。早在工作人员介绍的时候，老人们就迫不及待地拿起材料细细揣摩，制作开始后，他们更是热情高涨，做得十分认真，遇到不会的也积极向工作人员询问，身旁做得快的成员也会不时回过头来主动指点一二，虽有些忙乱，却也其乐融融。在此过程中，工作人员告诉大家可以自己在家里搜集不要的类似材料进行再利用，制作多种多样的杯垫或其他饰品，变废为宝，一举两得。

整个小组活动的过程中，有部分老人热情地给予制作较慢的老人帮助，在完成作品的那一刻，他们表现得非常高兴和自信，其中好几位老人说："从未参加过这类手工，想不到自己年纪这么大了，也可以制作出这么精美的手工制品，希望以后多有这种活动，我会积极参加的。"

任务目标

知识目标：
(1) 掌握老年康乐活动策划要点、策划原则及6W2H法；
(2) 掌握老年康乐活动评估表格；
(3) 掌握老年康乐活动实施前沟通要素、现场接待方法及结束后工作流程；
(4) 掌握老年康乐活动评价表格；
(5) 熟知老年康乐活动安全管理要点及注意事项。

能力目标：
(1) 能够撰写老年康乐活动策划方案；
(2) 能够活用康乐活动的热身活动；
(3) 能够实施活动前的评估及活动后的评价；
(4) 能开展有效的康乐活动策划；
(5) 具备组织实施老年康乐活动的能力。

素质目标：
(1) 培养学习者团队合作意识,通过进行团队合作分工,有效地发挥自己在团队中的作用,完成学习任务,达成任务目标。
(2) 增强学习者对老年康乐活动的认识与体会,提升职业素养;增强老年服务与管理专业人才的社会责任感、职业认同感。

任务要点

重点： 策划老年康乐活动。
难点： 评价老年康乐活动。

知识准备

1. 了解养老机构及社区内老年人康乐活动需求及满足情况。
2. 搜索并关注3个以上养老相关公众号。浏览其中"老年康乐活动"主题相关内容,了解老年康乐活动研究现状及实施情况。

任务一 策划老年康乐活动

任务组织

1. 策划"吸引人"的康乐活动

康乐活动包括4个环节：策划、计划、实施和评价，各个环节的主要任务：思考活动内容，整理后形成策划方案、组织实施、回顾反思。

（1）零失败的策划方案要点。策划方案写作的要素是6W2H。6W指的是WHO·1（实施者是谁），WHO·2（参加对象是谁），WHAT（活动内容是什么），WHEN（什么时间实施），WHERE（在哪里实施），WHY（活动目的是什么），2H指的是HOW（如何实施），HOW MUCH（花费多少？）

实施老年康乐活动，要根据实际情况制订活动计划。计划并非独立完成，要与机构或社区工作人员进行充分探讨后再决定。

（2）康乐活动中的热身活动。以策划、计划的内容为基础，实践老年康乐活动。康乐活动工作者第一次组织实施康乐活动时会产生紧张情绪，作为参加者的老年人也同样会紧张。因此，需要在举行康乐活动前，通过交谈和组织小游戏等方式，营造愉快的氛围，缓解参加者的紧张感，这样的活动称为"热身活动"。

（3）康乐活动中的注意事项。通过热身活动缓和了活动气氛后，就可以正式开展康乐活动了。活动效果如何取决于参加者享受到多少乐趣。作为活动策划组织者，需要仔细考虑活动实施中采取怎样的态度，使用怎样的语言与老年人沟通，以确保活动顺利进行，并取得预期效果。

作为老年康乐活动工作者，重要任务之一就是考虑参加活动的老年人的安全。为此，在活动实施前要与机构或社区中的工作人员讨论，确保老年人安全。

（4）康乐活动结束后的工作。康乐活动实施完成后，要对本次活动进行评价。与老人及护理人员进行沟通交流，针对活动进行调查，收集意见和建议并归纳整理，在下一次举办活动时活用这些经验，弥补不足之处。

2. 老年康乐活动现状

现在机构中的普遍情况就是社工负责康乐活动组织实施。在集体康乐活动中，社工因为活动策划、准备、寻找素材等花费时间，与老人磨合沟通的时间就减少。在个别康乐活动中，因为是面向个别老年人实施，因而需要大量的时间和人员。而单纯依靠社工等社会力量，又存在着与机构或社区对康乐活动的期待不完全符合的情况。

那么老年人在机构中的一日生活安排是怎样的呢？我们选取了某日托机构为例做简单介绍，如表2-1所示。

表 2-1 一日生活安排表

时间	内容
10：00 前	迎接来日托机构的老年人
10：00 测量生命体征	掌握老人的当日健康状况，与老人初步沟通
11：00 晨间操　康乐活动1	通过做体操温暖身体
12：00 用餐	准备好食物
14：00 康乐活动2	根据当日情况活动内容有所不同 老年人选择自身感兴趣的活动
15：00 下午茶时间/交流时间	老年人自由交流
16：00～17：00	活动结束，老人返回

以该时间表为例，试着考虑如何安排机构内一天的康乐活动。

机构和社区都会提供特色服务和满足本地区居民的特色活动。有的机构还会组织老人外出的康乐活动，例如去附近的公园赏玩、博物馆参观等。

在机构内一般会每月下旬公布下个月的康乐活动安排，遇到受欢迎的活动，活动现场满员的情况也很多。下表 2-2 列出了某机构 12 月份的康乐活动安排计划。

表 2-2　康乐活动安排　　　　　　　　　　　　　　　　20＊＊年12月

日	一	二	三	四	五	六
	1 插花艺术	2 扇子舞	3 烘焙教室	4 围棋	5 手机摄影	6 大合唱
7 合唱会	8 编织教室	9 太极拳	10 音乐欣赏	11 书法	12 美容沙龙	13 歌声广场
14 生日会	15 插花艺术	16 扇子舞	17 烘焙教室	18 围棋	19 手机摄影	20 大合唱
21 合唱会	22 编织教室	23 太极拳	24 圣诞会	25 书法	26 美容沙龙	27 歌声广场
28 合唱会	29 插花艺术	30 扇子舞	31 迎新会			

3. 对老年康乐活动的期待

在机构和社区中组织实施老年康乐活动，要遵守机构和社区的规章制度，结合该机构和社区人员构成特点策划相应活动。符合老年人需求的康乐活动，其内容和目的见表 2-3 所示。

表 2-3　符合老年人需求的康乐活动内容及目的

活动内容	目的
1. 个别康乐活动	增加交流和接触
	找到生命的意义（以自立为目标）
	尊重个性
	提升自我照顾能力
2. 集体康乐活动	建立与他人的联系
	创造小团体
	激发达成目标的欲望
	发现新的性格闪光点
	激发竞争意识
	提高自我照顾能力、恢复身体机能
3. 文化课堂	发掘兴趣点
	激发持续学习的欲望
	激发达成目标的欲望
	提高自我照顾能力、恢复身体机能
4. 操作性活动	感受季节和节日变换
	建立与本地区及社会的联系
	积累新的经验

对照目标开展老年康乐活动才能取得良好效果，为老年人的生活带来健康和快乐。能产生快乐的场合和状况虽然因人而异，但能让人感到"快乐"事项是共通的。例如：

① 自己"想要做"，进而主动去完成的时候；
② 不受他人约束，感到自由的时候；
③ 完成事项的时候；
④ 能够感到自我的存在、展现自我的时候；
⑤ 完成具有创造性的活动时；
⑥ 获得别人认可时。

图 2-1　主动完成

图 2-2　自由挥毫

图 2-3 完成操作

图 2-4 获得认可

康乐活动的目标是让参加者感到快乐,进而主动地在日常生活中融入康乐活动,并逐渐形成习惯。

自立生活 IL(Independent Living)指被照护人按照自己的意思决定自身相关事项,实现具有主体性的生活。自我实现(Self-realization)指发挥自身本来具有的能力,更加接近完全的自己。将康乐活动习惯化,老年人实现自立生活进而发现生活的乐趣,我们称为"生活的康乐活动化",保持每天积极地生活,进而实现"自立生活"和"自我实现"的生活模式。

想要提供可持续的康乐活动,须做到以下两点:一是如前所述,让老年人产生愉悦感;另一个是根据当时的状况设定活动内容,让老年人逐渐得到提升。康乐活动的内容不仅要获得老人的认可,还要与所在机构和社区的工作人员达成一致,回归康乐活动的原点:快乐、愉悦、开心。

4. 老年康乐活动的素材

老年康乐活动本来就是"从日常生活中找出生活喜悦和乐趣的活动",从各种人的活动和文化中产生的、快乐的活动都可以成为康乐活动的素材。

能够激发老年人快乐感觉的康乐活动素材多种多样,例如:游戏、歌曲、舞蹈等具体性的活动,读书、书法、绘画等个体活动,旅行和露营等野外活动,手工等美术、艺术活动都可以成为康乐活动。同时,与衣食住行有关的活动,也可以成为广义上的康乐活动。

4.1 康乐活动素材的分类

多种多样的康乐活动素材,可以根据活动内容和兴趣点进行分类。
(1) 如表 2-4 所示,从活动内容视点出发对素材分类。

表 2-4　基于活动内容视点的素材分类

视点	素材	视点	素材
文学活动	阅读、书法、作诗等	收集活动	邮票、钱币、石头、玉器、茶壶等收集
演艺活动	电影、戏剧的鉴赏等	公益活动	打扫公共区域,去福利设施做志愿者等
社交活动	外语学习、聚会、茶话会、文艺会演等	体育活动	乒乓球、篮球、门球、足球、游泳等
音乐活动	音乐会、作曲、音乐鉴赏、卡拉OK、合唱等	野外活动	旅行、露营、登山等
美术、工艺活动	插花、茶道、陶艺、美术等	舞蹈活动	舞蹈、国际舞、芭蕾、广场舞等

(2) 从兴趣点出发对素材分类。表 2-5 所列的素材中,很多已经实际应用在各个机构和社区活动中。

表 2-5 基于兴趣点的素材分类

视点	活动类型	素材
操作、艺术	料理	包饺子
		烘焙
	手工	陶艺
		剪纸
		黏土制作
		折纸
		刺绣、编织
	绘画、书法	素描
		彩铅
		国画
		油画
		水粉
		书法
	园艺	盆栽
		插花
	文学	诗歌
		小说创作
	摄影	拍照
健康、娱乐、学习	音乐	钢琴
		手风琴
		口琴
		吉他
		小提琴
		合唱
		作曲
	运动	舞蹈
		肚皮舞
		瑜伽

(续表)

视点	活动类型	素材
	游戏	麻将
		围棋、象棋
		数独
	美容	美发
		美甲
		香薰
	学习	心理学
		英语学习
		电脑学习

像这样能够给老年人带来愉悦感的康乐活动素材，在日常生活中还有很多。可以参考所列素材，策划机构和社区中的老年康乐活动。

5. 策划老年康乐活动

5.1 树立老年康乐活动策划的概念

策划理念就是把设想的康乐活动的最大特征用简洁的语言表述出来，这是策划成功的基础，也是指导康乐活动的基本理念，在招募参加者时一定要把策划理念体现在活动介绍中。

① 使用老年人容易理解的表达方式。
② 用语言描述出让人产生愉悦感的内容。

5.2 老年康乐活动策划的三原则

在策划老年康乐活动时，应该秉持以下三个原则：

1. 目标设定原则

在实际策划之际，策划者如果没有明确的目标和愿望，就会这个也想做，那个也想做，陷入抓不住要点的境地，最后往往单纯依靠习惯实施活动。遵从目标设定原则，就是了解参加者的愿望和要求，并将此设定为康乐活动目标。

2. 参加者中心原则

老年康乐活动工作者如果以自己的想法为先导，忽略了参加的老年人的要求，就会导致康乐活动失去效果。任何时候康乐活动的主体都是参加的老年人，作为活动策划组织者我们最重要的任务是抓住参加者的欲求并实现。

3. 共享快乐原则

抓住参加者的欲求并实现，让老年人展现笑容并快乐积极地生活，对于老年康乐活动工作者来说也是一种快乐。与老年人、护理人员、家属共同分享快乐是非常重要的原则之一。

5.3　整理 6W2H 清单

在策划康乐活动之前,要选择素材,树立理念,从而形成策划创意,这就需要把所收集的信息进行整理并表现在策划方案中。

表 2-6　《插花》活动策划方案

项目类别	插花	
康乐活动名称		照片
用鲜花点亮生活——零基础者也能参加的花艺课堂		
康乐活动内容(列条目书写)		活动现场布置图
● 准备一张长条形桌子,摆放当季代表性的鲜花方便参加者选用 ● 除了鲜花外,还要准备好插花用的绿色吸水花泥 ● 请参加者选用自己喜欢的花朵,自由组合完成插花作品 ● 最后,参加者欣赏各自的作品		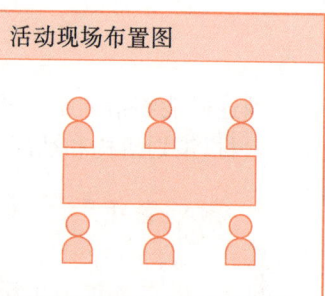
活动目的	活动对象	当日时间安排
让参加者欣赏当季的鲜花,充分获得身心的愉悦。通过自由选取花朵制作作品让参加者充分展现自己的个性,发现自身新的兴趣点	● 能自主完成的老人:使用花剪,自己整理花朵长度完成作品 ● 手部握力较弱的老人:由工作人员提前修剪好花朵,避免使用剪刀。花泥也准备柔软易插入的	需要时间:65 分钟(不包括准备时间) 导入、说明:10 分钟→准备:10 分钟→插花:30 分钟→作品欣赏:10 分钟→结束语:5 分钟
预算(估计)	参加人数(估计)＊不包括工作人员	活动场地(估计)
● 材料费:50～75 元/每人 ● 讲师费用:无	5～10 人	能容纳所有参加者和桌子的场地
准备物品	注意事项	
● 设备:长桌、椅子(与人数相同)、报纸 ● 讲师:鲜切花(多种)、花篮、绿色吸水插花泥、塑料包装纸、花签和卡片、花剪(与人数相同)、盛水和花泥的容器、美工刀		

策划方案主要由以下项目构成:
- 项目类别(康乐活动的种类)
- 康乐活动名称(理念)

- 康乐活动内容
- 活动现场布置图
- 活动目的
- 活动对象
- 当日活动时间安排
- 预算
- 参加人数
- 活动场地
- 准备物品
- 注意事项

策划方案内容繁多,当有了活动创意应立即根据模板所列项目,提炼内容,整理成完整的策划方案。为避免发生遗漏,我们使用6W2H方法,提前整理好所获得的信息和创意,讨论策划方案实现的可能性,并进一步完善策划方案。6W2H的"6W""2H"分别是以下单词的首字母。

- WHO·1(谁举办?)
- WHO·2(谁参加?)
- WHAT(做什么?)
- WHEN(什么时候?)
- WHERE(在哪里?)
- WHY(为什么?)
- HOW(怎么做?)
- HOW MUCH(多少钱?)

具体各项目所代表的意思,如表2-7所示。

表2-7 实现高效策划的6W2H要素清单

WHO·1 (谁举办?)	① 实施康乐活动时,谁来负责活动推进 ② 负责活动进行的工作人员需要几名 ③ 参加者较多时,除了活动推进人员外还需要哪些工作人员 ＊实施康乐活动时,务必请至少1位机构或社区工作人员在现场协助
WHO·2 (谁参加?)	① 以哪个机构或者社区为活动对象 ② 适当的参加人数是多少 ③ 有身体功能障碍的老人是否可以参加 ④ 活动内容适合男性还是女性?适合哪个年龄段的老人参加 ＊前面所介绍身体功能障碍老人怎样才能感受到活动乐趣
WHAT (做什么?)	① 活动计划是个别活动还是集体活动 ② 活动主要内容是什么?具体活动环节有哪些 ③ 具体活动环节如何推进
WHEN (什么时候?)	① 活动计划何时举行(季节和日期) ② 在机构和社区的哪个时间段内举行

(续表)

WHERE (在哪里?)	① 在机构内部或外部的哪个场地举行？在机构内举行时,场地选择在餐厅、大厅、各房间,还是其他场所 ② 活动场地需要多大 ＊场地的长度和宽度都要具体说明 ＊桌椅的摆放等整个活动现场的安排请画图表示
WHY (为什么?)	① 此次康乐活动的目的是什么 ② 对于参加的老年人来说,活动的乐趣和体验点在哪里 ③ 对于参加的老年人来说,具有怎样的价值和活动效果 ④ 是否符合机构和社区内关于"康乐活动目的"的定义
HOW (怎么做?)	① 采用什么方式实施活动 ② 集体性康乐活动时,请制定具体的活动时间安排表 ③ 需准备物品有哪些
HOW MUCH (多少钱?)	① 预算、活动费用,由谁负责 ＊如果是志愿者负责的活动,则属于公益活动,一般所需材料费由组织方负责 ② 所列费用是否足够支持活动实施

为了更好地理解康乐活动策划的 6W2H 要素,以表 2-6 所列插花活动为例,具体分析该次活动的 6W2H 要素。具体参考表 2-8。

表 2-8 插花活动的 6W2H 要素分析

WHO·1 (谁举办?)	● 小何负责主持 ● 确认是否有机构工作人员协助照顾老人。务必保证至少 1 名机构或社区工作人员在活动现场 ● 参加者 20 人以上时,配备 1 名助手
WHO·2 (谁参加?)	● 机构或社区的老年人 ● 参加者人数为 5~10 人 ● 认知症、偏瘫老人及握力较弱老人均可参加,工组人员提前修剪好花朵,并准备相对柔软易插入的可吸水花泥
WHAT (做什么?)	● 集体康乐活动 ● 在长方形条桌上摆放当季的鲜切花,供老人选用。参加老人根据自身喜好选择花朵自由组合,完成插花作品
WHEN (什么时候?)	● 为了让参加者通过鲜花充分感受季节变化,每年在 4 个季节内分别举行插花活动一次,作为应季活动 ● 结合机构内的康乐活动时间举行 ● 活动准备需要 30 分钟,活动过程需要 65 分钟
WHERE (在哪里?)	● 机构或社区内的活动举行场所 场地安排示例

（续表）

WHY （为什么?）	● 让很少有机会外出的老人也能欣赏到当季的鲜花。进而为老人带来快乐，并鼓励老人积极享受生活的乐趣
HOW （怎么做?）	● 在长方形条桌上，除了摆放鲜切花外，还要配套摆放插花用的花篮、塑料包装纸、吸水性花泥 ● 康乐活动的时间安排表 准备　　　　　　30 分钟 活动开始 导入、说明　　　10 分钟 准备　　　　　　10 分钟 完成插花作品　　30 分钟 作品欣赏　　　　10 分钟 结束语　　　　　5 分钟 ● 提前确认机构或社区内是否有长方形条桌、椅子（数量充足）、报纸等
HOW MUCH （多少钱?）	● 材料费：50～75 元/人 ● 内容：当季鲜切花、花篮、吸水性花泥

根据 6W2H 要素整理好活动策划创意后，如还有空白未完成的项目，说明活动实施中可能会出现问题。认真按照 6W2H 要素整理各个项目才是完成康乐活动策划方案的基础。根据活动理念整理 6W2H 要素完成策划方案时，务必保证符合康乐活动策划的 3 原则。

6. 集体康乐活动的策划要点

以集体康乐活动《树叶画》的策划方案为例，整理 6W2H 要素清单，如表 2-9 所示。

表 2-9　《树叶画》6W2H 要素清单

WHO·1 （谁举办?）	● 小张担任主持人负责推进活动（确认是否有机构工作人员协助） ● 负责协助的助手 1 人（参加者超过 9 人时，需要再配备 1 名助手）
WHO·2 （谁参加?）	● 活动参加对象为机构和社区的老年人，及相关符合要求的自愿报名者 ● 适宜的参加人数为 5～10 人 ● 偏瘫老人、认知症老人及乘坐轮椅者均可参加 　有的老人会将眼前的物品随便吃进去，如果有这样的参加者，务必请机构或社区护理人员从旁协助
WHAT （做什么?）	● 3 人为一个活动小组合作完成作品，集体康乐活动 ● 使用各种落叶和果实为材料，完成"秋天的树"主题的贴画 ● 完成作品后，大家一边欣赏各小组的作品，一边合唱秋天主题的歌曲
WHEN （什么时候?）	● 因为要用到落叶，活动时间选择在晚秋时节 ● 活动实施时间与机构康乐活动时间安排一致 ● 活动所需时间：活动准备 10 分钟，活动实施约 35 分钟

(续表)

WHERE (在哪里?)	● 机构内的活动举办场所 ● 在桌上准备落叶果实,参加者围坐在桌子四周 活动现场布置图
WHY (为什么?)	● 通过落叶和果实,感受秋天和大自然的气息 ● 3人为一个活动小组,通过共同合作完成树叶贴画,增进老人之间的交流和沟通,互相发现彼此的新特点 ● 提高创作意愿 ● 通过联想描述秋天的歌曲、并诵唱,共同分享快乐的同时获得大脑的锻炼 ● 引导老人关注身边的景色
HOW (怎么做?)	● 提前收集足够的落叶和果实摆放在桌上 ● 在纸上提前画好树干和树枝 ● 准备好贴树叶和果实用的双面胶、白胶和透明胶带 ● 参加者陆续到来时,在会场内播放明快的音乐 ● 作品完成后,大家互相欣赏并一起唱诵秋天主题的歌曲 ● 康乐活动的时间安排表 准备　　　　　　10分钟 活动开始 导入、说明　　　　5分钟 分组、完成作品　　15分钟 作品欣赏、合唱　　10分钟 结束语　　　　　　5分钟 ● 3人为1组,提前安排好每个小组的座位 ● 确认现场准备好电脑和投影仪。
HOW MUCH (多少钱?)	● 材料费主要包括纸张、胶带等,约每人5元 ● 内容:落叶、果实、纸、胶带、白胶等

至此,就完成了康乐活动策划方案的 6W2H 要素整理,作为老年康乐活动工作者,只需要进一步确认 WHO·2 和 WHERE 的具体内容即可。

7. 个别康乐活动的策划要点

个别康乐活动指以参加者个人为对象的康乐活动。其中也包括有多名参加者,但参加者之间互相没有交集的情况。

以下是个别康乐活动《唱童谣》策划案例,以此为基础完成表 2-10 的活动策划 6W2H 清单。

表 2–10 《唱童谣》6W2H 要素清单

项目	内容
WHO·1 (谁举办?)	● 作曲家唐老师担任主持人负责推进活动(确认是否有机构工作人员协助) ● 负责协助的助手 2 人(参加者超过 15 人时,需要再配备 1 名助手)
WHO·2 (谁参加?)	● 活动参加对象为机构及附近社区的老年人 ● 适宜的参加人数为 30 人
WHAT (做什么?)	● 个别康乐活动 ● 根据电子琴弹奏出的旋律进行猜歌名比赛 ● 全体合唱活动举行季节相关的童谣 ● 采用猜谜形式,既有唱歌又有回忆,包含了康乐活动的要素
WHEN (什么时候?)	● 与机构和社区中康乐活动举办时间安排一致 ● 符合机构康乐活动的期望举办时间 ● 活动所需时间:活动准备 10 分钟,活动实施约 50 分钟
WHERE (在哪里?)	● 机构内的活动举办场所 ● 在桌上摆放电子琴,参加者散坐在电子琴前 活动现场布置图
WHY (为什么?)	● 通过唱歌和回忆,锻炼身体功能,提高自立生活的能力 ● 通过发声锻炼提高老年人的自立生活能力 ● 以猜谜形式回忆童谣,锻炼大脑功能
HOW (怎么做?)	● 电子琴放在桌上,安排好参加者的座位 ● 准备好相关乐谱和歌词 ● 参加者陆续到来时,在会场内用电子琴弹奏明快的童谣歌曲 ● 猜歌名环节完成后,预留参加者全体合唱时间 ● 康乐活动的时间安排表 准备　　　　　　　　　　　　10 分钟 活动开始 讲师致辞、热身　　　　　　　　5 分钟 猜歌名　　　　　　　　　　　　15 分钟 合唱　　　　　　　　　　　　　5 分钟 回忆当时季节相关歌曲并猜谜　　15 分钟 合唱　　　　　　　　　　　　　5 分钟 结束语　　　　　　　　　　　　5 分钟
HOW MUCH (多少钱?)	● 参加费用:0 元

按照 6W2H 要素整理策划创意,有助于形成完整的策划方案。

8. 撰写老年康乐活动策划方案

策划方案各个项目与6W2H各项目对应关系如下所示。撰写策划方案时应使用规范书面语言,简洁明了表述内容。

(1) 项目类别。项目类别一栏记录康乐活动的类别。例如:音乐类、操作类、运动类等。还可以进一步细化为以下活动类别。例如:

- ● 厨艺　● 绘画　● 休闲　● 美甲　● 园艺　● 舞蹈　● 歌唱　● 体操
- ● 游戏　● 回忆　● 手工　● 插花　● 书法　● 文学　● 其他(　　　)

(2) 康乐活动名称。康乐活动名称是策划方案留给读者的第一印象。在该项目内具体填入WHAT和WHY的相关内容,使用1～2句简短语句描述。

(3) 活动内容。把WHAT和HOW的相关内容按照条目整理后填写。策划方案中图片可以是介绍活动作品的图片,也可以是举行活动相关的照片。照片有助于激发参与者的兴趣,但需要注意的是如果需要在活动过程中拍照,首先要获得机构或社区工作人员的允许,使用相关照片时,除非获得本人许可,否则参加者面部需要模糊处理。

(4) 现场布置。在WHERE中考虑的桌椅摆放的位置,以及活动进行时参加者的座位安排,用画图法把活动中的整体布局简单明了地说明。

① 以个人为单位参加的活动

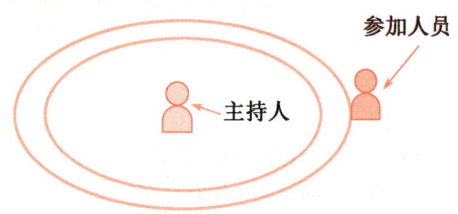

② 2人一组参加的活动

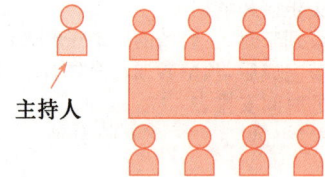

③ 参加者聚集在一起共同完成某项任务时

如果明确了主持人的位置,须在活动现场布置图中标出,如果主持人是在活动中巡回指导,则不需要特别说明。

(5) 活动目的。活动目的项目中总结填写WHY相关的内容,主要描述本次活动为参加老人带来了怎样的价值和成果。

（6）活动对象。该项目填写 WHO·2 相关内容，记录活动参加者的来源。认知症、偏瘫等身体障碍者是否可以参加，护理级别较高的老人是否可以参加，都需要说明。

在机构和社区中，针对男性的康乐活动素材较少，如果本次活动比较适合男性参加，在策划方案中注明"受男士们欢迎"，有助于吸引更多的男性参加者。

（7）活动当天时间安排。在活动当天时间安排中记录 WHEN 和 HOW 中关于活动所需时间和时间分配相关内容。

（8）活动预算。该项目与 HOW MUCH 项目相对应。具体就是人均的材料费用，及活动实施必要的全部费用。

（9）参加人数。该项目对应 WHO·2 相关内容，估计可能的参加人数并记录。活动组织者 1 人最多可负责多少名参加者，超过部分需要增加工作人员。

（10）活动场地。活动场地对应 WHERE 的内容，说明活动现场的布置。所需场地大小需要详细进行描述，长度和宽度都具体说明。

（11）准备物品。此项目记录 HOW 中关于准备物品的相关内容。由康乐活动组织者准备的物品，及由机构准备的桌椅、场地、电脑投影设备等分别记入。

（12）注意事项。此项目主要用来记录上述内容中的未尽事宜。例如：现场是否有机构或社区工作人员协助；参加人员中有护理级别较高的老人时，务必请机构内相关护理人员在场协助等。

（13）已完成策划方案的展示。以前述内容的《树叶画》为案例，完成的策划方案如表 2-11 所示。

表 2-11 《树叶画》活动策划方案

项目类别	手工

康乐活动名称
再现秋天的色彩——用落叶作画

康乐活动内容(列条目书写)
● 以 3 人为一个活动小组完成作品 ● 每个小组在一张白纸上用落叶和果实，制作秋天的树主题作品 ● 通过完成的作品感受秋天，大家一起合唱《晚秋》《秋天到》《在希望的田野上》等秋天主题的歌曲 ＊可以用胶带把旧挂历粘成一张大白纸，把所有参与小组的作品组合成一幅大图片

照片

活动现场布置图

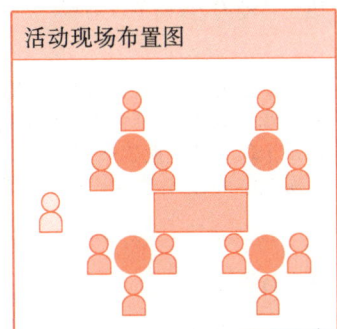

(续表)

活动目的	活动对象	当日时间安排
● 通过落叶和果实,感受秋天和大自然的气息 ● 通过共同合作完成树叶贴画,增进老人之间的交流和沟通,互相发现彼此的新特点 ● 提高创作意愿 ● 通过联想说出与秋天相关的歌曲,并合唱,共同分享快乐的同时获得大脑的锻炼 ● 引导老人关注身边的景色	● 参加者自由选择有能力完成的环节加入 ● 如有会将眼前的物品随便吃进去的认知症老人,务必请机构或社区护理人员从旁协助	需要时间:35 分钟(准备时间 10 分钟) 讲师致辞、热身:5 分钟→分组并完成作品:15 分钟→欣赏各小组作品并合唱《晚秋》《秋天到》《在希望的田野上》等秋天主题的歌曲:10 分钟→结束语:5 分钟
预算(估计)	参加人数(估计)*不包括工作人员	活动场地(估计)
● 材料费:5 元/人 ● 讲师费用:无	5~9 人	能容纳所有参加者和桌椅的场地
准备物品	注意事项	
● 设备:长桌、椅子(与人数相同)、音响设备 ● 讲师:纸(画好树干和树枝)、各种颜色形状的树叶和果实、白胶、双面胶、透明胶带、音乐	● 树叶和果实可以由活动组织者准备,也可以提前告知参加者自己收集喜欢的树叶和果实 ● 活动现场保证至少有 1 名机构工作人员协助 ● 协助活动举行的助手 1 人(参加者 9 名以上时需增加 1 名助手)	

以前述内容的《唱童谣》为案例,完成的策划方案如表 2-12 所示。

表 2-12 《唱童谣》活动策划方案

项目类别	音乐	
康乐活动名称		照片
歌唱童年♪——童年的歌曲唱起来		
康乐活动内容(列条目书写)		活动现场布置图
● 以童谣为主题进行各种歌曲相关的游戏 ● 游戏举例:电子琴弹奏童谣的旋律,让大家猜歌名 ● 每个环节都变换游戏方式,受欢迎的游戏可以重复进行 ● 游戏结束后,让大家一起歌唱本季节相关的童谣		
活动目的	活动对象	当日时间安排
● 通过唱歌和回忆,锻炼身体功能,提高自立生活的能力 ● 通过发声锻炼提高老年人的自立生活能力 ● 以猜谜形式回忆童谣,锻炼大脑功能	● 适合认知症老人,可以通过回忆童谣的脑部锻炼享受活动乐趣	需要时间:50 分钟(准备时间 10 分钟) 讲师说明、热身:5 分钟→游戏 1(例如猜歌名):15 分钟→合唱:5 分钟→游戏 2(例如:歌词填空):15 分钟→结束语:5 分钟

(续表)

预算（估计）	参加人数（估计）*不包括工作人员	活动场地（估计）
免费	30 人左右	能容纳所有参加者和桌椅的场地

准备物品	注意事项
● 设备：长桌、椅子（与人数相同）、电子琴 ● 讲师：电子琴、歌词（根据参加人数准备相应份数）	● 活动现场保证至少有 1 名机构工作人员协助。 ● 协助活动举行的助手 2 人（参加者人数达到 15 人以上时需增加 1 名助手）

9. 撰写个别康乐活动策划方案

根据表 2-13《跟着音乐放松颈肩》的 6W2H 清单为基础，完成个别康乐活动的策划方案撰写。

表 2-13 《跟着音乐放松颈肩》6W2H 清单

跟着音乐中放松颈肩	
WHO·1 （谁举办?）	● 小陈担任主持人负责推进活动（确认是否有机构工作人员协助） ● 负责协助的助手 1 人（参加者超过 30 人时，需要再配备 1 名助手）
WHO·2 （谁参加?）	● 活动参加对象为机构老年人 ● 适宜的参加人数为 30 人左右 ● 坐在椅子上的体操。使用轮椅的老人和下半身偏瘫老人均可参加
WHAT （做什么?）	● 个别康乐活动 ● 颈肩僵硬的原因多是由于不良坐姿、受凉、运动不足等 3 大原因造成 ● 通过伸展运动活动颈肩后，跟着音乐运动上半身 ● 背部伸直，浅坐在椅子上。平视前方，自由呼吸 ● 参考曲目：孤独的牧羊人、比利提、鸟儿的歌唱等
WHEN （什么时候?）	● 想要举行活动时随时举行 ● 活动实施时间与机构康乐活动时间安排一致 ● 活动所需时间：活动准备 40 分钟
WHERE （在哪里?）	● 机构内的活动举行场地 ● 音响设备放置在参加者前方中间位置 ● 场地大小要能够容纳所有参加者伸直手臂 ● 场地大小根据活动参加人数多少而定 活动现场布置图

(续表)

WHY （为什么？）	● 以提高参加者的自立生活能力和恢复身体功能为目的 ● 通过音乐配合活动实施，让参加者在愉悦的氛围中放松颈肩
HOW （怎么做？）	● 准备音响及放置音响设备的桌子 ● 提前排列好座椅位置 ● 参加者陆续到达会场时，播放明快的音乐 ● 康乐活动的时间安排表 准备　　　　　　　10 分钟 活动开始 主持人致辞、热身　　7 分钟 颈肩放松　　　　　10 分钟 头部向左右倾斜（同时感受头部的重量） 双肩上下活动（向上耸肩再用力释放双肩） 放松双臂，肩膀绕圈活动（尽可能向前向后伸展） 双臂上举，伸直背部，左右摇摆 弯腰，挺胸，双肩向后伸展，尽力打开肩胛骨 跟着音乐做体操　　　10 分钟 参考曲目：孤独的牧羊人、比利提、鸟儿的歌唱等 　　　（体操动作） 　　头部左右摇摆 　　肩部上下活动 　　肩部绕圈 　　弯腰 　　挺胸 结束语　　　　　　3 分钟 ● 物品设备：音响设备、桌子、椅子
HOW MUCH （多少钱？）	● 免费

需要说明的是，在体操和舞蹈类的康乐活动策划方案中，要尽可能具体地说明活动内容。如果策划书中篇幅有限，可以作为附件追加。该活动的策划方案如表 2-16 所示。

表 2-14 《跟着音乐放松颈肩》活动策划方案

项目类别	运动	
康乐活动名称 跟着音乐放松颈肩		照片
康乐活动内容（列条目书写） ● 通过伸展运动活动颈肩后，跟着音乐运动上半身 ● 背部伸直，浅坐在椅子上。平视前方，自由呼吸 ● 参考曲目：孤独的牧羊人、比利提、鸟儿的歌唱等		活动现场布置图 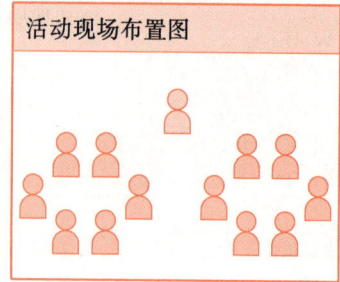

(续表)

活动目的	活动对象	当日时间安排
● 提高参加者的自立生活能力和恢复身体功能 ● 通过音乐配合动作,让参加者在愉悦的氛围中放松颈肩	● 坐在椅子上的体操。使用轮椅的老人和下半身偏瘫老年均可参加	需要时间:3分钟(准备时间10钟) 主持人致辞、热身:7分钟→活动颈肩:10分钟→跟着音乐做体操:10分钟→结束语:5分钟
预算(估计)	参加人数(估计)＊不包括工作人员	活动场地(估计)
免费	30人左右	能容纳所有参加者和桌椅,保证参加者都可以伸直手臂的场地
准备物品	联络事项	
● 物品设备:音响设备、桌子、椅子 ● 主持人:音乐	● 活动现场保证至少有1名机构工作人员协助 ● 协助活动举行的助手1人(参加者人数达到30人以上时需增加1名助手)	

10. 补充参考资料

参考资料是用图片等尽可能简洁明了地进行说明。尤其是有些材料用语言难以描述清楚的物品,使用图片效果更佳。作为补充材料添加的图片不宜超过5张。

(1) 补充说明。活动当天需要使用的物品中有特殊物品,或无法清楚描述的物品,务必提前与机构和社区说明。把由机构或社区提供的物品,及活动组织者准备的物品分开罗列。

(2) 添加照片等。有需要机构或社区提供的物品和设备时,添加照片能更好地帮助机构和社区工作人员理解,提供准确物资。另外,如果是手工类的活动,可以展示完成作品的照片,吸引机构和社区的参加者。

表2-15 参考资料

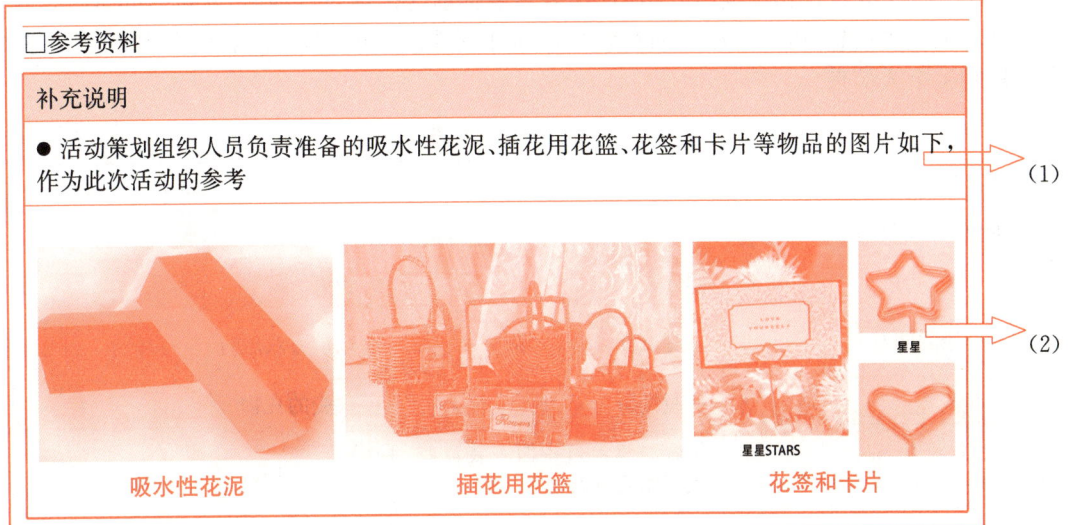

任务二 计划老年康乐活动

任务组织

1. 活动前的评估

完成了康乐活动策划方案,向机构或社区提交后,接下来要完成的就是康乐活动的计划。在计划初期要与机构或社区共同讨论,做好评估工作。

1.1 与机构和社区对接

对于机构和社区来说,最重要的就是策划方案是否符合本机构和社区的工作方针和既定目标。面向老年人的康乐活动在养老机构、托老机构、医院、福利院、社区服务中心和小区内举行,即使是同类别的机构,由机构大小、护理人员数量、床位数等,活动条件存在较大差异。机构有各自独立的经营理念、工作方针,社区管理也各具特色,康乐活动实施的客观条件在某种程度上具有较大差异。

活动条件发生变化,活动内容也要相应做出调整。在活动实施前,与机构和社区就活动基本信息进行沟通确认非常重要。

1.2 通过评估了解活动对象

与机构确认过活动相关的基本信息后,就需要进一步了解和把握康乐活动参加者及其相关信息。这一步可以通过评估环节进行。

表 2-16 是以个人为对象的评估表格。表 2-17 是以集体为对象的评估表格。个人的评估表可以请护理人员协助完成,集体评估表需要提前与护理人员沟通,安排时间进行。收集参加对象相关信息,可以为活动的有效策划和计划提供帮助,但要注意信息保密,不得随意泄露相关个人信息。

表 2-16 个人评估表

□个人评估表		20 年 月 日 记录人:
评估对象 刘奶奶		
朋友	职业	爱好
邻居中健谈的朋友	家庭妇女	以前喜欢旅行
特长	学习经历	喜爱的食物
特长:手工 爱好:购物	年轻时学习过中西服装裁剪、手工制作儿童衣物	咖啡、甜点

(续表)

康乐活动相关信息		
与朋友的交流	集体活动	个人活动
精神状态好时喜欢与别人交流	不喜欢机构的活动 不喜欢唱歌	每天读报 喜欢看电视
在机构(社区)中的活动		
■开朗　　□沉闷　　■谨慎　　■认真　　□顽固　　□攻击性 □合作性　□急躁　　其他 (虽然性格开朗但有时也难以疏解不良情绪,情绪低落)		
家属相关信息		
家庭成员构成	照顾者	目前所住机构(社区)
独自生活 儿子和女儿都住在附近	儿媳、女儿	一周去2次日托机构
闲暇时间的活动·想做的事		
想要像以前一样,享受外出购物的快乐		

表2-17　集体评估表

□集体评估表	20　年　月　日　记录人：	
集体名称	评估人数	
＊＊＊＊养老机构/＊＊社区日托机构	男性(3)名　　女性(7)名 共计(10)名	
负责人·护理人员等提供的信息		
因为机构提供助浴服务,因此前来预约的老人很多 没有擅长组织康乐活动的工作人员,缺少活动素材,比较苦恼 积极参加康乐活动的老人也比较少		
构成集体的人员的倾向/把握活动能力(记录大致人数及其姓名)		
健康老人	行动迟缓	
(5)名　姓名：＊＊＊、＊＊＊、＊＊＊、＊＊＊、＊＊＊	(3)名　姓名：＊＊＊、＊＊＊、＊＊	
无自主活动能力	认知症	
(2)名　姓名：＊＊＊、＊＊	(2)名　姓名：＊＊＊、＊＊	
生活情况/把握日常活动及兴趣爱好的倾向性		
喜爱安静的活动	喜爱身体活动	
＊＊＊奶奶喜欢插花 ＊＊＊爷爷擅长手工 ＊＊＊奶奶和＊＊爷爷喜欢看电视剧	喜欢广场舞的人较多 活动能力较强的老人喜欢外出活动	
评估对象的希望和要求		

(续表)

机构(社区)的要求	评估对象的希望和要求
希望能够举行所有人都能参加的活动,让丧失活动能力的老人也能享受活动乐趣	期待日常生活中的变化 很多事物都想尝试

以往参加过的康乐活动/近期案例	
活动名称(投球) 内容(将球投入工作人员制作的球洞内,比赛谁投得球最多)	

对评估对象参加态度的预估	
能自主活动的老人都会积极参加,没有活动能力的老人还是像以往一样在旁观看	

协助人员及支持	
因为是轮流负责活动组织,因此当天会有一名机构工作人员协助活动举行	

其他	

参考评估表格调整策划方案内容,便于活动组织者有效把握康乐活动实施中参加者状态,保证活动顺利有效实施,也有助于实施"更加快乐有意义的康乐活动"。同时,通过活动前的交流与活动中的观察,获取更多信息,并及时更新评估表积累有效资料,为后续活动的举行做好参考。

在此,我们将评估的意义总结如下:
- 可以了解参加者需要什么。
- 提前了解所策划的康乐活动对参加者具有什么意义。
- 可以与参加者一起调整改进康乐活动策划方案。
- 有助于在康乐活动实施中把握和判断参加者的状况。
- 当一个康乐活动连续实施时,根据评估表可以把握参加者个人的变化。
- 完成评估表是康乐活动资料积累的有效手段。可以此为基础改进活动策划,提供"更加快乐有意义的康乐活动"。

2. 设定活动目标

2.1 利用评估表开展活动前沟通

在活动前沟通中需要确认的项目和内容有:
(1) 机构(社区)名称、机构的类型。
(2) 机构(社区)康乐活动的实施方针、注意点。
例如:
- 机构中健康老人较多时,康乐活动较多以文化学习形式开展。
- 规模较小的机构,且以护理程度较高的老人为主时,康乐活动要注意"创造像家一样的舒适空间"。

● 认知症老人也可以参加活动,但需要根据参加者当天的状态决定是否参加。当活动内容不适合时会发生一些不可控的状况,因此必须予以注意。

● 称呼参加活动的老人,可以称呼为"爷爷""奶奶",如果已经提前有所熟悉,可以在称呼前加上姓氏,例如"章爷爷""李奶奶",可以拉近与参加者的距离。

(3)参加者中男性与女性的人数。活动参加人员的人数除了确认总人数外,还要确认男性和女性分别有多少名。

(4)参加人员的护理程度和基本症状。

例如:

● 乘坐轮椅者有几名,认知症患者有几名。

(5)参加者的日常生活状况和喜好。

(6)机构或社区及参加者的要求和希望。

(7)已开展的康乐活动调查。在机构和社区中,迄今为止都举办过哪些康乐活动,活动类别和内容具体都有哪些。

(8)高龄老人的参加意愿。

(9)现场协助人员。在康乐活动实施时,机构和社区是否提供工作人员现场协助组织。当活动中出现状况时,可以求助机构和社区的负责人员。

(10)康乐活动举行的场地和环境。

2.2 康乐活动的目标设定

机构和社区中的工作人员一般都比较繁忙,活动前确认务必控制在10～30分钟。结束后自行整理相关信息,调整活动方案,并进一步确立康乐活动目标。

在设定康乐活动目标时必须考虑的一点是——要相信参加者的能力。通过活动发挥其尚具有功能,并激发潜在能力,使参加者能够适应挑战新的可能性。老年康乐活动的目标并非提升参加者的技能水平,其最终目标是让老年人找到"生活的快乐与乐趣",这是活动策划组织者必须时刻牢记的。

下面通过具体案例学习活动目标的设定。

(1)个别康乐活动。个别康乐活动的目标有很多,其中具有代表性的有以下7项。

① 引起兴趣

② 主动提出参与活动

③ 共同行动

④ 自己动手

⑤ 增加自己动手的次数

⑥ 主动提出参加某种类型的活动(增加兴趣点)

⑦ 自己找出感兴趣的活动内容

以自主活动积极性较低的李爷爷为例,学习个别康乐活动目标的设定方法。

活动对象:李爷爷

特征:自主活动的意愿较低,每周来一次日托机构,勉强参加活动

根据目标设定的7项内容,李爷爷的目标设定如表2-18所示。以"找到生命价值(自觉参加康乐活动)"为最终目标,分阶段设定目标。

表 2-18 李爷爷的个别康乐活动目标示例

活动对象	李爷爷的个别康乐活动 （出门嫌麻烦,因此不愿意出门。每周来一次日托机构,参加活动也是很勉强）		
目的	找到生命价值（自觉参加康乐活动）		
目标设定示例	第1次	● 通过聊天了解李爷爷的兴趣爱好	结果	发现李爷爷喜欢在自己家阳台上种植小葱、大蒜等
	第2次	● 增加外出活动次数。询问李爷爷喜欢用小葱大蒜做什么菜？与李爷爷约定,请李爷爷下次带自己种的葱来做葱花炒鸡蛋		这次李爷爷来机构什么都没做,但是请李爷爷下次带小葱过来,李爷爷愿意配合带葱
	第3次	● 增加李爷爷对大葱以外其他事情的关心。提议一起做葱花炒蛋		李爷爷对此有抵触,认为自己不会做饭
	第4次	● 针对小葱之外的蔬菜再展开活动。外出活动安排去超市,并询问蔬菜种植相关内容		在超市中聊天,李爷爷主动告知：自己擅长种植番茄、洋葱、苦瓜等蔬菜
	第5次	● 分配任务。询问李爷爷在机构中可以种植哪些蔬菜,并表示想请李爷爷教自己		李爷爷表示种苦瓜很简单,在播种的季节会教大家,并爽快地答应了负责浇水的工作

能够顺利实现既定目标的情况较少,更多的是为实现目标而进行的不断尝试。即使是护理级别较高的老年人,在反复重复了7个项目后也会产生良好的循环,逐步接近目标的同时找到生活的快乐和意义。

（2）集体康乐活动。以初次参加康乐活动的老人为对象,设定集体康乐活动目标。

活动对象：机构中的老人

情况：各种护理级别的老人都有（自理老人、半自理老人、卧床老人、认知症老人）

问题：老人们没有机会交流沟通

面对此案例,活动目标设定为"创造沟通机会,为老人们提供交流场合"。为此,需要逐步实现以下目标。

① 参加者间互相了解、认识,消除不安感。
② 参加者间主动打招呼,并产生交流。
③ 各小组内找到共同兴趣点。
④ 逐渐加深互相理解,并形成团队意识。
⑤ 小组内部分工合作。

针对以上目标,分阶段实施,具体见表 2-19。

表2-19 集体康乐活动的目标设定示例(活动对象为初次参加)

活动对象		机构中老人的集体康乐活动 (各种护理级别的老人都有,老人缺乏交流共同的机会)	
目的		创造沟通机会,为老人们提供交流场合	
目标设定示例	第1次	● 消除初次见面的参加者之间的紧张情绪,使参加者共享快乐时光	通过游戏完成自我介绍。参加者之间互相倾听,对彼此产生兴趣,愉快地渡过时间
	第2次	● 创造机会,让参加者之间主动交谈,展开交流	分成2~3人的小组,可以观察到:小组成员共同合作完成任务,通过分工确认各自的任务,实现了面对面的交流
	第3次	● 像上次一样分组,组员保持不变。加深组员之间的相互了解	结果	可以观察到:即使在上次活动中沉默寡言的组员,在活动最热烈的时候也在主动寻找机会,主动加入交流
	第4次	● 重新分组,共同合作完成任务	通过重新分组可以观察到,也有小组沟通不顺利。有的老人自始至终都是开朗乐观地积极参与活动,也有的老人拘谨缄默。从小组活动中可以观察到参加者的个性特征
	第5次	● 让参加者感受到自己在团队中的作用	为了让老人充分发挥自身的个性特征,本次安排了自由度较高的活动。结果可以观察到,各个小组组员都有了一定的团队归属感

● 第一次:参加者互相认识、了解,消除不安感。

通过参加者一起回答,一起说笑,从而消除缓解各自的紧张情绪。

● 参加者间主动打招呼,并产生交流。

缓解了紧张情绪,为了使参加者能互相自然地交谈,展开交流,需要组织者有意识地创造机会。周围的2~3人组成一个小组,通过游戏环节为彼此提供交流机会。

● 各小组内找到共同兴趣点。

让各个小组内部找到各自的快乐。根据参加者护理程度高低分组,按照此分组方法一直参加活动,或者每次活动都重新分组,使参加者感受不同的小组氛围。

● 逐渐加深互相理解,并形成团队意识。

例如,相对护理级别较低的参加者,采取小组任务或者小组对抗赛形式参与游戏,这样自然就会产生目标——"小组获胜",小组成员的归属感被加强。此外,小组共同完成一个任务或作品,组员之间的团队意识也会增强。

● 小组内部分工合作。

随着活动举行次数增加,小组成员的个性也逐渐凸显,从而自然地在小组内部承担起责任。本阶段的目标即设定为此。

参加者之间个性存在差异,在没有互相了解的阶段,通过变换小组成员,可以充分了解参加者的个性。随着活动的举行,如果观察到参加活动的老人们有时会聚在大厅内聊天,爱好相同的老人也会主动聚在一起分享快乐,自然地在机构内产生了交流的场所,这就说明康乐活动取得了成功。需注意的是,各个阶段之间需要间隔多久,每个阶段举行几次活动后可以进入下一阶段,要根据参加者情况决定。

(3) 文化课堂类集体康乐活动。机构中活跃老年人较多,集体康乐活动可以文化课堂形式开展。

活动对象:日托机构中的老年人

规模:日均参与人数30人以上。

表2-20是文化课堂类集团康乐活动的目标设定示例。

表2-20 文化课堂类集团康乐活动的目标设定示例

活动对象	日托机构中的老人(日均参与人数30人以上)		
目的	开设手工课堂,发掘新的兴趣爱好		
目标设定示例	第1次	● 让10名以上的老人产生兴趣,继续参加下次活动	结果	虽然参加人数不多,但是由于活跃成员的加入,活动氛围非常好,使周围人都感受到了欢乐,预计下次参加人数会有所增加
	第2次	● 参加者与新加入成员一起,通过游戏培养小组归属感,不要只集中在操作上		上次参加活动的老人都来了,还有3名新成员加入。与安静地完成作品相比,更要注意为大家创造愉悦的活动氛围
	第3次	● 以参加春节主题作品展为目标,共同决定参展作品内容		参加人员大约有15名。比较活跃的陈爷爷,带领大家确定了作品内容
	第4次	● 即使是不主动的参加者,也能在集体活动中承担一定责任		上次陈爷爷主导的共同作品正在完成中,即使是不怎么主动的参加者,也因为有了工作目标,而感觉到了各自责任的重要性
	第5次	● 吸引刚来机构的老人也参加		因为有新成员加入,平时沉默的赵爷爷主动带领新加入成员完成任务,向大家展示了新形象

文化课堂类康乐活动应该按照成员构成和兴趣变换活动素材,根据季节、节日等,每次活动都做些许调整,持续吸引参加者兴趣。

3. 1小时老年康乐活动

康乐活动分为只举行1次的单次康乐活动,和长期持续的康乐活动。活动时间为1小时的康乐活动,无论是单次活动还是持续性活动都适用。以此为例,具体讲解活动计划的制订。

3.1　1小时康乐活动策划的基本要素

1小时活动项目的基本流程一般为:

① 准备→② 导入→③ 开展→④ 自我表现

① 准备:装饰会场,创设活动氛围　10~30分钟

● 音乐、装饰品等装饰会场

● 设定活动时的队形(座位)

在准备阶段需考虑桌椅布置,设定活动时的队形。相应的音乐与空间装饰等共同配合,

营造舒适的活动空间。

———————开始康乐活动(约 60 分钟)———————

② 导入:激发活动兴趣　10～15 分钟。
- 全体成员参加的自我介绍等
- 活动的简单说明
- 创造机会让参加的老人面对面交流

康乐活动中有的老人是第一次参加,因此在导入阶段要注意采取措施消除紧张感。通过游戏进行自我介绍,为老人们创造面对面交流机会也是一种方法。在此阶段,重要是让参加者产生"接下来就是愉快的康乐活动"的期待感。

③ 创造交流的机会　30～45 分钟
- 实施主要活动

在活动开展阶段,实施本次康乐活动中的主要活动环节。

④ 自我表现:创造展示的机会　5～15 分钟
- 创造机会让老人自主发言
- 创造机会展示完成的作品
- 介绍下一次活动(创造动机)

在自我表现阶段,要以每一位参加者为焦点预留时间。例如:让参加者展示、说明作品,以及让参加者自由发言。在持续性活动时,为了促成参加者下次参与的意愿,创造参与动机,每次活动最后务必介绍下次活动信息。

3.2　1 小时康乐活动的策划

老年康乐活动策划组者小张向附近某机构提交了一份插花活动的策划方案,希望通过活动能让老人发挥自身个性和喜好,享受鲜花带来的乐趣。以下是活动方案提出到调整的过程。

```
提出策划 → 向机构提出康乐活动策划方案
           1周后
方案通过 → 机构负责人反馈:决定在下月的康乐活动中计划采用所提出的活动方案,请相关人员到机构进行具体沟通
事前沟通 → 评估内容
           机构的特征
           ● 护理程度较高的老人住在4楼,护理级别较低的健康老人住在3楼
           ● 康乐活动一般分楼层实施
           机构方面的目的
           ● 住在3层和4层的老人平时几乎没有交流机会,希望能够借助康乐活动实施促进彼此交流
           ● 入住老人之间建立起交流后,希望向附近社区居民开放康乐活动,创造居民与入住老人间的沟通交流机会
调整方案 → 策划的调整内容
           目的
           ● 原活动目的为"让老人发挥自己的个性和喜好,享受鲜花带来的乐趣",调整为"创造让老人们交流的机会"
           内容与准备
           ● 事前询问参加者的姓名,制作席卡
           ● 3～4人分为1个小组,每个小组围绕一张桌子完成作品
           ● 每个小组中,必须包含3楼和4楼老人
```

图2-5 活动方案形成过程

根据以上内容制订的1小时活动计划如表2-21所示。

表2-21 1小时康乐活动计划

项目名称		把春天带进生活——零基础插花活动		
目的		创造入住老人交流的机会		
目标		消除初次参加活动者的紧张感,共享快乐时间		
序号	项目	时间	内容的说明	备注
1	问候	5分钟	主持人自我介绍,并说明活动情况(愉快活动的重要性和健康等)	准备席卡,提前安排好座位
2	参加者互相介绍	10分钟	拍手2次后,一起喊出某位成员的名字。让所有参加者大声喊	
3	选择自己喜欢的鲜花和搭配物品	15分钟	大家各自从中间的桌上选择喜欢的花朵,放到小组的桌上	请选择完成人,介绍下自己喜欢的花朵和选择理由
4	插花	15分钟	按照自己的想法插花,最后用卡片等做装饰	在各个小组中巡回指导,请各小组轮流发表

(续表)

| 5 | 作品欣赏 | 10分钟 | 互相欣赏各小组完成的插花作品（拍照等） | |
| 6 | 结束语 | 5分钟 | （如果还有下次活动）告知大家下次活动内容 | |

制订 1 小时康乐活动计划时的要点如下。

（1）问候。大声缓慢地与老人打招呼，为了充分缓和会场内的气氛，此阶段要预留 5 分钟以上。

（2）游戏和活动说明。活动要点要向参加者反复说明，缓慢而清晰地充分解释游戏规则等，务必使所有参加者都理解。涉及实际操作时，可一边演示一边说明。

（3）主要活动。在某个机构和社区内第一次举行活动时，要注意留出机动时间。当参加者中有护理级别较高老人时，操作和移动都会占用时间。有时还会发生老人在是否参与活动上犹豫等状况，遇到此类情况不要慌张，冷静应对。时间比较紧张的情况下，应提前考虑活动中有哪些可以省略的环节，以便应对。

（4）第一次康乐活动。活动当日提前与机构或社区工作人员取得联系，确认活动时间是否有变化。

（5）结束语。务必在结束时预告下次活动内容。

任务三　实施老年康乐活动

任务组织

1. 活动实施前的沟通

1.1　沟通的重要性

（1）沟通的含义。沟通（communication）一词在拉丁语中的词源是 communis，本身就是共有的意思。沟通指信息的发出者和接受者，本着互相尊重合作的态度，共享信息、感情和意思。信息发出者需要使用"容易理解的方法"传递信息。同时，接受者也要主动汲取对方想要表达的内容，以获得更多的信息。这样，双方共同努力加深互相理解。

（2）沟通的目的。沟通的目的是建立信任关系，这直接决定着康乐活动的质量。由于参加者与活动组织者年龄差距较大，价值观也有较大差异，只有建立了信赖关系才能展开有效沟通。

图 2-6　与每一位参加者沟通

1.2 包容是建立信任关系的基础

建立信任关系的重要基础之一就是"包容"。这是作为老年康乐活动工作者最基本的态度之一。

包容就是原原本本地接受对方所表达的各种感情。老年人表达的感情,是基于其人生经验的考虑,是老年人个性的体现。康乐活动组织者应该认真理解这种感情产生的原因,接受这种感情。保持笑容是包容的一大秘诀。在开展康乐活动时要注意:尊重老年人的自主性,以老年人本人的意思为优先。

1.3 语言沟通与非语言沟通

通过语言沟通的方式称为"语言沟通"。与此相对,借助表情、动作、眼神等进行的沟通称为"非语言沟通"。进行沟通时,除了语言外,还应有意识地使用表情和动作、眼神等向对方更多地传递信息。注意自身仪容,使用肯定的积极的表情和笑容进行沟通,可以给对方带来好感,更易于信息的传递。

1.4 非语言沟通的技巧

(1) 眼神接触。注视着对方的眼睛听对方讲话,对方会产生"他在认真听我讲话"的感觉,进而产生较高的信任感。视线的高度,要与对方的眼睛高度保持一致。注视着对方的眼睛说话,这种"带着感情的注视"是向对方表达关切的重要方式之一。

(2) 轻声附和。点头和轻声附和与眼神接触一样,可以向对方传达"我在认真听你讲话,我理解你说的内容"的感觉。观察对方讲话时的语言和表情,认真感受对方的情绪,自然地轻声附和,向对方传达"听到"的事实。

- 使用有感情色彩的语言附和
例如:"对呀""是的""就是呀"等。
- 重复对方的话语
例如:"这东西以前很流行。"
→"原来以前很流行呀!"
- 认真听对方说完,然后表示接受。
"……所以我喜欢这个。"
→"原来如此呀。"

图 2-7 附和讲话者

(3) 紧跟节奏。说话者的节奏和表情、态度、动作、话题等共同构成了说话者"节奏"。"紧跟节奏"是配合对方的想法、感情、态度等,调整自己的节奏与对方一致,努力找出彼此的共同点,让对方产生好感。

适当模仿对方的行为,被认为是向对方表达尊敬和好感的一种方式,但是如果模仿过度就容易取得反效果,要注意不要过于明显以免引起对方反感。还有选择对方感兴趣的话题展开聊天等方法。通过有意识地采用这些方法,使对方产生亲近感和好感,缩小互相之间的距离。

(4)"你"主语句和"我"主语句。"你"主语句在这里指的是以"你"为主语的句子,"我"主语句指以"我"为主语的句子。"你"主语句容易使听者产生"你应该这样做"的感觉,带有责备的意味。而"我"主语句则是在向对方传达自己的感觉和想法。

> **案例 1**　今天的康乐活动是剪纸。活动结束后,曾爷爷又像往常一样忘记收起剪刀。剪刀就放在活动室的桌上。
>
> ● 使用"你"主语句时
> "曾爷爷,你又忘记收拾剪刀啦。快点收起来吧。"
>
>
>
> 听到的人容易产生"没收拾剪刀是我的错""他在批评我"的感觉。
> 听者接收到的信息是:他在批评我"你不行!"
> ● 使用"我"主语句时
> "曾爷爷,把剪刀放在这里,我担心可能会伤到别人哦。"
>
>
>
> 听到的人因为并不觉得对方是在否定自己的人格,能够安心听进去。
> 直接联想到"真是不好意思呀"。
>
>
>
> * 当有认知症老人参加时,工作人员应迅速收起剪刀、针等工具,避免危险。

2. 活动现场的接待

2.1 "服务"与"招待"的区别

充分尊重老人的尊严,使老人更好地共享时间的方法之一就是"招待"。"服务"大多情况下是1对多,其特征之一就是平等的对待每一位服务对象。与此相对,"招待"1对1的情况较多,根据对方的情况应对接待。

在康乐活动中,我们对参加者应该采取招待的方式,而不是简单的服务。

2.2 活动实施中的沟通

活动实施中如采取单纯的指示性沟通方式,老人大多数时候都处在一种等待指示的状态中,容易形成消极的活动态度。因此在活动现场需要双向沟通,实现工作人员与老人信息和情感的互相交换。双向沟通方式可以建立起基于信任的平等关系,避免工作人员与老人形成依赖关系、上下级关系,借助充分的语言和情绪交换实现沟通。

2.3 康乐活动沟通要点

老年人的身心状态每天都在发生变化。因此,在康乐活动实施中需注意:

(1) 避免一味的催促。应避免一味地催促老人,强迫老人参与活动。活动实施过程中要注意体察老人的情绪变化,充分留意每位参加者的状态。

(2) 充分传达意义和功能。康乐活动可以给老年人身心带来积极影响。通过数学计算、猜字谜等游戏活动,能够达到预防认知症、维持大脑功能的目的。在活动实施中充分传达康乐活动的意义与功能,能够有效提升老人的参加意愿,提高活动效果。

(3) 与老人一起投入活动。老人在活动中能够敏锐地感知到工作人员的专心与否。工作人员应与老人一起积极投入活动,共同享受康乐活动带来的乐趣。

3. 集体康乐活动的优势及注意点

3.1 集体康乐活动中的"招待"

集体康乐活动中体现招待精神的语言归纳如表 2-22 中。

表 2-22 招待性语言及其示例

① 向参加者表示兴趣	"大家能听到我讲话吗?" "我这样的声音大小,大家能听到吗?"
② 感谢与慰问	"今天真是太感谢了!大家今天开心吗?" "非常高兴能和大家一起参加今天的活动!"
③ 鼓励	"慢慢来噢,就按照现在这个节奏刚刚好。" "做不到也没关系噢。"
④ 督促	"大家做得很好呢。再继续坚持!"
⑤ 体现活动自由	"需要去洗手间的人请及时告诉我。"

3.2 集体康乐活动的优势及注意事项

集体康乐活动是许多参加者共同合作完成任务,通过任务提高个人的社会参与性,提升在小组内部的沟通能力。在小组活动中共同分享同一体验和喜悦的感觉,随着此类经验的增长进一步促进彼此的成长。

集体康乐活动中的注意事项归纳如下。

(1) 唤起共有感。在开始环节做好充分热身,调动全场气氛,让参加者产生"要与身边伙伴共享所有活动时间"的感觉。

(2) 注意说话方式。当需要与参加者中的某一个交流时,可通过鼓掌提醒大家保持安静,然后使用简单、易懂的语言和缓慢的语调与该参加者讲话。

(3) 用心发现。开展集体康乐活动时,通过活动能够发现参加者的特长和兴趣爱好。在活动展开中通过观察参加者的表情和动作,给予及时而迅速的反应,关注到每一位参加者,被关注者据此感受到自我存在感。加上参加者之间互相刺激,产生团队意识,并进一步提升所有参加者的喜悦感和快乐感。

4. 活用热身活动

4.1 热身活动的意义

热身活动是通过热身游戏及语言等手段,促进参加者之间、活动组织者与参加者之间的互动,融洽关系,营造轻松氛围,帮助团体在当下形成一个具有凝聚力的实体。在热身活动中活动组织者必须以笑容、点头等恰到好处的肢体语言,来传递自己对参加者的关怀、倾听、真诚、鼓励。

热身活动的目的是让全体参加者既没有心理压力,感到轻松愉快,又能够集中参加者注意力,调动起参加者积极参与康乐活动的情绪,增进参加者之间、活动组织者与参加者之间的信任和凝聚力。

热身活动的主要采取热身游戏和语言的手段。根据参加者情况,唱歌、做热身操、魔术表演等形式也很受欢迎。例如:组织大家观看乒乓球比赛,在观看过程中组织大家为运动员加油,随着比赛的进行大家的加油声也越来越响亮,电视机前的所有人,即使是不认识的人也自然地一起随着比赛进程而屏气凝神,凝聚成一个集体。这就是借助共同行为、同时发声的热身活动产生的效果。

4.2 根据情况开展热身活动

活动开始阶段,参加者往往不知道自己该做什么,故在心理和行为上容易出现矛盾、困惑和焦虑等问题。

(1) 矛盾的心理与行为特征。他们既对活动充满好奇和期待,也希望与其他参加者或活动组织者建立良好的互动,但又不无疑惑和焦虑。

(2) 小心谨慎与相互试探。大多数参加者的行为十分拘谨,说话做事显得小心谨慎。

(3) 沉默而被动。由于刚开始加入活动,不懂活动规范,怕说错话、做错事,不少参加者会表现为沉默、观望、等待的特征,大都希望在别人怎么说、怎么做之后,再被动跟进。由此,整个活动现场显得沉默,进程缓慢,缺乏自发性和流畅性。

(4) 对活动组织者的依赖性。刚开始活动,参加者往往依赖活动组织者,视其为权威,以其为中心,而忽视了自己在活动中的角色和能力。

活动组织者在这一阶段的主要任务就是协助参加者彼此认识以消除陌生感。活动组织者可以根据参加者个性特征以及活动类型,设计出有创意性的打破僵局的热身活动,恰当地使用一些游戏的方法,帮助参加者互相认识,催化相互之间的互动。

在个别康乐活动时,如果同时有多名参加者也需要开展热身活动,一对一的时候,通过增加对话可以有效缓解对方的紧张情绪。

根据参加者状况开展的康乐活动内容具体可参考表 2-23。

表 2-23　各种情况下的热身活动内容

1	(情况)不了解对方的情况,因而感到不安
	(内容)缓解紧张情绪(同时发声、同时动作、轻度肢体接触)
2	(情况)消除紧张感,提高归属意识
	(内容)增加相互理解(肢体接触、互相观察、共同思考等共同完成的动作)
3	(情况)通过设定集体目标,产生集体荣誉感
	(内容)促进小组成员之间共同关系产生的活动(组员互相交流、对视)
4	(情况)对所属集团产生信任、和活动接近尾声时
	(内容)小组对抗游戏等、催化小组内部的结束(操作内容较多、具有决定性意义的游戏)
5	(情况)集体活动继续进行,每位组员的位置和作用相对固定
	(内容)能够发挥个人在集团内部能力的活动(作用分担游戏、决定性的工作)

5. 热身活动的具体案例

5.1 参加者初次见面感到不安时

这种情况下最重要的是通过热身活动缓解参加者的紧张情绪。例如请参加者一起喊口号、一起深呼吸、缓解紧张情绪。

> **案例 1　一起深呼吸:呼……呼……呼……呼……**
>
> 随着年龄增长人的呼吸也会变浅,通过深呼吸的练习使参加者感受腹式呼吸的重要性。还可以通过吹气球等游戏展开活动。
> "接下来,大家跟着我一起深呼吸。我们先从大口吐气开始吧。"
> "深吸一口气,然后缓慢地分 4 次吐出来。"
> "屏住呼吸。大大地吸一口气……"
> 主持人与所有参加者一起做出胜利的手势。
> "好的,大家跟着我再来一次。先深吸一口气。"
> "屏住呼吸。好的,大大地吸一口气……"
> 主持人与所有参加者一起做出胜利的手势。
> "大家都会了吗? 好的,深呼吸完成。大家有没有感觉身体暖和了一点?"

案例 2　同时动作：逢 7 过

大家围成一圈，从 1 开始依序喊数字，如果数字是包含 7 或者 7 的倍数，就不能喊出这个数字，必须拍一下手。

"从我开始，大家一起报数。例如，当大家一起喊到 13，按顺序下一个应该喊 14，但因为 14 是 7 的倍数，所以不能喊出来，而要拍一下手表示通过。大家都明白了吗？"

"好的，那么开始报数啦"

参加者"1""2""3""4""5""6"，参加者（拍手）

"好的，继续数"

参加者"8""9""10""11""12""13"，参加者（拍手）

"刚才报出 14 的人请举手"

参加者（大笑）

5.2　提升归属意识

消除了彼此的紧张感，接下来的活动尽量安排全部参加者都可以参与的，创造更多自然接触的机会。通过小组活动加深小组成员之间的互相理解。

案例 3　全体参与：找朋友

通过热身活动创造互相认识的机会。

"大家有机会一起参加今天的康乐活动也是一种缘分。那就让我们一起来互相认识下吧。大家一起来找朋友。我们找到属相相同的人，组成同一个小组。"

也可以找出家乡相同的、同一个月生日的，按照不同类别进行分组。

案例 4　一起动脑："日"字加一笔是什么字？

"下面，请相邻的 3 个人组成一个小组。大家一起开动脑筋哦。"

向各小组分发写有汉字"日"的纸张。

"这张纸上写了一个'日'字。请加一笔变成其他汉字。"

"大家都完成了吗？"

"那么请各小组展示成果。有没有答案相同的小组呢？"

答案相同的参加者组成一个小组，大家一起鼓掌祝贺。

案例5　人如其名：使用名字造句

向所有参加者分发纸张和笔。

"请在纸上写下自己的姓名（全名）。"

"写好了吗？请写好的人与对面的伙伴互相交换。"

"大家都拿到对面人的名字了吗？接下来就请使用对方的名字，给每个字造一个句子。可以是自己喜欢的句子，也可以是想到的内容。"

例如："张美娟"

　　张——纸张

　　美——美丽

　　娟——娟秀的字体

诸如此类，写下所想到的词语或句子。

工作人员可以一边观察一边与大家交谈。"大家都怎么写的呢？""好美的句子！"。

案例6　全体参与：交换名片

给每位参加者分发一张名片大小的纸张，请大家各自写下自己的名字、年龄；并用3个词介绍自己。

"请大家与自己对面的人互相交换名片并握手。可以走动的参加者，可以尽量选择初次见面的伙伴，积极地交换名片、握手。"

5.3　对所属集团产生信任、和活动接近尾声时

当参加者对所属集团的成员产生信任，活动结束的萌芽阶段到来时，应该采取能够催化活动结束的措施。

案例7　小组结束的萌芽阶段：接力投圈

准备圆圈道具及相应的设备。可以用圆圈套矿泉水瓶等。

"下面我们开始接力投圈游戏。请各个小组排好队，每个小组有一个圆圈，大家轮流套取前面的矿泉水瓶。投中目标的人才能把圆圈交给下一个组员，没有套中的回到队尾排队继续参加游戏。小组所有人都投中目标则游戏结束。大家注意站位不要超过这条红线哦。"

"让我们一起给投圈的人加油吧！"

案例 8　增强集体荣誉感：成语接龙

成语接龙游戏规则：
1. 任意选择一个成语作为龙头词开始游戏。
2. 前后两句相接成语的关节字必须是同音字。
3. 成语必须由四个字组成。
4. 成语不得有重复。
5. 所选用的成语须为常用成语。

"请所有参加者自由组合分成人数相同的两个小组。请 AB 两个小组现在各派一名代表到我这里来石头剪刀布,由获胜小组选择一个成语作为本次成语接龙的龙头词。"

"好的,B 组获胜。请 B 组成员商量后决定龙头词。"

B 组"没日没夜"。

"好的,请各小组成员做好准备,依次派出 1 名代表完成成语接龙。倒计时 10 秒内没有完成接龙的小组就算失败。"

"成语接龙开始——没日没夜"

A 夜郎自大→B 大有作为→A 为民除害→B 害群之马→A 马到成功→B 功成名就→A 咎由自取→B 曲曲折折→A 遮遮掩掩→B 奄奄一息→A 息息相关……

决出胜负的小组对抗赛形式可以激发组员的集体荣誉感,还可以尝试各种不同形式的小组对抗游戏。

案例 9　小组共同行动：叠叠乐

准备彩色积木 1 套,平均分给各个小组。

"请各个小组利用手头的积木完成叠叠乐游戏。每个成员轮流完成积木的搭建,每次 1 块,游戏时间为 3 分钟。我们来看看 3 分钟之内哪个小组搭的积木最高。"

＊还可以利用空牛奶盒等可回收材料作为道具。

5.4　在持续的集体活动中发挥作用

通过持续的集体活动,小组成员在集体中的位置和作用相对固定下来,这时需要采取措施使各个组员得以充分发挥自身能力。

案例 10　发挥个人才能：花朵·蔬菜·水果

给每位参加者发一张纸和一支笔。

"请大家从花朵·蔬菜·水果3个主题中各自选择1个。选择花朵主题的人请尽量多地写下你想到的花朵名称；选择蔬菜和水果的，也请把自己想到的所有蔬菜水果名称都写下来。时间限定为3分钟。请各位尽情发挥自己的才能吧。"

"好的，时间到！大家都写了多少个？请自己数一数。"

"张爷爷，您选的是花朵呀，您能告诉大家写了多少个吗？"

（张爷爷向大家展示所写内容）

"谢谢张爷爷，您写的可真不少呀。真的太难得了。我猜您平时一定很喜欢养花儿吧?"

案例 11　增强集体凝聚力：陆海空接龙

全体参加者围坐成1个圆圈。一边拍手一边喊"陆海空里有什么?"，所有参加者依次回答问题，并根据回答内容做出相应动作。

例如："陆海空里有什么?""海里有鲨鱼。"

"陆海空里有什么?""陆地有汽车。"

"陆海空里有什么?""天空有老鹰。"

在10秒内回答不出的参加者需要根据上一个人的答案邀请2位伙伴一起做出相应的表演。

"太遗憾了，李奶奶没接上。那请李奶奶邀请2名小伙伴来表演吧。"

（李奶奶邀请了陈爷爷和陆爷爷一起表演）

"刚才是陆海空里有什么？陆地有汽车，请3位一起以汽车为主题做出动作。"

（陈爷爷"汽车喇叭哔哔哔"）（李奶奶"方向盘扭扭"）

（陆爷爷"车轮转转转"）

"3位表演的太棒啦！谢谢。接下来从李奶奶开始继续接龙。"

6. 提升活动气氛的秘诀

6.1　1小时康乐活动中气氛的提升

1小时的康乐活动流程是准备、导入、展开、自我表现。调动活动气氛的方法也按照此活动流程分阶段说明。

（1）准备阶段：为活动创造氛围

● 避免参加者产生孤立感

在机构或社区中举行康乐活动时，参加者的构成多种多样，有互相熟悉的老人，也有新进入机构或社区的老人。为了避免新加入组织的成员感到孤独，工作人员在安排座位时，可在其旁边安排一位比较会照顾人的老人。

(2) 导入阶段:激发活动兴趣

● 大幅度的肢体动作与手势交替使用,搭配拍手和口号

在导入阶段,主持人能否成功将参加者吸引进活动中,决定着活动的成败。在此阶段,让参加者感觉"接下来有意思的活动就要开始了",作为掌控整个局面的主持人,就必须表现得比参加者更加活跃和开心。

● 加入全员参与的自我介绍环节

当初次参加活动者较多,现场气氛比较紧张时,要让每一位参加者都充分意识到自己正在参加康乐活动。例如让他们开展自我介绍。

● 不告知参加者组织方的活动目标

向参加者告知康乐活动的意义和功效非常重要。但在活动导入阶段,只需要向参加者简单说明活动的内容。因为参加者如果了解了组织方所设定的活动目的,就容易形成先入为主印象,从而忽略活动本身的乐趣。

(3) 展开阶段:创造交流机会

● 把活动说明作为活动本身的一环来进行

如果展开阶段的活动内容比较复杂,耗时较长,需对主要活动环节具体说明,让参加者一步一步地模仿,如果把活动说明也按照游戏方式进行,更能吸引参加者。

● 多关注积极回应的参加者

以活动中反应积极的参加者为焦点,通过与其互动,引发其他参加者的笑声,活跃现场气氛。

● 故意犯错制造笑料

主持人故意犯错制造笑料,也是提升活动气氛一种手段。活动中注意与参加者积极交流。可以是纠正"＊爷爷,您这个动作不对噢";可以是夸奖"＊奶奶,您笑起来很好看呢";也可以是鼓励"＊爷爷,来,跟着我动起来"。

(4) 自我表现阶段:引导思考畅所欲言

● 安排发言顺序

在自我表现阶段,应该合理安排发言的顺序。从表现积极的参加者和开朗活泼的老人开始,为发言创造良好氛围。

● 注意提问方式

对于一些沉默者和因为身体原因说话不流畅的参加者,在提问时需要特别注意方式方法。尽量使用能够用"是"或"不"简便回答的问题。

● 通过点评鼓励参与

最后阶段的重点是通过总结点评每一位参与者的优点,鼓励参加者积极参与。当参加者人数较多实施有难度时,在活动结束后尽量与参加者进行个别交流。

任务四　评价老年康乐活动

任务组织

1. 评价老年康乐活动

1.1　活动结束后的交流

对参加者来说,活动中快乐、不快乐的回忆都会在内心留下印象,通过活动获得新发现、感受到生活的意义,这些都是康乐活动的成果,都会给参加者带来生活的喜悦和乐趣。

康乐活动结束后,要留出与参加者直接对话的时间,询问活动感受及对活动的看法。如果有机会,尽量询问下机构或社区中日常与参加者接触的工作人员,参加者活动表现与平常有哪些不同,并做好记录。

1.2　活动记录

在每次活动结束后留下关于活动优缺点的记录,以此为基础对康乐活动进行评估。

表 2-24 是康乐活动评价表,表 2-25 是康乐活动评价表的样表。评价表中记载的项目按照康乐活动的内容、目的、目标,及活动现场的观察情况而进行详细记录。

表 2-24 康乐活动评价表

□康乐活动记录表		20 年 月 日　天气：　　记录人：	
活动名/称	活动内容		
举行活动的目的		目标	
参加者			
男性（　）名 共计（　）名		女性（　）名 备注	

对小组的整体评价

目标达成度	参加者的反应	
1　全部完成　　　2　部分需要改善 3　需要大力改善	1　非常好　　　　2　部分反应不好 3　全都反应不好	

认知/活动执行方面	身体方面	社交方面
理解力 好 1─2─3─4─5 差	体力 好 1─2─3─4─5 差	合作机会 好 1─2─3─4─5 差
注意力 好 1─2─3─4─5 差	协调性 好 1─2─3─4─5 差	交流机会 好 1─2─3─4─5 差
持续性 好 1─2─3─4─5 差	敏捷性 好 1─2─3─4─5 差	表现机会 好 1─2─3─4─5 差
备注	备注	备注

确认事项

活动适合度	安全考虑	场地
合适 1─2─3─4─5 不合适 备注	合适 1─2─3─4─5 不合适 备注	合适 1─2─3─4─5 不合适 备注
工作人员数量	内容与参加人数的匹配度	工作人员的说明方法
合适 1─2─3─4─5 不合适 备注	合适 1─2─3─4─5 不合适 备注	合适 1─2─3─4─5 不合适 备注

活动反思·改善项目

表 2-25　康乐活动评价表示例

□康乐活动记录表	2019年5月27日	天气：晴	记录人：张玲

活动名称	活动内容		
穿旗袍拍美照	穿着旗袍，在小区内公园拍照 ● 2名工作人员负责为参加活动的9位奶奶化妆（每人10分钟） ● 化妆完毕后带领所有参加者前往小区公园拍照		
举行活动的目的		目标	
让爱美的老年女性充分享受康乐活动带来的快乐和满足，找到生活乐趣		让老年人重新体验年轻时经常穿着的旗袍，回忆青春的美好时光，共享快乐	
参加者			
男性（ 0 ）名 共计（ 9 ）名		女性（ 9 ）名 备注　其中有1名老人乘坐轮椅	

对小组的整体评价

目标达成度	参加者的反应
① 全部完成　　2 部分需要改善 3 需要大力改善	① 非常好　　2 部分反应不好 3 全都反应不好

认知/活动执行方面	身体方面	社交方面
理解力 好 1—2—③—4—5 差	体力 好 1—2—3—4—⑤ 差	合作机会 多 ①—2—3—4—5 少
注意力 好 1—②—3—4—5 差	协调性 好 1—②—3—4—5 差	交流机会 多 1—2—③—4—5 少
持续性 好 1—2—③—4—5 差	敏捷性 好 1—②—3—4—5 差	表现机会 多 1—2—③—4—5 少
备注	备注：根据每个人的体力状况，可适当缩短拍照时间	备注

确认事项

活动适合度	安全考虑	场地
合适 1—②—3—4—5 不合适	合适 ①—2—3—4—5 不合适	合适 ①—2—3—4—5 不合适
备注	备注：乘坐轮椅老人的照顾工作完全由机构护理人员负责	备注
工作人员数量	内容与参加人数的匹配度	工作人员的说明方法
合适 1—2—3—4—⑤ 不合适	合适 1—2—3—④—5 不合适	合适 1—②—3—4—5 不合适
备注：组织拍照时人手不足，导致活动时间延长	备注	备注

活动反思·改善项目

● 活动实施前应与机构工作人员进行更仔细的沟通，各自准备好相应物品
● 乘坐轮椅的老人可准备旗袍短褂或唐装，活动服装可只着上半身，方便穿脱
● 活动参加者因为拍照经验不足等容易导致抢拍时间过长。活动组织者应准备足够的拍照道具，如团扇、油纸伞、丝巾等辅助拍摄效果
● 摄影应安排2~3名擅长摄影的工作人员负责分组摄影，并安排1位助手协助组织

1.3 A-PIE 流程

把康乐活动作为一个整体来观察。最初阶段是评估（Assessment）阶段，了解活动参加者状态，把握个人或集团特点。在此阶段需把握参加者的需要和期望，及活动对参加者身体、知能、情绪、社会等方面的价值。

其次是计划（Planning）阶段。在此阶段根据评估获得的信息讨论、制订康乐活动计划。此阶段不仅要确定康乐活动的目的、活动时间安排，还有活动评价标准。

计划之后的阶段就是康乐活动的实施（Implementation）和评价（Evaluation）。在评价阶段，参考项目有目标达成度、参加者的反应、认知/课题执行情况、身体方面、社交方面等。评价需要回顾活动的评估、计划、实施情况，并根据评价结果，对评估、计划和实施情况进行调整和改善。

像这样按照评估→计划→实施→评价的过程实施的康乐活动，把每个过程的英文名称首字母连起来就是 A-PIE 流程。A-PIE 流程如表 2-26 所示。持续的康乐活动，能帮助老年人发现日常生活中的乐趣和意义，当康乐活动按照 A-PIE 流程多次循环后，就需要升级康乐活动，以应对老年人已经发生变化的需要和期望，为参加者带来身体、知能、情绪、社会等方面新的价值和意义。

表 2-26 A-PIE 流程

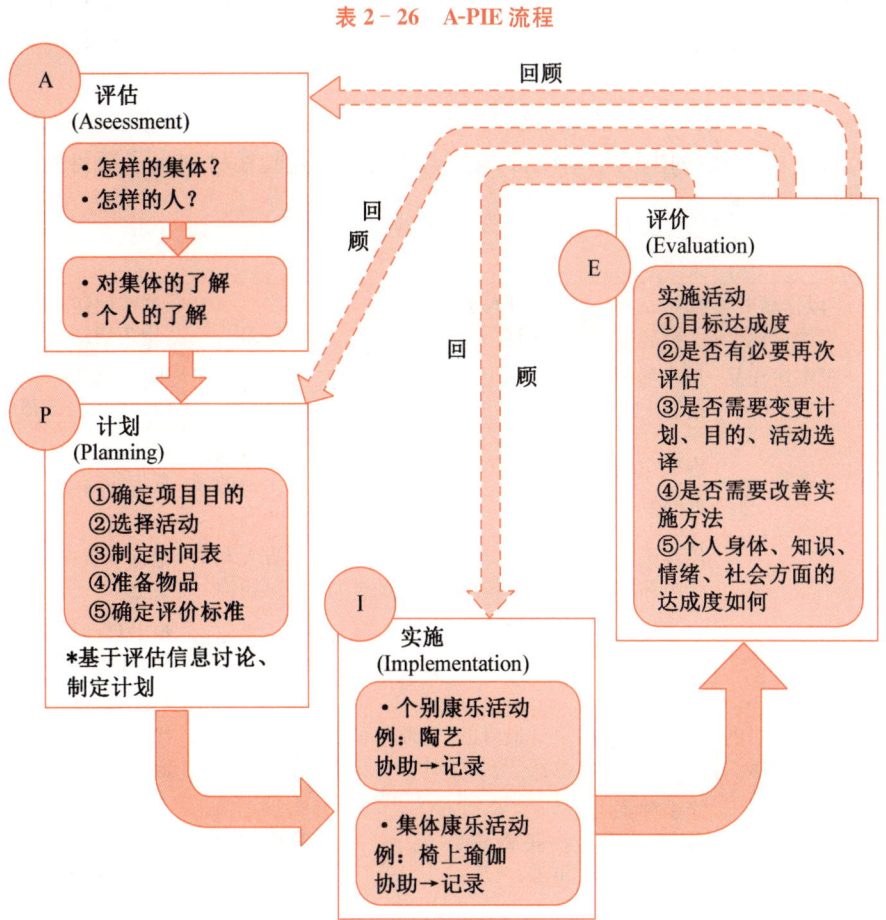

2. 合理安排老年康乐活动

2.1 活动安排的注意事项

调整活动安排可以为康乐活动带来新的变化,避免活动墨守成规,让老年人乐享康乐活动。活动安排需要注意以下3个事项。

(1) 提供符合参加者需求的活动项目。康乐活动的主体是老年人,在策划、组织康乐活动时,活动策划组织者在参考自身经验的基础上,必须以满足参加者的需求为基本出发点,安排活动项目。

(2) 协助参加者活动的方式因人而异。活动策划组织者必须把握每一个参加者的具体状况,为每一位参加者提供个性化的协助方案。在为老人提供活动协助时应充分考虑到维护老人的自尊心,提供更多尝试和挑战的机会,帮助老人在活动中发现自身的优点和特长,从而树立其自信。对于部分完成活动有困难的老人,应及时观察并提供相应协助。例如降低操作难度,帮助老人顺利完成任务,树立活动信心。

(3) 以老人康乐活动的自立化为目标。在康乐活动中提供的支持与协助,最终目的都是让老年人自己主动去发现生活中的乐趣与意义,从而自觉地把康乐活动融入日常生活,提高生活自立能力。

2.2 活动安排方法

以下从计划长期康乐活动的观点出发,介绍康乐活动安排的基本方法。表2-27是活动安排的示例。表中所列出的活动项目,按照康乐活动类型、素材列出了项目的关键词,通过表格可以参考学习。

表 2-27 活动安排示例

	以作品展为目标	引入季节性元素				联系回忆康乐活动	加入游戏性元素
		春	夏	秋	冬		
书法活动	把书法作品做成年历	用水墨画描绘春天景色	在纸扇上书画	以秋天的味道为题材	写春联	用书法记录回忆	十二生肖大拜年
音乐活动	演奏会	春天主题的赛歌会	夏日纳凉晚会	用秋天果实自制乐器	利用自制打击乐器的新年演奏会	童年的旋律	我爱记歌词
插花活动	作品展	用春天的花朵装饰客厅	带来夏日凉意的插花	用插花展示秋天的色彩	大吉大利的新年花饰	把花草戴在头上	找到自己的幸运花
美容活动	发型秀	春天主题美甲沙龙	制作与泳衣搭配的小饰品	柑橘香氛中的脸部按摩	在眉间画梅花	画出自己最喜欢的一件衣服	挑战明星妆
厨艺活动	简单清爽的泡菜制作	为踏春准备野餐	夏日最爱的凉面	庭院里的烧烤	火炉边的小零食	代表妈妈味道的菜品	今晚吃什么?
园艺活动	品尝亲手种植的蔬菜	亲手种菜番茄、黄瓜、丝瓜等的播种	收获番茄、黄瓜、丝瓜	采野菜	积肥为春天做好准备	回忆劳动岁月	蔬菜连连看

(1) 作品展。每年举行 1~2 次作品展,并以此为目标在日常活动中安排相关制作任务和练习。例如,在春天安排花卉主题的手工活动,完成后举行作品展出活动,展示活动成果。

(2) 季节性。根据春、夏、秋、冬的季节变化安排相应活动,让老人通过五感,即视觉、听觉、嗅觉、触觉和味觉等切实感知季节的变化。

(3) 回忆。回忆往昔的回忆活动是康乐活动安排时重要的切入口之一。需要注意的是,在回忆活动中设定年代时尽量避开引起痛苦回忆的时间段,让老人回忆童年的快乐和年轻时美好的记忆,充分享受康乐活动带来的快乐。因此,活动前应展开充分调查。

(4) 游戏性。在康乐活动中引入游戏性元素可有效提高参加者活动体验,把活动主要环节与游戏相联系,让参加者在愉快的游戏体验中实现康乐活动目标。

2.3 加入游戏性元素的案例

以下案例介绍了如何在康乐活动中加入游戏性元素。通过表 2-28 中列举的《十二生肖大拜年》《我爱记歌词》《今晚吃什么?》3 个活动进行说明。

表 2-28 书法活动中引入游戏元素的案例

项目名称	十二生肖大拜年(活动时间:60 分钟)			
目的	采用回忆法发现新的残存功能和特长			
目标	通过书法活动增加交流,创造交流机会			
1	开场致辞	5 分钟	说明活动意义。先号召大家"今天我们先放下手中的笔,一起做个游戏吧",告诉大家笑容对健康有益	准备正方形红纸 12 张
2	在准备好的红纸上写下十二生肖	10 分钟	请大家按照顺序写下十二生肖的名称。所有参加者被随机分成 5~6 人的小组	
3	游戏的说明	5 分钟	主持人说明游戏规则:"请每个小组派一名代表从我手中抽取一张红纸,并展示给大家。根据自己抽取的动物,通过肢体语言或叫声提示组员,其他组员根据提示猜这个生肖动物的名称,并说一句包含该动物名称的吉祥话儿。"从第一小组开始派 1 名代表来抽取	其他小组在旁边观看并帮助计时
4	开始游戏	20 分钟	抽取红纸,准备表演。关于动物的表演是活跃气氛的关键,可邀请小组中比较活跃,或者比较沉默的参加者表演	一轮游戏结束后视时间情况可进行第二轮
5	结束语	5 分钟	结束后把当年的生肖动物贴在白板上	

表2-29　音乐活动中引入游戏元素的案例

项目名称	我爱记歌词（活动时间60分钟）
目的	分组完成任务，激发集体荣誉感
目标	锻炼大脑功能，完成歌词填空

顺序	项目	时间	内容说明	备注
1	开场词	5分钟	说明活动意义。"今天带着大家一起回忆下激情燃烧的岁月。"通过歌词填空和猜歌名等游戏，体验经典老歌带来的激情和美好回忆	准备20首左右的经典老歌、红歌的伴奏音乐，和歌曲高潮部分的歌词填空题目，用较大的字体展示在屏幕或者投影仪上
2	分成2~3人的小组，并说明游戏规则	10分钟	根据主持人播放的经典伴奏音乐，通过小组抢答形式完成歌词填空和猜歌名。答对的小组获得相应积分，游戏结束，积分最高的小组获胜	每个小组发一张写有小组编号的卡片，抢答时举卡片示意
3	开始游戏	30分钟	主持人宣布游戏开始并播放音乐，音乐结束进入歌名抢答环节。第一轮猜不中则播放第二遍音乐，并同时出现歌词填空题目。歌名和歌词填空可同时抢答。工作人员负责及时和计分，游戏结束公布各小组成绩	多个小组同时抢答时，各自把答案写在纸上提交，答对的小组加分
4	整理运动	10分钟	带领参加者做呼吸操，调整呼吸，整理身心状态	把参加者从抢答活动的热烈气氛中调整回来
5	结束语	5分钟	点评小组表现和每位参加者的优点，选择一首经典曲目大合唱	选择抢答小组数目最多的歌曲

表2-30　厨艺活动中引入游戏元素的案例

项目名称	今晚吃什么？（活动时间130分钟）
目的	通过小组活动增进彼此交流
目标	男女混合搭配，分工负责完成小组任务

顺序	项目	时间	内容说明	备注
1	开场词、游戏说明	10分钟	说明即将举行的游戏。主持人："今天我们准备了很多超市的宣传单，我们准备用宣传单上的材料来制作今天的晚饭。我给大家准备了很多玻璃珠，请大家用手中的玻璃珠射中想要的材料，然后用这些材料做一顿晚饭。"并分发玻璃珠	收集超市宣传彩页若干张
2	制作投射目标	20分钟	从收集的超市宣传彩页上剪下相应的商品。准备一张方桌，在桌上铺一张桌布，在桌布相应位置按照九宫格样式摆放各种商品图片	男性、女性参加者分工完成相应任务
3	分组、游戏	35分钟	弹出手中的玻璃珠射中目标即可拿走该商品。每人5粒玻璃珠。小组轮流完成游戏	部分参加者表现活跃

(续表)

顺序	项目	时间	内容说明	备注
4	小组会议	10 分钟	所有小组拿到材料,"请大家分组讨论如何利用手头材料完成今天的晚饭,很期待大家的豪华晚宴噢。"主持人提出游戏要求,分组完成任务	
5	展示菜谱	10 分钟	各小组展示晚饭的菜单	
6	投票	10 分钟	支持人宣布"大家想吃哪个小组的大餐呢?请投票决定。得票最多的小组获胜。"然后,开始投票	
7	结束语	5 分钟	点评表现活跃的参加者,并回顾活动	

3. 活动安排注意事项

3.1 合理安排活动

即使是举行相同内容的康乐活动,根据参加人员、活动场所、日期、环境等的变化,每次的结果也都不尽相同。因此,根据当日的具体情况安排康乐活动是非常重要的。

要做好康乐活动策划和组织,需要在日常生活中处处留心,发现策划活动的点子,产生活动创意。例如从受欢迎的电视综艺节目中获取活动策划灵感,组织适合老年人的游戏活动。

3.2 积累活动组织经验

康乐活动的安排需要根据参加者情绪变化做出及时调整。充分观察参加者,能敏锐感知参加者的情绪变化是做好康乐活动安排的必备素质。

康乐活动策划组织人员在与老人共同活动的同时也积累了工作经验,尤其是把康乐活动与自身特长和兴趣结合,更容易获得满足感和成功的喜悦,这些也会成为康乐活动策划和组织的原动力。

任务五 安全管理和实施时的注意事项

任务组织

1. 考虑老年人的安全

1.1 老年人的安全管理

如何预防康乐活动中发生事故和意外情况,是每一位康乐活动策划组织人员都必须认真考虑的问题。为了让老年人安心地参加康乐活动,实施安全管理,切实防止事故和意外的发生非常重要。这里的"安全"主要指以下3点：
- 潜在危险
- 避免受伤
- 避免生病

无论怎么注意意外总会发生,不存在"绝对的安全"。但通过事前采取预防措施,并与机构或社区工作人员共同讨论实施,是能够有效防止更严重事故和意外的发生。为了让老人安心、安全地参加康乐活动,活动组织者必须注意如表2-31所示安全事项。

表2-31 康乐活动实施时中的注意事项

● 在活动实施前,向机构或社区工作人员询问参加者的健康状况和精神状态,并与活动工作人员共同分享信息。在此基础上,确定每位工作人员负责的参加者人数。注意护理级别较高的参加者对应的工作人员数量也要有所增加 ＊活动实施中注意观察参加人员的神色	
● 活动实施前再次与工作人员确认彼此职责,及可提供现场协助的机构社区工作人员。活动现场必须有1名以上的机构或社区工作人员在场协助 ＊确认活动现场不存在安全隐患,例如地板湿滑,或者有小障碍物等,仔细确认	
● 保证每位参加者按照自身节奏参加活动,不勉强参加者	
● 确保参加者姿势正确,极力避免可能造成身体负担的动作	
● 活动中如果发现参加者情况异常,应立即呼叫机构或社区的专业工作人员	
运动时	● 运动类活动,包括准备活动和放松活动在内的活动时间控制在20分钟左右为宜 ● 热身活动后再实施主要活动环节比较有效果 ● 尽量保持参加者呼吸平稳

1.2 活动实施中的安全考虑

通过对康乐活动参加者的观察,总结出老年人在活动中的十种异常表现,如表2-32所示。康乐活动组织人员在活动中要随时关注参加者,留心以下行动异常的征兆。

表 2-32 老年人的十种异常表现

1	无论什么都放入口中（特别是有细小物品时需要特别注意）
2	无法分辨自己所在的位置，恍恍惚惚
3	脚底有积水（小便失禁）
4	手中的物品掉落
5	流口水
6	手足时常颤抖
7	自言自语，并独自发笑
8	自己的要求没有得到满足就破口大骂
9	经常跌倒
10	经常喊"丢东西了"

＊这些行为也是认知症的特征。

从安全管理的观点来看，与参加者接触时的具体留意点如表 2-33 所示。

表 2-33 与参加者接触时的具体留意点

1	记住每一位参加者的姓名，以应对个别沟通的情况
2	注意参加者不要过于勉强。在手工等操作活动中，如果参加者多次尝试仍旧无法完成精细操作，应提醒参加者需要休息
3	尽量掌握现场状况。当注意到参加者身体状况发生变化时，及时询问"您哪里不舒服吗""是不是心跳太快了"等
4	面对听力不佳的老人，要清晰缓慢地表达
5	注意交替安排活动时间与休息时间
6	环境、温度变化时提醒老人增减衣物
7	走路不稳的老人，要提醒其注意鞋子
8	如需坐在地板、轮椅、硬板凳、柔软的沙发上，根据状况设置脚垫、靠背和毯子等。尽量不要使用折叠椅和带滑轮的椅子，避免发生危险
9	必须时常注意给老人补充水分，特别是在出汗和外出后，准备好白开水、运动饮料等，防止中暑等意外情况发生

2. 预防责任

2.1 注意义务

注意义务包括结果预见义务和结果回避义务,结果预见义务是指行为人负有预见危害结果发生的责任,结果回避义务指行为人负有避免自己的行为而发生危害结果的责任。因此在活动前,必须充分排查可能存在的危险。首先排除危险和不卫生等因素。

- 活动现场地面不存在凹凸不平、坑洞等;
- 地面没有突起的物体;
- 地面没有水渍、油渍等;
- 墙壁和家具、装饰物等没有倾斜、掉落;
- 柜子与柜子间隙不会夹住手脚;
- 墙角没有突起物;
- 天花板不会掉落物体。

确认不存在以上危险因素,特别是要保证活动现场使用的器具(包括桌椅等)不存在缺陷和不足等情况。

2.2 实施安全、安心的康乐活动

为了防止活动中出现事故和受伤等情况,活动实施中绝对不允许活动工作人员出现"没注意""默认""装作没看见"等行为。对参加活动的老年人,应怀着尊敬之意提醒其注意安全。为了让参加活动的个人和集体享受到更加积极快乐的康乐活动,应在充分尊重老年人的基础上,指出并帮助改正其不正确的行为。

如由于康乐活动策划组织人员行为造成严重后果,应由其个人或集体承担相应法律责任,并负责赔偿相关损失。例如:导致他人受伤、损坏他人物品等。

3. 康乐活动实施前的确认事项

3.1 活动前的准备

(1)活动前准备的意义。在活动准备对康乐活动的成功具有决定性意义。

(2)活动实施前确认项目。老年康乐活动工作者在完成活动计划后,需要在活动具体实施前再次拜访机构或社区,或者通过电话与机构社区相关工作人员取得联系,确认活动相关基本细节。具体需要确认的事项如表 2-34 所示。

表 2-34　活动实施前需确认的基本事项

	确认事项	确认方法
1	时间	"明天的活动＊点开始,跟您再确认下。我们明天会＊点过去准备。"
2	参加者人数及参加者状态	"之前我们了解的有＊名参加者,那最终的参加人员有几位呢?" "参加活动的需要特别照护的老人和认知症老人各有几名?"
3	活动现场提供协助的机构(社区)工作人员	"跟您再次确认下,在活动现场协助我们组织参加者的是＊＊＊吗?" ＊在活动现场必须保证有 1 名以上的机构或社区工作人员协助。避免活动中因护理人员临时缺席或照顾不周而带来的潜在危险
4	其他变更事项	"此外,还有哪些变更的事项吗?" ＊例如:冬季流行性感冒高发时期,需要暂停实施康乐活动

3.2　活动实施时的注意事项

活动实施时主要的注意事项如表 2-35 所示。所列注意事项在日常生活中也必须予以充分留意,通过康乐活动实践提高自身职业素养,拓展职业前景。

表 2-35　康乐活动策划组织人员在机构(社区)访问和实施活动时的注意事项

遵守时间约定	活动实施前的准备工作非常重要,因此务必在活动开始前 30 分钟以上到达现场,避免给机构和社区日常工作造成额外负担。准备所需时间也提前与机构和社区沟通确认。务必保证不要迟到
保护个人信息	禁止向无关人员透露机构和社区内活动参加者的个人信息
充分注意安全	充分考虑参加老人的安全。活动中发生任何状况务必沉着冷静地予以处理
避免被动角色	对于机构和社区来说,活动策划组织者并非顾客。活动策划组织者须避免被动角色,应主动积极地在机构和社区中开展活动 ＊必须注意在未取得相应资格之前,不要实施介护、护理活动
避免自我本位	康乐活动的主角任何时候都是参加活动的老年人,因此务必时刻注意尊重参加者,避免出现自我本位
注意信息共享	活动当天应与机构或社区相关工作人员就活动流程和时间安排等信息进行充分沟通,实现信息共享
备齐活动道具	不仅要备齐活动相关道具,还要注意自身的着装,尽量统一着专业服装,并佩戴姓名卡 ＊活动中至少要保证上装的统一,尽量选择适于运动的服装。鞋子也尽量选择运动鞋,避免活动中不必要的危险

4. 应对突发事件

4.1　康乐活动中的突发事件

实施康乐活动的机构和社区中参加者的健康状况分布不均,既有健康老人,也有身体功能障碍老人。因此,在具体实施康乐活动时可能出现各种各样意想不到的突发状况,导致活动无法按照计划顺利进行。

4.2 突发状况及其处理的案例

即使在活动中突发意外状况,也要采用"招待"的方式从容应对。

(1) 如何应对活动有抗拒的参加者

> **案例1　突发状况**
>
> 在某次小杨负责的音乐类康乐活动实施现场,活动参加者陈爷爷,在上次活动中没有跟上音乐节奏,总是慢半拍。因此,陈爷爷从这次活动一开始就气呼呼地表示"这种幼稚的游戏,我才不参加!",并坐到了角落里。

处理方法

主持人小杨先跟陈爷爷打招呼:"陈爷爷,那今天就请就坐在沙发上听大家演奏,好不好?"之后组织大家开始活动。看着大家愉快地演奏音乐,陈爷爷很快也坐不住了,主动提出"那我也试试",之后回到活动中。

小杨一直微笑着观察陈爷爷的情况,并不时与陈爷爷交流。"陈爷爷您响板打得真不错!这个小组演奏的曲子特别需要响板的伴奏,您到这个小组吧。大家欢迎吗?"大家都愉快地同意了。陈爷爷于是欣然加入该小组的表演。

措施重点

● 尊重参加者意愿

通过一些环节确认参加者的活动意愿,了解积极的参加者和比较沉默谨慎的参加者都是哪些人员,也是活动实施的重要环节。在活动开始前询问"如果大家同意……"等,一边了解活动意愿一边组织实施活动。

● 做好自身情绪管理

活动中老年人也在留心观察工作人员的表现和反应等。有时内心的想法会不自觉地通过面部表情流露出来。因此,作为活动组织人员必须做好自身情绪管理,避免影响参加者的言行。

(2) 参加者护理级别较高时

> **案例2　突发状况**
>
> 在某机构中正在举行乒乓桌球(在台球桌中间设置球网,按照乒乓球规则,2~4人为一组)游戏。有2位参加者因为护理级别较高,而且均乘坐了轮椅无法参赛,因而在旁观看。
>
> 不久,正在观看比赛的李奶奶忽然招呼主持人"我要上厕所",主持人请护理人员协助李奶奶去了洗手间。但是,回来后还不到5分钟,李奶奶再次表示"带我去上厕所!"。

处理方法

主持人暂时停止了活动,走到李奶奶身边询问:"李奶奶,您刚去过洗手间啦。现在A小组那边没有人喊加油,大家都觉得没意思呢。要么您到A小组给他们做啦啦队长吧?"。主持人邀请李奶奶加入游戏,缓解了李奶奶的焦虑情绪,体验到参加活动的实感。

措施重点

● 招待好所有参加者

活动中对所有参加者都表示关心,是非常重要的基本态度。接受每位参加者的意见并体现在活动中是最好的"招待"方式。需要根据具体情况,如本案例所示,尽量关注到每一位活动参加者,让老人安心地参与活动。

(3) 不能按照预定计划实施活动时

> **案例 3　突发状况**
>
> 30位左右的参加者围成一个圆圈,在一个大纸箱上挖取大小不一的数个洞,置于圆心位置,参加者将手中的沙包投掷进纸箱的洞内。全部投完后游戏结束。属于难度较低的游戏。
>
> 最初参加者活动兴致很高,纷纷加入游戏。但有几位参加者由于当日身体状态不佳,多次投掷都不能成功,随着游戏时间推进,参加者逐渐感到了疲劳。

处理方法

当工作人员观察到参加者出现了疲劳的神情,立即调整了游戏规则,停止所有参加者一起投掷的行为,改为大家排队轮流投掷沙包。每一位参加者在投掷时都成为全场焦点,其他人都在为他加油鼓励,这样大家都重新振作起来投入新的游戏中,所有人都体会到了活动的乐趣。

措施重点

● 根据参加者情况调整活动节奏

参加者中可能有的老人当天身体状态不佳,导致活动无法顺利地按照计划举行。主持人和工作人员应把握每位参加者的状态和整体的活动氛围,根据具体情况对游戏规则进行调整。

在活动前准备阶段应对可能发生的状况进行预估,并制定相应对策。充分考虑参加者体力状况,在预定时间内完成活动是非常重要的。应尽量避免中途结束活动,仓促结束活动等情况,即使时间紧迫也要保证最后的结束环节,做好下次活动预告。

(4) 参加者需要特殊协助的情况

> **案例 4　突发状况**
>
> 在热身操之后,大家分小组参加活动,完成小组任务。每个小组都围绕一张圆桌而坐,由一位护理人员负责所有参加者的移动。由于当天参加活动的老年人大多数都乘坐轮椅,仅有的这名护理人数无法同时应对多位老人的需求,因此邀请了一位没有护理资格证书的活动工作人员协助自己。就在这位工作人员帮助一位老人移动位置时,不小心将老人放置在轮椅外的手臂卡在了桌子之间。虽然没有造成严重后果,这位老人也继续参加了活动。但本来是好心而为之,反而引发了危险行为。

措施重点

● 提供其他形式的有效协助

请没有专业护理资格的人员协助乘坐轮椅的老人移动和移乘是非常危险的。与机构护理人员事前沟通,如果活动中老人需要移动应提前告知护理人员,并确认到时是否有护理人员提供协助。如没有护理人员可提供帮助,应有序地移动老人,其间组织其他老人聊天或者参与小游戏等,保证现场秩序。

 **本章小结**

- 建立信任关系的重要基础之一就是"包容"。这是作为老年康乐活动工作者最基本的态度之一。
- 康乐活动的主体是老年人,在活动中我们要避免一味地催促老人,强迫老人参与活动。工作人员在活动实施过程中要注意体察老人的情绪变化,充分留意每位参加者的状态。
- 热身活动的目的就是调动参加者积极参与康乐活动的情绪,增进参加者之间、活动组织者与参加者之间的信任和凝聚力。热身活动的主要采取热身游戏和语言的手段。
- 康乐活动中的支持与协助,最终目的都是让老年人自己主动去发现生活中的乐趣与意义,从而自觉地把康乐活动融入日常生活,提高生活自立能力。
- 康乐活动结束后,询问参加活动的感受及对活动的看法。询问机构或社区中日常与参加者接触的工作人员,参加者活动表现与平常有哪些不同,并做好记录。
- 在康乐活动中引入游戏性元素是提升参加者活动体验的有效手段。把活动主要环节与游戏相联系,让参加者在愉快的游戏体验中实现康乐活动目标。
- 活动前准备对康乐活动成功与否具有重要意义。因此在活动举行前2日内,应赴机构和社区,对活动时间、参加者人数、参加者状况及现场协助人员等情况进行实地确认。

 任务拓展

请在下列括号内填写相应内容。

(1) 通过语言沟通的方式称为(　　　),与此相对,借助表情、动作、眼神等进行的沟通称为(　　　)。进行沟通时,除了语言外,还应有意识地使用表情和动作、眼神等向对方更多地传递信息。

(2) (　　　)大多是情况下是1对多,其特征之一就是平等的对待每一位服务对象。与此相对,(　　　)1对1的情况较多,根据对方的情况应对接待。

(3) 1小时的康乐活动流程是(　　　)、(　　　)、(　　　)、自我表现。

(4) 按照评估→计划→实施→(　　　)的过程实施的康乐活动,把每个过程的英文名称首字母连起来就是(　　　)流程。

(5) 根据春、夏、秋、冬的季节变化安排相应活动,让老人通过(　　　),即视觉、听觉、嗅觉、触觉和味觉等切实感知(　　　)。

(6) 注意义务包括结果(　　　)和(　　　),(　　　)是指行为人负有预见危害结果发生的责任,(　　　)指行为人负有避免自己的行为而发生危害结果的责任。

项目三
智力类康乐活动

情景聚焦

案例： 张爷爷入住养老机构前，已经出现了诸如记忆力退化、反应迟缓等认知症的早期症状，连自己家的地址都常常想不起来。养老机构针对张爷爷的情况，每天安排张爷爷和其他老人一起参加"找不同""卡片配对"等小游戏。张爷爷起初不太适应，但在坚持的半年后，张爷爷不仅会主动找其他老人或介护人员一起玩游戏，记忆力也比刚入住机构的时候有了一些改善，都已经能记住一起玩游戏的老伙伴的家住在哪里了。张爷爷的家属甚至问介护人员："你们这是给我家老爷子施了什么魔法呀"。

案例思考：
根据案例描述，请思考以下问题：你能说说机构给张爷爷施了什么"魔法"吗？

 **任务目标**

知识目标：
（1）了解适合老年人的智力游戏内容、特点及分类；
（2）掌握老年智力类康乐活动的内容及实施要点；
（3）了解综合性智力类康乐活动的组织方法及流程。

能力目标：
（1）具备策划智力类康乐活动的能力；
（2）能根据策划方案组织、实施智力类康乐活动。

素质目标：
（1）策划、组织活动，培养认真、严谨、负责的职业精神；
（2）培养理解老年人，关爱老年人的意识；
（3）通过团队合作完成任务，培养全局意识、效率意识、团队意识。

 **任务要点**

重点： 老年智力类康乐活动的典型案例。
难点： 策划、组织综合性老年智力康乐活动。

· 71 ·

 **知识准备**

1. 知识回顾：回顾先修课程："老年学概论""人体生理学""老年心理健康"中有关老年人心理、认知、智力、衰老等内容。
2. 情境导入：请围绕"智力"畅所欲言。将围绕智力产生的关键词一一列出，讨论与老年人的关联程度。

任务一　认识智力类康乐活动

 **任务组织**

1. 智力游戏

1.1 智力游戏的内容

传统智力游戏历史悠久，其内容多与生产劳动、军事战争、文化艺术有关。例如模拟战争的象棋、围棋，体现木工技巧的鲁班锁，画谜、灯谜等。但受到生产力和社会发展程度的影响，智力游戏多是上层社会展示能力，消遣时间的一种方式。

由于社会和技术的发展，现代智力游戏的内容和形式日趋多样，针对性、专业性也愈发增强。现代的智力游戏在设计或实施时，需要关注游戏参与者的需求和特点，并有针对性地关注一项或多项智力的五个能力，让参与者不仅体验游戏乐趣，还可以得到智力锻炼，增加游戏的参与感、获得感。例如针对婴幼儿智力开发和老年人智力功能维持而开发的各种智力游戏。

1.2 智力游戏的特点

智力游戏常见于日常生活中，种类繁多，内容丰富。一个优秀的智力游戏应当包括以下特点：

（1）趣味性。趣味性是优秀智力游戏的基础。进行智力游戏最普遍的目的是在游戏中获得快乐。一种智力游戏要有生命力，必须不断地吸引人参与游戏，并让参与者在其中体验到快乐。迎合不同时代、不同文化背景的大众趣味，才能让游戏拥有持久的生命力。

（2）竞争性。竞争性可以进一步提高游戏的吸引力。人群中普遍存在比较心理，游戏的参与者可以通过竞争的胜利获得他人的认可、尊重甚至是崇拜，从而获得超越满足兴趣、打发时间获得心理满足感。

（3）普及性。一个优秀的智力游戏应该拥有较高的普及程度和广泛的群众基础。要做到这一点，需要游戏内容贴近生活，易于开展，规则简单易学。

（4）功能性。对现代的包括智力游戏在内的各种游戏而言，"寓教于乐"是吸引部分人群的有效手段。游戏的内容应当针对参与对象的特点和需求，做有针对性的设计，以期使参与游戏的人得到休闲娱乐以外的,以锻炼自身智力为主的功能性收获。

1.3 智力游戏的分类

智力游戏内容丰富,形式多样,按照不同的分类方法可分为:
目的:休闲、智力开发、竞技、展示等
参与人数:个人、多人、集体等
参与人群(年龄):婴幼儿、儿童、学生、成人、老年人、全年龄等
参与人群(功能):普通人、高智商人群、智力障碍人群等
能力类型:针对某项能力、针对多项能力等
具体内容:棋类、牌类、谜语类、文字类、综合类等
专业性:业余类、专业类、竞技类等
载体类型:专业道具、电子游戏、在线游戏、手机游戏等

2. 老年人的智力退化现象

随着人年龄的增长,人的智力存在衰退现象。但由于智力本身的复杂性和多样性,智力的衰退也必然是一个复杂而多样的过程。一般而言,我们认为智力包括观察力、注意力、记忆力、思维力和想象力五个部分。

2.1 观察力的退化

智力中的观察力受到身体感觉器官的直接影响。眼、耳、鼻、口、皮肤等生理性的衰老直接给人的观察力带来明显的负面影响,包括:

(1)视觉。老年人视觉变化的特点主要是视力下降、老视、散光,对弱光和强光的敏感性明显降低,以及对颜色的知觉、深度视知觉等发生的改变。

(2)听觉。老年人的听觉变化特点是出现耳聋或耳鸣。老年性耳聋是对高音调声音的听力下降,耳鸣则是人们在没有任何外界刺激条件下所产生的异常声音感觉(类似高频的铃声或口哨声),由于这种声音感觉持续不断,无法消失,成为困扰老年人,影响老年人感受声音信息的主要原因。

(3)味觉和嗅觉。老年人味觉由于味蕾数量的大量减少而变得迟钝。感觉甜、咸的味蕾衰退较快,感觉苦、酸的味蕾则衰退相对缓慢。与味觉变化的规律相似,嗅觉感受的灵敏度也随着年龄的增长而下降。

(4)皮肤感觉。皮肤感觉分为触觉、痛觉和温度觉。60岁以上的老年人皮肤上敏感的触觉点数目显著下降,皮肤对因外部刺激而产生的最小感觉所需要的刺激强度在衰老过程中逐渐增大。老年人的温度感觉和痛觉也变得迟钝。皮肤感觉失调的合并发生,会对老人构成很大的影响。

2.2 注意力的退化

随着年龄的增长,老年人自身和周围的人都会发现老年人的注意力会渐渐衰退,原本注意力好的会变差,原本集中注意力时间长的会变短。老年人注意的选择功能也受到损害,不能清晰地分辨什么是重要信息,什么是次要信息,并存在结构和内容的缺失增多,难以保持

信息的完整性,使得感知力失效。注意力本身的分散和难以集中,再加上其他感受力的减退,使得老年人无法准确地感知事物,难以完成记忆过程,进行完整思维,从而使老年人显得健忘、笨拙。

2.3 记忆力的退化

如果把人在青年期(18~30岁)的记忆力平均水平看作100分,那么,中年期(30~60岁)的记忆力平均水平约为95分,老年期(60~85岁)的记忆力平均水平降至85分以下。

老年人记忆力退化的特点有5方面:
(1) 记忆的速度减慢;
(2) 再认能力保持较好;
(3) 短时记忆能力衰退明显;
(4) 远事记忆良好,近事记忆不佳;
(5) 机械记忆衰退明显,理解记忆保持较好。

2.4 思维力与想象力的退化

由于观察力、注意力、记忆力的退化,老年人的思维力也会出现相应的变化。

思维力的变化不能简单地用退化加以解释,除非老年人出现了认知障碍或思维障碍,思维无法正常进行。老年人思维力的退化表现为思维固化,思维僵化,保守固执,不愿意接受新事物等现象。

当思维力出现上述变化以后,想象力将受到很大影响。如果老年人在观察力,注意力,记忆力上出现了全部或部分退化现象,使得老年人不容易感受事物,只保留过去的记忆,思维固化。在这种情况下,老年人几乎无法完成想象的过程,想象力也就自然退化殆尽。

3. 老年人的智力与康乐活动

智力的退化是自然现象,不可逆转。但是,可以通过对影响人的社会因素施加影响或通过相关练习对智力进行锻炼的方法来达到保持智力、延缓智力退化的目的。基于现实的情况,社会环境以适应为主,其中的生活环境可以做出一些积极的改变;而有关智力的练习或训练,即智力游戏,将是老年人延缓智力退化的重要手段。

成长阶段可以通过各种练习和训练对智力进行开发,老年阶段也可以通过相关练习与训练对智力进行保护与维持。可以通过对感觉器官的日常保护和锻炼,在一定程度上延缓观察力的衰退;通过对注意力、记忆力的训练,提升自身注意力、记忆力的指标,延缓其衰退;通过有关思维和想象的相关训练,形成不易僵化的思维模式,保持个人想象力存在的空间。

有关智力的练习和训练在人的成长期以教育活动为主,在老年期,我们通过老年智力类康乐活动的方式达到这一目的。这种练习和训练对老年人的智力,对老年人生活而言具有重要的意义。

通过对老年人各种情况的观察和分析,了解老年人的智力情况,并进一步了解其在智力的五项能力上的各自情况和特点,设计和实施有针对性的智力康乐活动,让老年人在活动中达到保护和维持自身智力的主要目的,改善身心状况,促进交流,丰富晚年生活。

任务二 策划智力类康乐活动

任务组织

1. 老年智力类康乐活动的特征与内容

对于身心仍处于健康状态的老年人而言,应该优先选择直接参加在日常生活中所接触到的各种棋牌类、文字类、猜谜类、推理类、反应类等益智游戏或活动。当老年人的智力出现退化,无法适应普通的益智游戏或活动时,为了让这类老年人仍能从智力类游戏或活动中享受乐趣,改善情绪,丰富生活,并从中达到延缓自身智力退化的目的,有必要为他们专门设计智力类的康乐活动。

1.1 康乐活动内容的选择有针对性

老年人参加智力类康乐活动的目的是在娱乐身心,丰富日常生活的同时,延缓自身智力退化的过程。结合每位老年人智力情况各不相同,随意选择的康乐活动难以达到保护和维持智力的目的,需要针对老年人的具体情况,特别是智力的五项能力的具体状况选择活动内容。

1.2 康乐活动内容的难度、时长适宜

智力类活动有明显的难度梯度,不同难度使得活动对老年人产生的作用效果有差异。如果活动的难度超出了老年人的能力范围,将使得康乐活动无法正常开展,或达不到预期效果,从而造成时间和精力的浪费。

老年人的身体状况不适宜长时间的活动。智力类康乐活动虽不如运动类康乐活动那样直接消耗体力,但长时间用脑、用眼也很容易造成身心疲劳,不仅达不到康乐活动的目的,反而不利于老年人的日常生活。

1.3 减少竞技性、增加趣味性

竞技性和趣味性是很多智力、运动类活动的共同特点。竞技性可以提高参与度,增加趣味性,并让参与者感受到成功的喜悦,但竞技性也可能对参与者的自信心和积极性带来消极的影响。合理的、适度的趣味性可以有效提高活动的参与度。智力类康乐活动应该让所有参与其中的老年人都感受到参与活动而带来的愉悦心情。

1.4 老年人为主、其他人员为辅

老年人始终是老年康乐活动的主体,一切的安排都围绕着老年人的需求和情况展开。智力类康乐活动相比其他活动,更强调老年人在活动中的完整参与,切忌组织人员、服务人员在组织活动时喧宾夺主,过多地干预老年人。组织人员合理的组织和实施,服务人员适度的说明和引导,辅助人员及时的帮助,家属及其他人员的充分参与是康乐活动顺利开展的保障。

1.5　认真观察和记录

养老机构工作人员或其他活动组织者可以通过长期地、规律性地组织老年人参加智力类康乐活动,观察其活动表现,认真记录老年人的表现情况,以及时掌握老年人智力退化的状况,并及早发现认知症等老年疾病。

2. 老年智力类康乐活动案例说明及展示

智力游戏的内容丰富,种类繁多,但不是所有的智力游戏都能成为适合老年人开展的康乐活动。

在棋牌类游戏中,除了传统常见的象棋、围棋以外,市面上有许多新颖的棋类游戏。这些游戏大多流行于青少年和成年人。其中一些较为有趣,难度也不高,常见的如国际象棋、五子棋、黑白棋、飞行棋、军棋、斗兽棋、大富翁等。应当鼓励有意愿的老年人尝试一些新颖的棋类游戏,从而促进老年人和其他年龄层的人共同游戏,以增进相互交流,还可以避免强者恒强,弱者恒弱的现象。

麻将类,牌类游戏虽然各自的道具相同,但是具体规则变化多样,对于第一次共同参与的老年人而言,确认规则尤为重要。牌类游戏还有许多衍生玩法,例如桥牌,"抽乌龟(各地有不同的名称)""争上游""斗地主""二十一点"等,难度跨度较大。此外,必须注意的是:遵守相关法律法规,禁止利用麻将、扑克进行赌博。

另一部分智力游戏不常见,但内容和过程考虑到了老年人的特殊情况,并可以为老年人维持智力提供有益的帮助,更适合让有需求的老年人参与,为老年人带来了新鲜感、参与感,更容易体会到参与康乐活动的满足感。例如各类智力类桌游项目,基于玩具的智力游戏项目、电子游戏等。

对于一些出现认知症而导致智力严重衰退的老年人,可使用现有的各种婴幼儿及儿童智力游戏予以代替。

以下内容基于智力游戏的不同侧重点,结合老年人的身心特点和兴趣爱好,并适当关注认知症老年人的需求,对各类适合老年人的智力游戏进行分组的案例介绍。

1. 观察能力

观察是一种根据一定的目的进行的有组织有比较的持久知觉。它以感知过程为基础,但是已带有"思维的色彩",是感知觉的最高形式。观察是人们认识世界的重要途径。观察能力是在有目的、有组织、有思维参与的感知过程中形成的一种稳固的认识能力,是智力构成的一个重要因素。

纯粹的观察类游戏比较简单,适合轻度认知症老年人,如:找错误、找区别、填字、趣味图案等。通过将此类游戏增加难度,可以使之适合普通老年人的需求。

案例 1

活动名称	口是心非		
活动类型	智力类	参与人数	参加者人数：不限 工作人员：1 人
建议活动时间	30 分钟	难易度	★★
活动目的	锻炼老年人观察力，提高大脑反应速度		
活动对象	推荐参与	认识功能健康的老年人	
	不推荐参与	认知症老人、视力障碍老人	
准备物品	PPT、大显示屏		
现场布置	光线充足，明亮舒爽的室内		
活动预算	小奖品若干		
活动内容	接送及活动前期(5 分钟) ● 邀请老人到小组场地进行活动 **活动导引部分(5 分钟)** ● 工作人员自我介绍；与老人握手欢迎及鼓励互相问候 ● 时间、地点、天气及季节的导向介绍 ● 介绍本次活动主题 **活动核心部分(15 分钟)** ● 让老人辨认颜色并大声说出 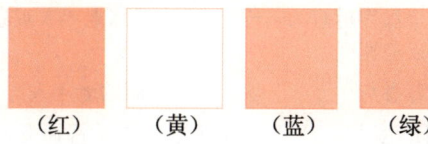 （红）　（黄）　（蓝）　（绿） ● 让老人根据图片读出汉字，完成自我挑战练习 红 黑 白 黄 绿 蓝 ● 难度进阶的分组竞赛，可采取单人计时赛：小组推选一人代表，看哪个小组用时最少即获胜；也可以采用小组接力赛：小组成员接力朗读图片上的汉字，先完成的小组即获胜 		

(续表)

	● 参考活动资料见二维码 总结部分(5分钟) ● 总结本次活动主题 ● 多谢老人们的分享、投入和表现 ● 再次简介导向内容(时间、地点) ● 提醒老人下次见面日期和时间 ● 鼓励老人在友好气氛下与其他老人道别
拓展活动	可以进一步延伸游戏,设置一个颜色的主题词,鼓励老人说出生活中各种颜色的物品
注意事项	● 提前准备好投影设备或大的电子屏幕,保证清晰展示图片 ● 参与游戏人数较多时,分组进行,需要更换图片 ● 为增加趣味性,可根据参加人数设定比赛规则,例如每人读一个字的接力赛,或者每人读一行的接力赛

案例2

活动名称	千变万化		
活动类型	智力类	参与人数	参加者人数:不限 工作人员:1人
建议活动时间	30分钟	难易度	★★★★
活动目的	通过将一个汉字拆解为若干个汉字,锻炼老年人观察力、文字、图形识别能力,提高大脑反应速度		
活动对象	推荐参与	认识功能健康的老年人	
	不推荐参与	认知症老人、视力障碍老人	
准备物品	PPT、大显示屏、纸笔(根据参加人数准备)		
现场布置	光线充足,明亮舒爽的室内		
活动预算	纸笔、小礼物,共计30元		
活动内容	接送及活动前期(5分钟) ● 邀请老人到小组场地进行活动 活动导引部分(5分钟) ● 工作人员自我介绍;与老人握手欢迎及鼓励互相问候 ● 时间、地点、天气及季节的导向介绍 ● 介绍本次活动主题 活动核心部分(15分钟) ● 讲解游戏规则,根据屏幕上出现的汉字,将一个汉字拆解为若干个汉字。可以借助小视频说明游戏规则。例如:		

	1. 一个【墨】字可以拆成21个字 2. 第一行找出来的字有【墨、一、二、三、三、王、土】 3. 第二行找出来的字有【黑、口、半、十、工、日、旧】 4. 第三行找出来的字有【灬、上、丁、羔、兰、平、干】 ● 分发纸笔，分组计时完成游戏。每次出现一个汉字，在规定时间内写出最多的小组可获得相应积分。每展示完一个汉字，需立即公布正确答案，便于老人参考，增加游戏趣味性 ● 参考活动资料见扉页二维码 **总结部分(5分钟)** ● 总结本次活动主题 ● 多谢老人们的分享、投入和表现 ● 再次简介导向内容(时间、地点) ● 提醒老人下次见面日期和时间 ● 鼓励老人在友好气氛下与其他老人道别
拓展活动	可以根据老人参加人数，设置难度不同等级的拆字游戏，激发老人胜负欲。出现生僻字时，向大家讲解，普及相应中国汉字文化知识
注意事项	● 提前准备好投影设备或大的电子屏幕，保证清晰展示图片 ● 分组进行时观察小组完成情况，做好记录，保证公平性 ● 需要提示每个汉字总共可以拆成多少个，方便老人参考 ● 对于有异议的情况，需及时说明解释，获得老人认可

2. 自然事物分类能力

分类是指按照一定的标准把事物分成组，即分门别类的一种思维方法。分类的实质，是为了认识事物之间的差别和联系。分类是从比较中派生出来的，并且和概括紧密相连。一般而言，只有概括出不同事物之间的共同属性（一般属性或本质属性）后，才能对事物进行分类。分类的过程也伴随着概括活动和概念的形成。分类能力对知识经验的条理化、结构化、系统化有着重要的影响，锻炼老年认知症患者分类能力是智力维持的重要方面之一。适当设计一些游戏提高老年人的自然事物分类能力，如：水果分类、蔬菜分类、厨具分类、交通工具分类等。

案例 3

活动名称	绿色生活,垃圾分类		
活动类型	智力类	参与人数	参加者人数:不限 工作人员:1人
建议活动时间	30分钟	难易度	★★★★
活动目的	倡导居民将垃圾分类融入日常生活,形成新的生活风尚。通过从源头上减少垃圾的产生和排放量,努力营造一个绿色、环保、低碳的生活环境		
活动对象	推荐参与	认识功能健康的老年人	
	不推荐参与	认知症老人、视力障碍老人	
准备物品	1. 垃圾分类知识宣传手册 2. 表示不同种类垃圾的图片(数量种类根据参加者人数确定) 3. 垃圾分类转盘、垃圾分类飞行棋、套圈游戏道具(奖品选择生活用品,如:纸巾、肥皂等)		

(续表)

现场布置	光线充足,明亮舒爽的室内;或者开阔平坦的室外活动场地	
活动预算	游戏道具、小礼物,共计 300 元	
活动内容	**接送及活动前期(5 分钟)** ● 邀请老人到小组场地进行活动 **活动导引部分(5 分钟)** ● 工作人员自我介绍;与老人握手欢迎及鼓励互相问候 ● 介绍本次活动主题 **活动核心部分(45 分钟)** 1. 向参与者发放垃圾分类宣传手册 2. 详细讲解源头分类的重要性和具体操作方法 3. 设置互动体验环节:参与垃圾分类转盘答题、套圈游戏以及垃圾分类飞行棋等趣味游戏 4. 准备不同颜色垃圾桶,分发代表垃圾的图片,分小组完成垃圾分类投放游戏。分析错误,再次巩固垃圾分类知识 **总结部分(5 分钟)** ● 总结本次活动主题,感谢老年人的积极参与	
拓展活动	● 可与社区活动相结合,联合社区服务中心对居民开展"垃圾分类"主题宣传活动,倡导绿色生活的理念 ● 倡导老人使用手机学习"垃圾分类"知识:在国务院的手机客户端输入"垃圾分类"即可进入专题知识讲解,老人可以在遇到疑问时进行参考学习	

（续表）

注意事项	● 图片采用图文结合的形式，图片清晰、文字要足够大，方便老人辨认识别 ● 表示不同种类垃圾的图片，数量种类根据参加者人数确定，保证每人有 5 张以上图片参与游戏 ● 尽量选择贴近老年人日常生活的物品作活动素材，更加有效贯彻活动理念 ● 对于容易混淆分类的垃圾，工作人员需特别说明解释，巩固垃圾分类知识

3. 数字与数学计算能力

计算能力主要指在对数学概念的理解与简单的计数运算中所具备的数学逻辑思维能力。数学游戏的本质非常简单，但"费脑力"，某些数学游戏有一定的难度，但一旦沉浸其中，对于维持智力有非常大的帮助。

针对普通老人，有一定难度的数学游戏包括：二十四点、数独等。针对认知症老人的数学游戏非常简单，如：联系生活的各类纯计算游戏。

案例 4

活动名称	二十四点		
活动类型	计算类	参与人数	1 组 1～4 人
建议活动时间	30～45 分钟	难易度	★★★★
活动目的	针对能力：观察力、记忆力、思维力		
活动对象	推荐参与	健康、眼部功能良好	
	不推荐参与	记忆力严重退化，情绪不稳定，认知症	
准备物品	小桌，座椅，扑克牌		
场地与环境	推荐室内、安静舒适、光线充足		
现场布置	以大桌为中心，按人数周围平均布置座椅		
活动预算	极少		
活动内容	① 翻四张牌 ② 将牌上数字通过加减乘除四种运算的各种搭配使计算结果为 24 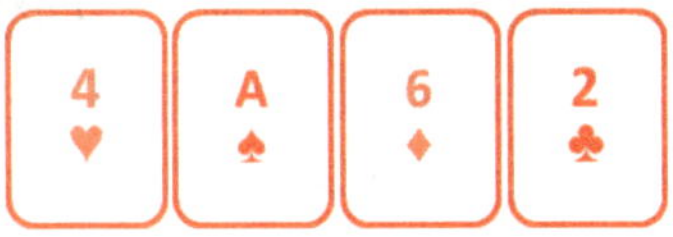 [4♥] [A♠] [6♦] [2♣] 以上上的计算案例为"$(6+2)×(4-1)=24$"。（其他可行计算案例不一一列举）		
注意事项	● 可采取有答案则示意，直至最后一人找出答案的比赛的方式，也可以休闲地仅完成活动 ● 通过去除"K、Q、J"三种牌来降低难度 ● 鼓励老年人独自完成		

案例 5

活动名称		数独		
活动类型	计算类		参与人数	1组1人
建议活动时间	30~90 分钟		难易度	★★
活动目的	针对能力：思维力、观察力			
活动对象	推荐参与	健康老年人		
	不推荐参与	视力功能丧失，记忆力严重退化，情绪不稳定，帕金森症状，认知症		
准备物品	数独题目集，笔			
场地与环境	推荐室内、安静舒适、光线充足			
现场布置	无需特别准备			
活动预算	较少			
活动内容	① 根据9×9盘面上的已知数字，推理出所有剩余空格的数字 ② 满足每一行、每一列、每一个粗线宫（3×3）内的数字均含1~9，不重复			
注意事项	● 以老年人自主活动为主，不建议安排专门时间 ● 避免长时间活动 ● 适当定时观察老年人身体状况			

4. 视觉空间辨识能力

空间辨识能力是人们对客观世界中物体的空间关系的反应能力。空间辨识能力主要包括两个方面：空间知觉能力和空间想象能力。空间知觉能力包括形状知觉、大小知觉、深度与距离知觉、方位知觉与空间定向等方面。空间想象能力是指人对二维图形和对物体的三维空间特征（方位、远近、深度、形状、大小等）和空间关系的想象能力。

针对普通老人的游戏包括：复杂的拼图、立体拼图、鲁班锁、九连环等智力玩具，以及电子VR体感游戏。针对视觉空间辨识能力较弱老人设计的游戏较为简单，如：走迷宫、找路线、四块拼图、七巧板、倒影记忆、找影子等。

案例 6

活动名称		电子游戏		
活动类型	电子游戏类		参与人数	1组1~2人
建议活动时间	30~45 分钟		难易度	★★
活动目的	针对能力：记忆力、观察力、注意力			

活动对象	推荐参与	健康老年人
	不推荐参与	运动能力退化,情绪不稳定,帕金森症状,严重认知症
准备物品		电子游戏设备,电视,有条件可增加体感、VR游戏设备,防滑垫
场地与环境		推荐宽敞的室内
现场布置		无特别要求,但进行体感、VR游戏时注意移除障碍物
活动预算		很高
活动内容		电子游戏,体感游戏,VR游戏
注意事项		● 安排专门游戏时间 ● 事先进行说明,玩法指导 ● 体感游戏前应有热身准备活动 ● 在有人陪伴的情况下活动,避免长时间活动 ● 时刻观察老年人身体状况,以防出现身体不适 ● 新型游戏设备,科技感强,能增加老年人的新鲜感、体验感,部分专业老年电子游戏可帮助改善老年人的反应能力,活动能力

案例7

活动名称		画鼻子		
活动类型	智力类		参与人数	参加者人数:不限 工作人员:1人
建议活动时间	30分钟		难易度	★★
活动目的	通过小组协作共同完成给人物画鼻子的任务,锻炼老年人的小组协作能力,方向辨别能力			
活动对象	推荐参与		认识功能健康的老年人、视力障碍老人	
	不推荐参与		中后期认知症老人、听力障碍老人	
准备物品	白板,白板笔(黑色、红色)若干、眼罩或丝巾			
现场布置	光线充足,明亮舒爽的室内			
活动预算	可视情况做实物奖励			
活动内容	**接送及活动前期(5分钟)** ● 邀请老人到小组场地进行活动 **活动导引部分(5分钟)** ● 工作人员自我介绍;与老人握手欢迎及鼓励互相问候 ● 时间、地点、天气及季节的导向介绍 ● 介绍本次活动主题 **活动核心部分(15分钟)** ● 将参与者按照2～3人一组分组,讲解游戏规则,并由工作人员演示规则。小组中先选1人作为执笔者,其他人负责指示方位,指示方位的组员只能用到"上、下、左、右"及表示方向的"东南西北"等词语			

（续表）

	 ● 游戏开始，蒙住执笔者的眼睛，要求执笔者左右手交叉搭在自己的肩膀上，弯腰原地转3圈 ● 执笔者按照其他组员的指示，在白板上上合适位置给人物画上鼻子。游戏计时2分钟完成，时间到即停止 ● 摘下眼罩，展示游戏成果 **总结部分(5分钟)** ● 总结本次活动主题 ● 多谢老人们的分享、投入和表现 ● 再次简介导向内容（时间、地点） ● 提醒老人下次见面日期和时间 ● 鼓励老人在友好气氛下与其他老人道别
拓展活动	可以设置画耳朵、画眼睛、画嘴巴等不同的游戏规则；还可以提前制作五官的图片，请参加者完成人像拼图
注意事项	● 务必强调安全原则，要求参加者转圈速度视自身身体情况而定，一旦出现任何不适，及时停止游戏。同时工作人员在旁密切观察做好安全防护 ● 场地清除障碍物，保证参加活动者的安全性

5. 想象力

想象是人们头脑中原有的表象经过加工改造和重新组合而产生新的形象的心理过程，是一种高级复杂的认知活动。形象性和新颖性是想象活动的基本特点，它主要处理图形信息，以直观的方式呈现在人们的头脑中，并进一步转换为符号、语言以及概念等方式呈现。

针对普通老人的游戏包括：猜谜游戏、创意拼图、蒙眼猜声音、看图猜成语等。

案例8

活动名称	七巧板		
活动类型	玩具类	参与人数	1组1~4人
建议活动时间	30~90分钟	难易度	★★
活动目的	针对能力：记忆力、想象力		
活动对象	推荐参与	健康、眼部及手部功能良好	
	不推荐参与	视力功能丧失，记忆力严重退化，情绪不稳定，严重的帕金森症状，严重认知症	
准备物品	方桌、椅子、七巧板、案例		
场地与环境	推荐室内、安静舒适、光线充足		
现场布置	任意配置		
活动预算	较少		

(续表)

活动内容	① 给出完成案例的剪影 ② 根据剪影想象七块板的位置与组合、复原图案 ③ 多人游戏时最快完成的获胜 ④ 始终无法完成时可翻阅答案
注意事项	● 以老年人自主活动为主，避免长时间活动 ● 适当定时观察老年人身体状况 ● 认知症老人需在工作人员陪同的情况下参与
扩展活动	与七巧板类似的积木类玩具

案例 9

活动名称	看图猜成语		
活动类型	智力类	参与人数	参加者人数：不限 工作人员：1 人
建议活动时间	30 分钟	难易度	★★★
活动目的	看图猜出其中包含的常用四字成语，锻炼老年人观察力，文字、图形识别能力，提高大脑反应速度		
活动对象	推荐参与	认识功能健康的老年人	
	不推荐参与	认知症老人、视力障碍老人	
准备物品	PPT、大显示屏、纸笔（根据参加人数准备）		
现场布置	光线充足，明亮舒爽的室内		
活动预算	纸笔、小礼物，共计 30 元		
活动内容	**接送及活动前期(5 分钟)** ● 邀请老人到小组场地进行活动 **活动导引部分(5 分钟)** ● 工作人员自我介绍；与老人握手欢迎及鼓励互相问候 ● 时间、地点、天气及季节的导向介绍 ● 介绍本次活动主题 **活动核心部分(15 分钟)** ● 讲解游戏规则，根据屏幕上出现的图片，迅速答出其中包含的四字成语即可得分。可以借助图片说明游戏规则。例如：		

(续表)

	1. 宣布游戏开始后再展示图片 2. 猜到答案的人举手回答，最先答出正确答案者获得1分 3. 可以采取个人积分赛，也可以是小组积分赛 ● 分发纸笔，分组计时完成游戏。每次出现一张图片，最快举手的小组可获得相应积分。每展示完一张图片，需立即公布正确答案，便于老人参考，增加游戏趣味性 ● 参考活动资料见扉页二维码 **总结部分**（5分钟） ● 总结本次活动主题 ● 多谢老人们的分享、投入和表现 ● 再次简介导向内容（时间、地点） ● 提醒老人下次见面日期和时间 ● 鼓励老人在友好气氛下与其他老人道别
拓展活动	可以根据老人参加人数，准备难度不同等级的成语图片，激发老人胜负欲。出现争议时，应及时向大家讲解，传播中国汉语文化知识
注意事项	● 提前准备好投影设备或大的电子屏幕，保证清晰展示图片 ● 分组进行时观察小组完成情况，做好记录，保证公平性 ● 工作人员需要特别注意识别最先举手的人员，避免出现争议 ● 对于有异议的情况，需及时说明解释，获得老人认可

6. 综合能力

各类研究表明，人类的右脑缺乏锻炼，而老年群体这一现象尤为突出。人的右脑接受刺激较少，引起右脑相对发育不全；难以对音乐、绘画等艺术类内容产生兴趣，从而减少了享受自然美、艺术美、生活美的能力。对右脑的刺激需要以通过综合性的游戏，使人综合锻炼大脑的各方面能力。

针对综合能力的游戏其实一直长期存在我们的生活中，如：麻将、棋类游戏、牌类游戏等。

案例10

活动名称	象棋、围棋、五子棋、黑白棋		
活动类型	棋类	参与人数	1组2人
建议活动时间	30～90分钟	难易度	★★★★
活动目的	针对能力：思维力、记忆力、观察力、注意力		
活动对象	推荐参与	健康、眼部及手部功能良好	
	不推荐参与	视力功能丧失，记忆力严重退化，情绪不稳定，严重的帕金森症状，严重认知症	
准备物品	小方桌、椅子、象棋套装、围棋套装		
场地与环境	推荐室内、安静舒适、光线充足		
现场布置	椅子安放在小方桌对面两侧		
活动预算	较少		

(续表)

活动内容	● 推荐老年人自主活动
注意事项	① 以老年人自主活动为主,不建议安排专门时间 ② 可组织比赛、棋谱交流等相关活动 ③ 避免长时间活动 ④ 若一次活动时间无法完成棋局可记录后复盘继续 ⑤ 适当定时观察老年人身体状况,以防出现身体不适或有关棋局的纠纷
活动扩展1	五子棋 ● 基本规则 对局双方各执一色棋子;黑先、白后,交替下子,每次只能下一子;当有一方棋子五颗连成一线则胜利 ● 推荐老年人自主活动
活动扩展2	黑白棋 ① 游戏开始时,棋盘上已经交叉放好四颗棋子。其中两颗是黑棋,另两颗是白棋。黑棋总是先走 ② 当棋子在某一直线方向包围了对手的棋子时,就可以翻转这些棋子,使它们成为己方的颜色 ③ 所有的直线方向均有效:水平、垂直斜线 ④ 走棋只能走包围并翻转对手的棋子。每一回合都必须至少翻转一颗对手的棋子 ⑤ 不能再走棋时,这一回合弃权。自动将下子权交给对方 ⑥ 当游戏双方都不能再按规则落子时,游戏就结束了。通常,游戏结束时棋盘上会摆满了棋子。结束时棋子多则获胜

任务三　组织智力类康乐活动

任务组织

1. 老年智力类康乐活动的组织步骤

老年智力类康乐活动的组织始终围绕老年人展开。

老年智力类康乐活动的组织首先应该符合老年康乐活动组织的普遍要求,然后充分考虑老年人自身智力情况,身体能力情况,综合考虑针对性、趣味性,最终设计出适合特定智力情况下老年人的康乐活动,以满足老年人愉悦的身心,丰富生活,锻炼智力等需求。

1.1 明确老年人的需求

老年人希望通过参加智力类康乐活动而得到满足的一般性需求可概括为:通过活动锻炼自身智力,获得身心的愉悦感,与人交流,丰富日常生活;深层需求是获得认同,实现自我。

从智力类康乐活动的角度出发,如果组织者能通过各种方式方法确定老年人在智力方面的变化、退化情况,从而确定哪些类型、内容的智力类康乐活动能更有针对性,更有效地满足老年人的深层需求时,康乐活动的组织工作就有了一个良好的开端。

1.2 明确活动开展的各项条件

活动开展的条件分为主观条件和客观条件。主观条件是指康乐活动的组织方所拥有的资源和能力,主要可概括为人力、物力、财力、技术四个方面。这些条件实际表现为康乐活动组织方的工作人员人数、能力、素质;组织方所能使用的场地、设备设施;组织方能为本次活动投入的资金成本;组织方自身组织,实施康乐活动的能力、经验与技术。这些条件会直接限制康乐活动的形式和内容,从而影响康乐活动的实施效果。客观条件是指不受组织方控制的条件,例如天气,参与活动的老年人的情况,活动委托方提供的场地、器材和提出的其他各种要求。

1.3 设计合适的活动内容

人的智力包含注意力、观察力、记忆力、思维力和想象力五个部分,其他还包括语言、逻辑、数学,空间等具体能力。智力类康乐活动应该选取这些能力的一个或多个加以组合,组织康乐活动的具体活动内容。目前常见的智力类康乐活动按内容分类包括棋牌类、猜谜类、文字类、数学类、图形类、积木类、拼图类、推理类等。这些活动各有能力的侧重点,组织和实施也各有特点,应当根据实际情况选择。

1.4 选择合适的场地及器材

智力类康乐活动一般在室内活动室进行。

除了基本的桌椅、电脑、影音设备外,大部分智力类康乐活动还需要专用器材,例如积木、各种棋牌、文字游戏、数字游戏、谜语游戏的问题、电子游戏软件等。选择器材时,应充分考虑老年人的身心状况,购买价格合适的器材。由于适合少年儿童开展智力类活动的器材色彩鲜艳,易于识别,安全性好,在没有老年智力类康乐活动专用器材可供选择时,少年儿童智力类活动器材可作为代用器材使用。

1.5 确定活动时间和时长

老年人有自己的生活习惯,入住养老机构的老年人会按照养老机构的时间安排作息,在活动组织阶段应明确老年人适合活动的时间,活动实施的时间应当符合老年人的生活习惯或服从养老机构的安排,同时兼顾工作人员,活动实施者的时间需求。

1.6 确定需要观察与记录的情况

专业的养老服务工作人员可以通过长期观察老年人参加智力类康乐活动的情况,发现老年人智力退化的征兆或表现,从而及时干预,帮助老年人延缓智力退化的进程。很多游戏性的智力测试可以很好地帮助工作人员达到这一目的,此外,单人或人数较少,活动内容比较固定的活动也能达到这一目的。若智力类康乐活动中包括了智力测试的内容,则只需按照测试的要求进行观察和记录。而对于一般的智力类康乐活动,需要寻求心理健康专业工作人员的帮助,确定与智力有关的各类指标和能反映指标的相关动作或结果,并坚持长期性,规律性地实施活动,观察和记录。

2. 综合性智力类康乐活动计划

将单个的游戏进行整合,形成一项综合性的康乐活动。

借助案例的内容,结合第一、第二章中有关策划活动的步骤与要求,将单独的智力游戏或其他类型的游戏组合,并加入准备活动和总结评价环节,让老年人能更加明确参与康乐活动的目的,更有效地参与康乐活动,以使他们在康乐活动中能感受到更多,更明显地获得感与满足感。

以下内容是一份由养老机构工作人员按照策划书的相关要求制作的一份活动计划,邀请了家属、社区、小学共同参与。

 **案例展示**

"智力大挑战"活动计划

策划人	张三	所在部门	照护2组	完成时间	2019年3月24日
活动名称	智力大挑战					
目的	1. 为入住长者提供娱乐身心,锻炼智力的机会,丰富机构生活 2. 增进长者之间,长者与工作人员的交流 3. 增进机构与社区、对口联络志愿者社团、合作共建小学的交流与合作 4. 锻炼工作人员能力,检验上期康乐活动培训效果				
基本策略	机构主办的综合性智力类康乐活动。邀请社区、对口联络志愿者社团、合作共建小学共同参与。				
活动时间	2019年4月13日星期六,上午9点~10点50分				
地点	一楼综合活动室				
参加对象	● 身体条件适合的全体入住长者 ● 部分长者家属			● 20~30名小学生代表 ● 部分工作人员		
活动内容	1. 领导致辞:社区领导,机构长 2. 小学生表演:歌舞《我和我的祖国》 3. 智力活动1:"你表演,我来猜" 4. 社区节目:太极剑表演			5. 智力活动2:"动作接龙" 6. 志愿者提供活动:魔方表演与讲解 7. 计分,颁奖		

(续表)

人员安排	● 总指挥：(姓名) ● 策划：(姓名) ● 对外联络：(姓名) ● 前期准备组： 　负责人：(姓名)　　　　　　　器材准备：(2人,姓名) 　场地布置：(3人,姓名)　　　活动内容准备：(2人,姓名) 　宣传：(姓名)　　　　　　　采购：(2人,姓名) ● 活动现场组： 　负责人：(姓名)　　　　　　　主持人：(1名+备用,姓名) 　迎宾：(2人,姓名)　　　　　　器材操作：(姓名) 　活动组织：(4人,姓名)　　　现场陪护：(4人,姓名) 　记录：(2人,姓名) ● 保障组： 　负责人：(姓名)　　　　　　　护理员：(5人,姓名) ● 志愿者团队联络人：(姓名) ● 陪护志愿者：(预计8人) ● 社区：(姓名) ● 小学联络人：(姓名)
人员工作要求 或注意事项	● 总指挥：全面负责，发挥带头作用 ● 策划：设计活动内容，制作策划书 ● 对外联络：及时，有效沟通 ● 前期准备组：活动内容准备，有活动设计经验者优先 ● 活动现场组： 器材操作：活动室管理员优先 记录：摄影，摄像，编写并发布活动新闻，完成活动记录 备用主持人：有经验者优先 现场陪护：一名照护组员和两名志愿者为一组，负责三到五位长者 ● 保障组： 茶水：活动时及时补充茶水、食品、水果 保洁：活动前，活动中，活动后保洁
器材道具	活动室原有器材道具情况见活动室情况记录册 另需采购： | 红、黄、蓝背心	三组30件	充气加油棒	100副
---	---	---	---
奖品(防滴漏水杯)	10只	奖品(高级毛巾)	10条
奖品(扛摔餐具)	10套	普通水果、零食	50人份
装饰品	若干			
经费预算	1 000元，实际使用以票据为准
现场布置	以舞台为中心；舞台清空，保证活动区域无障碍 第一排放四张圆桌，每桌面向舞台侧放两张靠背椅，过道侧空出，作为轮椅预留位置 第二、三排放四张圆桌，每桌面向舞台侧放三张靠背椅 第四、五排放长条桌，靠背椅 南侧墙边放靠背椅，可根据现场实际人数调整 保持现场通道畅通 墙面、窗户、天花板、大门、走廊适当装饰

(续表)

智力活动项目1	"你表演,我来猜" 1. 长者表演小学生猜;小学生表演长者猜;长者表演家属猜 2. 组红、黄、蓝三队 3. 计分规则:长者每猜对1个加2分;其他人员加1分;规定时间内猜出全部问题额外加3分
智力活动项目2	"动作接龙" 1. 长者、家属、小学生混编组队 2. 选取长者的日常生活动作作为题目,通过表演传递词语,由最后一人说出动作名称 3. 计分规则:长者回答对动作的名称加2分,其他人员加1分
应急预案	雨天:准备防滑垫,备用伞,减少室外装饰 志愿者不足:工作人员顶替,增加陪护人员的服务长者数 志愿者主持人问题:事前准备,启用备用主持人 参与活动人员不足:撤除多余座椅,尽量安排机构内长者入场观摩 长者身体不适:及时安排休息,必要时终止参加活动 长者情绪激动:及时安抚,必要时终止参加活动,离开会场

前期准备			
时间	负责人	工作内容	备注
8日~10日	(姓名)	完成活动方案	
	(姓名)	负责人会议,向工作人员传达工作安排指示	确认分工
	(姓名)	确认社区、小学的参加意向和具体情况	确认参加人数及时间
	(姓名)	宣传栏内发布活动信息,张贴宣传画	
	(姓名)	社区、小学联系人查看场地,对接工作	确认:节目内容、主持人、主持词、志愿者团队人数、社区志愿者人数,4月10日前确定修改后的内容
	(姓名)	确认长者参加人数和身体情况	
	(姓名)	联络长者家属,确认参加意向	
4月11日	(姓名)	完成器材、道具、食品、奖品的准备和采购	
	(姓名)	检查活动室情况	
4月12日	(姓名)	布置现场,调试器材	花卉、海报、气球、加油棒、颜色背心、PPT
	(姓名)	提醒长者明日参加活动,再次确认长者身体状况是否适合参加活动	

当日流程			
时间	人员	流程内容	注意事项
8:15	迎宾	迎宾就位,迎接家属、志愿者进入现场、小学生由教师带队进入现场	雨天改为室内迎宾

(续表)

当日流程			
时间	人员	流程内容	注意事项
8:30~8:50	照护组、志愿者	1. 长者有序进入现场 2. 安排长者就座；安排家属靠近长者就座 3. 志愿者与长者见面，相互介绍	1. 入场顺序：二、三、四层 2. 参与活动的长者安排在出入方便的位置，观看的长者安排在靠后位置 3. 照护组帮助引见志愿者，做好辅助工作
8:50	照护组	派代表上台带领长者做热身操	邀请所有参会人员共同参与
9:00	主持人	1. 宣布活动开始 2. 社区领导、机构长致辞 3. 结合PPT，介绍本次进行的三项康乐活动内容，规则，奖品 4. 分红、黄、蓝三组（按就座区域划分）	现场工作人员、陪护人员注意活跃现场气氛，时刻关注长者的情况，必要时为长者增加说明
9:10	小学生	小学生表演：歌舞《我和我的祖国》 表演结束后立刻引导参加活动的长者上台	注意移动安全
9:15~9:45	主持人	智力活动1："你表演，我来猜"开始	1. 注意换组上台时的移动安全 2. 注意活跃气氛，关注长者情况，多加解释说明和引导，多鼓励 3. 每组比赛时长控制在10分钟之内
		红组	
		黄组	
		蓝组	
		汇报各组统计分数	
9:45	社区人员	社区节目：太极剑表演	
9:50~10:20	主持人	智力活动2："动作接龙"开始	
		红组	
		黄组	
		蓝组	
		汇报各组统计分数	
10:30	志愿者	志愿者表演：魔方表演与讲解	可准备一定数量的魔方，让长者一同参与
10:45	主持人	宣布活动总分，宣布冠亚季军，发奖品，总结活动，致谢	注意活跃气氛
11:00~午餐		自由交流活动	关注长者情况
收尾工作			
13日上午活动结束后	联络、照护组	询问长者、家属、社区、小学对活动的感想、意见和建议	记录并存档
全员退场后	全体人员	清扫会场，整理物品，恢复原状	
13日下午14:00	全体人员	活动总结会 评估活动效果，总结优缺点	
14日下班前	记录	完成活动情况记录等相关文件，编写活动新闻，及时在公众号上发布	

智力类康乐活动策划书是组织活动的指导性文件,一份有质量的完成策划书不仅是活动顺利实施的有力保障,也是活动组织方积累经验,学习提高的重要手段,还是养老机构提高服务质量,获得市场竞争优势的有效辅助。

任务拓展

1. 以合作养老机构或社区老年人为对象,分组制作一份智力类康乐活动策划方案。

2. 小组内部、小组之间,从能否满足老年人需求、创意、实施难度、成本等角度评价策划方案,并修改完善。

3. 投票选择最佳策划方案。利用假期赴合作机构或社区按最佳策划方案内容实践一次智力类康乐活动。

项目四
运动类康乐活动

情 景 聚 焦

党的二十大报告强调,要"实施积极应对人口老龄化国家战略",江苏作为较早进入老龄化、老龄化程度较高的省份之一,应积极应对人口老龄化,聚焦老年人所需所盼,着力构建居家社区机构相协调、医养康养相结合的养老服务体系,全力打造"供给高质量、普惠高水平、享老高品质"的"苏适养老"服务品牌。

江苏××社区经常举办丰富多彩的社区活动,让老人感受社区大家庭的关爱。重阳节临近,帮助老年人养成良好的运动健身习惯,提升生活质量。为了更加丰富社区老年人的生活,在老年人中提倡"我运动我健康"的生活理念,社区计划举办一场老年运动会。

活动目的:
1. 陶冶情操、愉悦精神、交流思想、锻炼身体。
2. 丰富老年人的精神文化娱乐生活。
3. 增进老年人之间的交流与了解。
4. 通过本次活动呼吁社会上更多人共同关注老年人身体和精神状况。

 **任务目标**

知识目标:
1. 认知老年运动类康乐活动的内涵、影响及常见项目;
2. 了解老年人常见运动类康乐活动游戏设计、组织方法;
3. 掌握运动类老年康乐活动策划方案写作要点。

能力目标:
1. 能根据不同对象,设计适合的运动类康乐活动项目;
2. 能组织、实施运动类康乐活动。

素质目标:
1. 树立需求导向意识,根据活动对象特点策划、实施老年康乐活动;
2. 培养学习者创新思维意识,创造性地开展老年康乐活动策划与组织。

任务要点

重点:策划运动类康乐活动;
难点:针对不同活动对象的运动类康乐活动策划。

知识准备

1. 复习相关课程,掌握老年人基本生理特点。
2. 观看老年运动会相关视频,掌握老年人运动活动实施要点。

任务一　认识运动类老年康乐活动

任务组织

1. 认知老年运动类康乐活动

1.1 认知老年运动类康乐活动的内涵

老年运动类康乐活动是老年人康乐活动的重要组成部分,它是以老年人为对象,以强身健体、延长寿命、丰富老年人文化生活、改善老年人精神面貌为目的的轻松和缓的运动类康乐活动。从运动类康乐活动的内容来看,它既可以是散步、快走、慢跑等一些简单的肢体活动,也可以包括具有相对复杂运动技术和战术要求的各种集体运动项目。从活动的性质来看,它既可以是非竞技的、轻松愉快的活动,也可以是争夺较为轻松热烈的运动竞赛。从运动的形式来看,它既可以是自发的随兴而至的运动类集体活动或游戏,也可以是竞赛规则相对严格的专项运动会。总而言之,老年运动类康乐活动是一项形式多样、安全性强、项目内容有特殊性要求的老年人文化活动。

1.2 认知老年运动类康乐活动的特点

1. 动作舒缓

步入老年后,身体机能和记忆力均会有所减退,运动时动作舒缓是大部分老年人必须遵循的准则。如果一味进行高速高频的运动,就很容易造成运动损伤或更严重的后果。

2. 力度轻柔

由于钙流失情况普遍发生,骨质疏松经常在老年人群中发生,数据显示70岁以后的老年人中40%有过骨折现象,而心血管系统的适应能力也有明显下降。因此老年人进行运动锻炼时,不仅频率要舒缓,而且必须以力度轻柔的运动为主。

3. 技术简单

随着年龄的增加,老年人的平衡能力和神经系统的工作能力下降,因此老年运动类康乐活动运动项目应以简单易学的运动为主。

4. 愉悦身心

随着老年人身份与角色的转变,加之子女不能经常在身边,许多的老年人会有一种莫名的失落感和孤独感。通过适当的运动类康乐活动锻炼活动可以起到愉悦老年人身心,预防和控制空虚焦虑的效果。

1.3 认知运动类康乐活动对老年人的影响

(一) 运动类康乐活动锻炼对老年人生理的影响

1. 保持和提高神经系统的协调功能

老年人长期坚持有规律的、适当的运动类康乐活动锻炼,可以保持和提高氧和营养物质的供给能力,有效地降低脑萎缩和脑细胞的衰退进程,还可保持和延长神经系统的协调能力。

2. 保持和提高心血管的机能

经常坚持运动类康乐活动锻炼,可保持和提高心脏的生理功能,减缓血管壁硬化,维持老年人的正常血压。

3. 改善和提高呼吸系统的通气功能

经常参加适当的运动类康乐活动锻炼,可维持和提高呼吸肌的力量,改善肺通气和换气功能,增强吸氧能力,促进血液循环。

4. 改善消化系统功能

老年人由于胃肠道运动减慢,加上胃肠周围又多堆积脂肪,从而会影响胃肠功能的正常进行。坚持适当活动锻炼,既可调节消化系统的消化过程,改善消化系统的功能,还有利于食物的消化和营养物质的吸收。

5. 延缓新陈代谢功能的衰退过程

经常进行适当的运动锻炼,不仅能强化体内能源物质的氧化过程,预防由于糖类、脂肪代谢障碍引发的各种疾病,还可以有效延缓新陈代谢的衰退进程。

6. 维持和提高运动系统的功能

人到老年,常会出现动作迟缓、腰背酸痛、易发生骨折等情况,这些都与其肌肉力量逐渐下降和关节活动幅度日趋减小有关。长期有规律地坚持运动锻炼,可有效地维持韧带及关节周围组织的弹性,保持关节的活动幅度和灵活性。

(二) 运动类康乐活动对老年人心理的影响

运动类康乐活动既是一种身体活动,也是一种心理活动,它不仅能影响人的心理过程的发展,而且还有助于健全人格、健康气质的形成。

1. 提高自信心

老年人参加运动类康乐活动锻炼的内容绝大多数是根据个人兴趣爱好、身体能力、周边环境等因素来选择,完成后的喜悦有利于增强自信心和自尊心,并能在运动类康乐活动中寻求到快乐感与充实感。

2. 消除不良情绪

从本质上讲，运动类康乐活动就是"游戏"的过程，给老年人带来的情感体验更多的是积极愉快的。这种积极愉快的情感体验，在很大程度上可以排除日常生活中积累起来的烦恼、抑郁等不良情绪，有助于老年人形成良好的个性和乐观的人生态度，从而达到改善老年人的生存状况和提高生活质量的目的。

2. 认知老年人常见运动类康乐活动项目

首先在康乐活动项目的选择上，一定要做到因人因地制宜，选择对运动器材依赖要求不高、身体上基本不对抗接触、有一定的趣味性、有一定的活动量，同时又能吸引老年人参加的活动。同时还要考虑到老年人的兴趣、爱好及性格、习惯的不同，更要注意选择既要有体力活动也要有智力活动的运动。通过这种益智和体力相结合游戏活动的方式，来帮助老年人减缓衰老过程。目的就是希望老年人通过参与活动，拥有健康的身体，快乐地度过晚年美好时光。

2.1 有氧运动类

目前大量研究表明有氧运动是公认的预防跌倒的有效措施，并且相比其他医疗手段更经济实惠，更容易被老年人接受。

有氧运动的建议：

有氧运动包括：快步走、慢跑、游泳、跳舞、骑自行车等。

活动方式：每周5天每天30分钟中等强度的活动量（中等强度运动量：指活动中可以交谈却不能唱歌的强度）。不一定要一次完成，可以在一天中分多次、每次较短时间进行。例如，可每天快步走3次，每次10分钟。

超重或者肥胖的老年人： 每周5天每天30分钟（共150分钟）的中度强度运动，是大多数指南推荐的最低运动量，可能还不足以减轻体重。

一周近300分钟的中等强度活动，并结合适当饮食控制，才能有效控制体重。

有慢性病的、不能剧烈活动的老年人： 少坐多动、增加短距离步行等轻微活动对身体都是有益的。

随着生活水平的改善，老年人运动项目逐渐变得多样化。游泳、爬山、球类等项目都成了老年人身体锻炼的方式。研究指出：有规律地进行有氧运动和体育锻炼可以有效地改善老年人的平衡能力，并且有氧运动对平衡能力的改善优于其他体育锻炼。

适合于老年人锻炼的球类运动有健身球、乒乓球、羽毛球、网球、台球、门球和高尔夫球等。

乒乓球功能：增加四肢、腰部、腹部的肌肉力量及内脏的功能，减缓衰老速度。

羽毛球功能：增强身体各部位肌肉力量，促进小脑的协调性及灵活度。

门球功能：增加腰、背、四肢肌肉力量，健脑提神。

台球功能：促进脑、眼、手、脚的协调能力，强身健体。

与非运动相比，太极拳、八段锦、广场舞、健步走等有氧运动可以改善老年人心血管功能；增强老年人腰腹力量和下肢肌力；增加老年人对身体的控制能力，从而可以有效地改善老年人静态和动态平衡能力，对防止老年人摔倒和提高老年人的生活品质有重大意义。

2.2 柔韧性训练运动

进行柔韧性练习的目的是通过提高韧带的稳定性和平衡性,达到预防摔倒的目的。

柔韧性训练的建议:

柔韧性训练包括:四肢的拉伸运动、瑜伽等

活动量: 一周进行2次,一次至少10分钟的柔韧性训练。

活动时机: 最好在有氧活动或肌肉训练之后,身体仍是热的时候(或热身以后)进行拉伸。

活动方式: 在伸展运动期间应该保持呼吸正常,最好缓慢伸展至理想位置,避免突然拉伸,有轻微的牵拉感即可,每一个伸展动作保持10~30秒。

适合老年人的柔韧性训练运动还有太极柔力球、健身球、瑜伽等,在老年康乐活动中加入此类项目,均可达到有效锻炼的目的。老年人健身球及老年人椅上瑜伽视频见扉页二维码。

2.3 平衡性训练活动

在老年人群体中,随着年龄的增加,人体平衡能力下降是跌倒的最主要因素,运动锻炼有延缓老年人平衡能力下降,降低跌倒率的效果。通过一些下肢力量练习、关节稳定性练习,可以增加运动控制能力,锻炼平衡能力。太极拳、交谊舞、广场舞、健身操这些运动可以改善感觉输入功能,从而达到改善平衡的效果,通过重心移动,动静结合动作,可以发展交互神经支配,从神经机制上对平衡能力进行强化。

防跌倒毛巾操是专门为老年人设计,共有九个动作,难度适中。通过练习可以增强肌肉力量,提高肌肉灵活性、柔韧性,改善身体的稳定性,预防摔倒。视频资料见扉页二维码。

2.4 趣味运动类

趣味运动最显著特征就是趣味性强。参与者自由选择参加的活动,老年人能平等自由、轻松快乐地参加活动,在游戏活动中老年人的各种特点、特长有了发挥的空间,并有自由表现的机会,能够把注意力集中到活动的规则执行、过程的参与乐趣上,从而达到开拓思维、陶冶情操、娱乐身心的健身目的和娱乐功能,对改善老年人的身心状况、增强身体各方面素质有着积极的效果。

在游戏的过程中,可设置一些鼓励老年人参与活动的小奖品,用获得奖品的方式鼓励他们参与活动锻炼的积极性。除了奖励优秀者外,还可以设置一些参与奖品,这样能够稳定老年人情绪,从物质上、精神上同时满足老年人参与活动的兴趣。

3. 适合认知症老人的运动类康乐活动

3.1 认知症老人的运动

认知症老人的运动类康乐活动组织要点如表4-1所示。

表 4-1　认知症老人的运动类康乐活动组织要点

类别	具体内容
健康状况	认知症（阿尔兹海默病）
运动目标	唤醒脑及神经系统，锻炼肢体及思维活动能力，达到改善和延缓病症的目的
运动项目	以简单易操作的项目为主
运动强度	以轻微、愉悦的运动和活动为主，如散步、慢跑、老年人简易活动操、各类体育益智小游戏等。可根据具体精神状态适度逐步加难度
运动时间	每次锻炼 10～20 分钟
运动频率	坚持每天锻炼，每天锻炼 2、3 次或根据老年人兴致状态增加或减少
注意事项	1. 活动前要多与老年人进行交流，激发并争取老年人的积极主动意识
	2. 活动时，注意和颜悦色，过程不能过快、过急，不要与老年人争胜负
	3. 一定多以表扬鼓励为主，达到老年人心情愉悦的目的
	4. 在活动结束后，最好再陪老年人进行轻微量的散步运动
效果评价	神态平稳，乐意交流，日常生活规律

3.2　注意事项

（1）运动前要多与老年人进行交流，激发并争取老年人积极主动参与。
（2）运动和活动时，运动量一定要轻微，注意循序渐进，活动时间不宜过长。
（3）老年人除了每天坚持锻炼外，还须配合药物进行治疗。
（4）注意老年人饮食，不要使用铝制品的锅碗盆等进行煮烹盛装食品。
（5）严禁烟酒。

任务二　策划运动类老年康乐活动

任务组织

不同类型的康乐活动，为老年人带来的运动效果也不同，需要根据活动对象的特点和需求，选择合适的康乐活动实施。

1. 手部活动

手是日常健脑的最好活动部位，老年人常做手部运动，可以预防脑部衰老、加强脑部血液循环，减少认知症、脑梗和中风的发生概率。

案例 1

活动名称	动动手 健健脑		
活动类型	运动类	参与人数	参加人数：20人以内 工作人员：1～2人
建议活动时间	50分钟	难易度	★★★★★
活动目的	● 通过身体和手部活动，促进脑血流量增加，调整和提高大脑和内脏器官功能 ● 维持老人们的手脑协调能力		
活动对象	推荐参与	轻度认知症	
	不推荐参与	失能半失能、身体行动不便、严重认知症	
准备物品	茶点用具、椅子（根据人数准备）		
现场布置	室内场地移除障碍物，充分保证活动空间		
活动预算	30元/人		
活动内容	**接送及活动前期(5分钟)** ● 邀请老人到小组场地进行活动 **活动导引部分(5分钟)** ● 工作人员自我介绍；与老人握手欢迎及鼓励老人自我介绍 ● 介绍本次活动主题 ● 给予茶点作欢迎气氛用 **活动核心部分(35分钟)** 认知症预防手指操 操作方法： 准备动作搓手　　第一节 数数　　第二节 对称伸出拇指小指		

（续表）

(续表)

	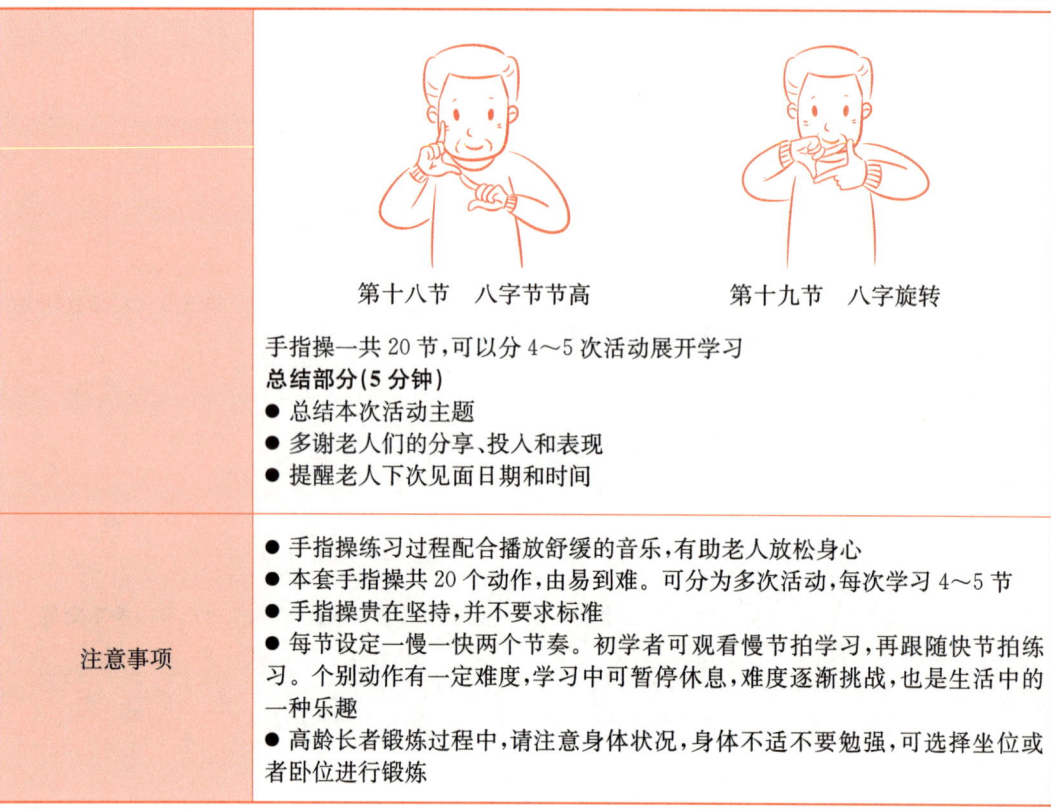 第十八节　八字节节高　　　第十九节　八字旋转 手指操一共 20 节，可以分 4～5 次活动展开学习 **总结部分(5 分钟)** ● 总结本次活动主题 ● 多谢老人们的分享、投入和表现 ● 提醒老人下次见面日期和时间
注意事项	● 手指操练习过程配合播放舒缓的音乐，有助老人放松身心 ● 本套手指操共 20 个动作，由易到难。可分为多次活动，每次学习 4～5 节 ● 手指操贵在坚持，并不要求标准 ● 每节设定一慢一快两个节奏。初学者可观看慢节拍学习，再跟随快节拍练习。个别动作有一定难度，学习中可暂停休息，难度逐渐挑战，也是生活中的一种乐趣 ● 高龄长者锻炼过程中，请注意身体状况，身体不适不要勉强，可选择坐位或者卧位进行锻炼

2. 上肢活动

上肢活动对老年人的颈椎、胸椎、背部肌肉是一种综合锻炼，而且可以增加肺活量，提高脏腑抗衰老的能力。

案例 2

活动名称	左右不同步		
活动类型	运动类	参与人数	参加人数：12 人以内 工作人员：1～2 人
建议活动时间	30 分钟	难易度	★★
活动目的	● 通过上肢活动锻炼老人上肢控制能力 ● 预防认知症		
活动对象	推荐参与	所有老人(包括轮椅老人)	
	不推荐参与	失能半失能、严重认知症	
准备物品	椅子(根据人数准备)、茶点用具		

(续表)

现场布置	室内场地移除障碍物,充分保证活动空间
活动预算	0元/人
活动内容	接送及活动前期(5分钟) 活动导引部分(5分钟) 活动核心部分(15分钟) 游戏说明:首先,坐在椅子上伸出双手,确认和邻座的距离。 ① 左手向下画圆,右手斜向下画X ② 左手到最低点时右手斜向上 ③ 左手向上画半圆,右手斜着向下 ④ 左右手回到原来的位置 ⑤ 左右手交换再来一次 ● 对于完成这个动作有难度的老人,可以采取两手同时画"○"和画"×"的方法,降低活动难度 ① 坐在椅子上,伸直两臂,一只手呈顺时针方向,一只手呈逆时针方向,同时画圆 ② 坐在椅子上,伸直两臂,从头顶开始两手向斜下方交叉 **总结部分(5分钟)**
注意事项	● 完成游戏有困难的老人,工作人员可以适当调整游戏规则,降低难度。以免老人产生挫败感

案例 3

活动名称	丢沙包		
活动类型	运动类	参与人数	参加人数：20人以内 工作人员：1～2人
建议活动时间	40分钟	难易度	★★★
活动目的	● 通过游戏锻炼老人的上肢活动能力 ● 锻炼老人的椅上平衡能力 ● 增强老人之间沟通和联系		
活动对象	推荐参与	所有老人（轮椅老人适合参与）	
	不推荐参与	失能半失能、中重度认知症	
准备物品	椅子（根据人数准备）、沙包、一次性纸杯、茶点用具		
现场布置	室内场地移除障碍物，充分保证活动空间		
活动预算	5元/人		
活动内容	接送及活动前期(5分钟) 活动导引部分(5分钟) 活动核心部分(25分钟) 纸杯接沙包 游戏规则： ① 椅子相距30厘米以上坐下（如果是站着，则相距1米左右），每位参赛者发一个纸杯和一个小沙包 ② 大家一齐向上抛沙包 ③ 纸杯接到沙包就算成功。左右手交换，共抛10次，计成功的次数 ④ 如果可以的话，可以轮流抛给旁边的人接，看能连着接到几次		

(续表)

	 总结部分(5分钟)
注意事项	● 工作人员可观察老人的手指活动能力,根据老人能力调整游戏速度 ● 工作人员可拿出道具与老人讨论,并请老人示范制作一次 ● 乘坐轮椅的老人,要有工作人员在旁边协助捡沙包

3. 下肢活动

老年人进行适当下肢锻炼活动可增加下肢肌肉力量,从而达到改善关节功能、增加柔韧性、增强肌力肌耐力、保证肌肉和运动器官的协调性、防止跌倒,减少骨质疏松和发生骨折的危险。

案例 4

活动名称	沙包接力赛		
活动类型	运动类	参与人数	参加人数:12人左右 工作人员:1~2人
建议活动时间	40 分钟	难易度	★★★★
活动目的	● 通过拍肩膀帮助老人按摩 ● 增强老人之间沟通和联系 ● 增强老人的下肢控制能力		
活动对象	推荐参与	符合活动条件的老人	
	不推荐参与	失能半失能、身体行动不便、严重认知症、轮椅老人	
准备物品	配合时节的花朵或其他装饰、茶点用具 活动用到的相关道具		
现场布置	室内场地移除障碍物,充分保证活动空间		

(续表)

活动预算	5元/人
活动内容	接送及活动前期(5分钟) ● 邀请老人到小组场地进行活动 活动导引部分(5分钟) ● 工作人员自我介绍,与老人握手欢迎及鼓励老人自我介绍 ● 介绍本次活动主题 ● 给予茶点作欢迎气氛用 活动核心部分(25分钟) 游戏规则: ① 围成圈坐好,互相能够到旁边人的脚,每3~4个人分一个沙包 ② 两个脚夹住沙包,传给右边的人,注意沙包不能掉下 ③ 轮流往下传,直到传到第一个人,一圈结束 ④ 如果有人觉得比较难,可以把沙包放在脚上,举上举下,设定次数目标 总结部分(5分钟) ● 总结本次活动主题 ● 多谢老人们的分享、投入和表现 ● 提醒老人下次见面日期和时间
注意事项	● 若老人用脚接送沙包有困难,工作人员可在旁边鼓励 ● 沙包可替换为大小不同的球类,或气球等 ● 可分组完成游戏,增加竞争性
不同游戏变换	游戏规则: ① 参加人围成圈坐好,注意保持间距,互相不要碰到。在中间放置2~4层的纸盒 ② 一人瞄准纸盒踢沙包 ③ 纸盒倒下即为成功。大家轮流踢,设定一个次数,看谁先达到

案例 5

活动名称		脚上功夫	
活动类型	运动类	参与人数	参加人数：10 人左右 工作人员：1~2 人
建议活动时间	40 分钟	难易度	★★★
活动目的	● 通过游戏刺激老人产生参与意愿 ● 增强老人下肢控制能力 ● 团体活动增强老人之间沟通和联系		
活动对象	推荐参与	上肢受限、下肢活动能力正常的老人	
	不推荐参与	失能半失能、身体行动不便、严重认知症、轮椅老人	
准备物品	椅子（按照人数准备）、空饮料瓶若干、报纸若干		
现场布置	室内场地移除障碍物，充分保证活动空间		
活动预算	5 元/人		
活动内容	接送及活动前期（5 分钟） 活动导引部分（5 分钟） 活动核心部分（25 分钟） 饮料瓶立起来 游戏方法： ● 坐在椅子上 ● 将空饮料瓶横放在脚前面 ● 两只脚配合将饮料瓶扶起 类似的活动还有：用脚叠报纸		

（续表）

	游戏规则： ① 坐在椅子上，把报纸在脚下展开 ② 用脚对折报纸 ③ 再对折 ④ 对折3次即为成功，如果体力允许，再用脚把报纸展开 **总结部分(5分钟)**
注意事项	● 工作人员可拿出道具与老人讨论，并请老人示范制作一次 ● 用脚叠报纸时，偏瘫老人可以用灵活的脚折，工作人员帮助把不灵活的脚放在报纸上

4. 全身活动

全身性的运动活动能够增强老年人身体柔韧性，有效降低跌倒风险，还能提升心肺功能，加快整体血液循环，从而有效延缓各个器官的衰老。

案例 6

活动名称	剪刀石头布		
活动类型	运动类	参与人数	参加人数：20人以内 工作人员：1～2人
建议活动时间	40分钟	难易度	★★
活动目的	● 锻炼上肢的活动能力 ● 维持椅上平衡 ● 增强老人对上肢的控制能力		
活动对象	推荐参与	符合活动条件的老人	
	不推荐参与	失能半失能、身体行动不便、严重认知症	
准备物品	椅子(根据人数安排)、茶水		
现场布置	室内场地移除障碍物，充分保证活动空间		
活动预算	0元/人		

（续表）

活动内容	**接送及活动前期(5分钟)** **活动导引部分(5分钟)** **活动核心部分(25分钟)** 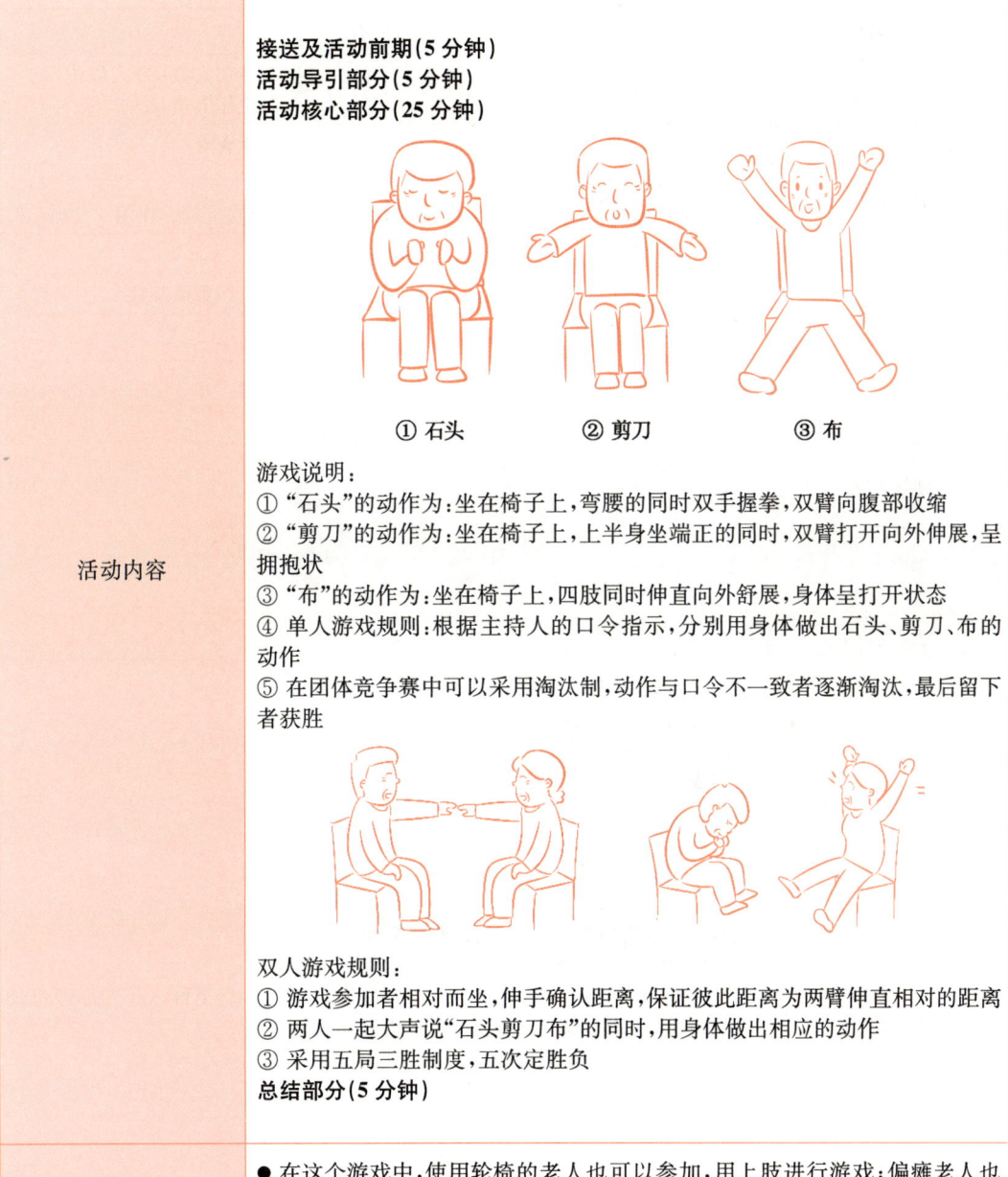 ① 石头　② 剪刀　③ 布 游戏说明： ① "石头"的动作为：坐在椅子上，弯腰的同时双手握拳，双臂向腹部收缩 ② "剪刀"的动作为：坐在椅子上，上半身坐端正的同时，双臂打开向外伸展，呈拥抱状 ③ "布"的动作为：坐在椅子上，四肢同时伸直向外舒展，身体呈打开状态 ④ 单人游戏规则：根据主持人的口令指示，分别用身体做出石头、剪刀、布的动作 ⑤ 在团体竞争赛中可以采用淘汰制，动作与口令不一致者逐渐淘汰，最后留下者获胜 双人游戏规则： ① 游戏参加者相对而坐，伸手确认距离，保证彼此距离为两臂伸直相对的距离 ② 两人一起大声说"石头剪刀布"的同时，用身体做出相应的动作 ③ 采用五局三胜制度，五次定胜负 **总结部分(5分钟)**
注意事项	● 在这个游戏中，使用轮椅的老人也可以参加，用上肢进行游戏；偏瘫老人也可以使用健侧的肢体残余功能，参加游戏 ● 座椅位置根据游戏需要调整，工作人员负责协助，确保老人安全

5. 气息运动

通过一些气息运动可以锻炼老年人的心肺功能，坚持胸式和腹式深呼吸等气息运动，能增加氧气吸入，改善肠胃功能，增强消化吸收能力。通过气息运动主动调节呼吸的深度和频率，能有效放松神经，舒缓焦虑心情，还能达到减压、助眠的效果。

案例 7

活动名称		口腔操		
活动类型	运动类	参与人数		参加人数：20人以内 工作人员：1~2人
建议活动时间	20分钟	难易度		★★★
活动目的	● 经常做保健操可强身健体，有效预防认知症 ● 口腔操可以使口腔中的唾液增加，起到很好的消炎跟抗菌的作用			
活动对象	推荐参与	轻度认知症		
	不推荐参与	失能半失能、身体行动不便、严重认知症		
准备物品	椅子（根据人数准备）			
现场布置	室内场地移除障碍物，充分保证活动空间			
活动预算	0元/人			
活动内容	接送及活动前期(5分钟) 活动导引部分(5分钟) 活动核心部分(35分钟) 口腔操 操作方法 ① 请坐好 体操开始前请修正姿势，坐好 ② 深呼吸(3次) 从鼻子开始用力吸气，然后从口腔慢慢地吐气 ③ 颈部伸展、侧屈、旋转运动(2次) 首先慢慢向前点头，向后仰头。其次向左看，向右看，直至可以看到你旁边长者的脸。最后慢慢地从左向右转头，然后从右向左转头 ④ 肩部放松运动(3次) 吸气向上抬肩，呼气肩放下 ⑤ 张嘴闭嘴(5次) 嘴轻轻张开(啊—)，然后用力闭嘴(嗯—)。反复5次 ⑥ 嘴唇拉伸(5次) 嘴唇横向拉伸，露齿，发声 i——(汉语拼音发音) 嘴唇用力嘟起，吹口琴样。发声 u——			

（续表）

	⑦ 脸颊鼓气吸气(3次) 闭嘴鼓起脸颊,保持3秒左右。吸气,吸脸颊,保持3秒左右 ⑧ 伸舌头(5次) 嘴张开,向外伸舌头。闭嘴舌头缩回  ⑨ 舌头左右顶腮(5次) 闭嘴,舌头在口腔内顶左侧脸颊,顶右侧脸颊。反复5次 ⑩ 舌尖部用力顶住口腔的上部,保持5秒钟 ⑪ 发声练习 呼吸时使用的很多脸部肌肉群也是笑的时候使用的肌肉群。所以笑声练习也是非常好的发声练习 啊！哈！哈——(2次) 咿！嘻！嘻——(2次) 唔！呋！呋——(2次) 哎！嗨！嗨——(2次) 哦！吼！吼——(2次) ⑫ 深呼吸(3次) 最后,调整气息,深呼吸。从鼻子开始用力吸气,然后从口腔慢慢地吐气  **总结部分(5分钟)**
注意事项	● 口腔操一般可安排在老人进餐前,例如在机构中,在老人就餐前进行。可以提示老人：马上就到吃饭的时间了,吃饭之前让我们一起来做口腔操 ● 口腔操结束,提醒老人：今天的口腔操到这里就结束了了,今天中午为大家准备的菜肴是……请大家在自己的位子上坐好,马上将午餐送到您的面前

案例 8

活动名称	吹纸杯		
活动类型	运动类	参与人数	参加人数：10 人以内 工作人员：1~2 人
建议活动时间	40 分钟	难易度	★★★
活动目的	● 通过游戏锻炼老人呼吸控制能力 ● 增强老人之间沟通和联系		
活动对象	推荐参与	轮椅老人	
	不推荐参与	失能半失能、严重认知症	
准备物品	椅子(根据人数准备)、茶点用具、空纸杯(每人约 5 个)，空纸箱		
现场布置	室内场地移除障碍物，充分保证活动空间		
活动预算	30 元/人		
活动内容	**接送及活动前期(5 分钟)** **活动导引部分(5 分钟)** **活动核心部分(25 分钟)** 游戏规则： ① 大家坐在椅子上，在距离 50~60 厘米处放置一个纸盒，每人手拿两个纸杯 ② 对着杯口重叠的部分大吹一口气 ③ 套在里面的杯子飞入纸盒算成功。规定一定的次数，看谁先做到 ④ 如果有难度，可以多增加几个纸盒，或者比纸杯飞出的距离 **总结部分(5 分钟)**		
注意事项	● 工作人员可拿出道具与老人讨论，并示范操作一次 ● 工作人员可帮助老人计数，遇到完成有困难的老人可调整游戏难度		

6. 有趣的集体活动

趣味运动可以起到调节情绪和增加生活乐趣的作用，改善老年人不良心理因素。集体性的趣味运动还能为老年人提供更多的人际交往机会，让老年人变得更加轻松和开朗。

案例 9

活动名称	线儿卷一卷		
活动类型	运动类	参与人数	参加人数:12人以内 工作人员:1~2人
建议活动时间	40 分钟	难易度	★★★★
活动目的	● 通过上肢活动锻炼老人上肢控制能力 ● 预防认知症 ● 增强老人之间沟通和联系		
活动对象	推荐参与	符合活动条件的老人	
	不推荐参与	失能半失能、严重认知症	
准备物品	椅子(根据人数准备)、长桌、粗毛线、小篮子 4 个、空饮料瓶 12 个左右、茶点用具		
现场布置	室内场地移除障碍物,充分保证活动空间		
活动预算	5 元/人		
活动内容	**接送及活动前期(5 分钟)** **活动导引部分(5 分钟)** **活动核心部分(25 分钟)** 游戏规则: ① 把空饮料瓶放入筐子内,两手握住棒子的两端 ② 通过卷线把筐子拉过来,并且饮料瓶不能倒下 ③ 中途如果瓶子倒下的话就换人,或是重来 ④ 筐子到达面前时,取出瓶子 **总结部分(5 分钟)**		
注意事项	● 游戏的变换:1. 放置球、布偶等降低难度。2. 可以采用计时赛、小组赛、接力赛等形式 ● 完成游戏有困难的老人,工作人员可以适当调整游戏规则,以免老人产生挫败感		

案例 10

活动名称	气球接力赛		
活动类型	运动类	参与人数	参加人数:12人左右 工作人员:1~2人
建议活动时间	50分钟	难易度	★★
活动目的	● 锻炼老人肺活量 ● 增强老人的上肢活动能力 ● 小组游戏增强老人之间沟通和联系		
活动对象	推荐参与	认知症老人、轮椅老人	
	不推荐参与	失能半失能、严重认知症	
准备物品	茶点用具、各种颜色气球、打气筒		
现场布置	室内场地移除障碍物,充分保证活动空间		
活动预算	3元/人		
活动内容	接送及活动前期(5分钟) 活动导引部分(5分钟) 活动核心部分(35分钟) ● 热身活动(10分钟) ① 向所有老人分发各种颜色气球 ② 让老人们吹气球 ● 主要活动(25分钟) 接力拍气球 游戏规则: ① 4~5个人一组,坐在椅子上,拉手确认距离,每组发一个球 ② 主持人说开始,大家开始互相传球,不能让球落地 ③ 1分钟内如果连续传球保持不落地即为成功。也可以再延长时间或变换座位 总结部分(5分钟)		

(续表)

注意事项	● 为了帮助老人顺利完成吹气球任务,工作人员应提前用气筒给气球充气,然后再放掉;活动中遇到有困难的老人,可以让老人使用气筒 ● 工作人员在老人拍气球时需要在旁协助,防治老人向后倾倒 ● 若有轮椅老人参与,应有护理人员在旁协助 ● 可根据情况调整小组人数,增加游戏趣味性的同时保证每位老人都有机会接到气球

案例 11

活动名称	一滑到底		
活动类型	运动类	参与人数	参加人数:20人以内 工作人员:1~2人
建议活动时间	40 分钟	难易度	★★★★
活动目的	● 团体游戏增强老人之间沟通和联系 ● 维持老人们的活动能力		
活动对象	推荐参与	认知症、轮椅老人	
	不推荐参与	失能半失能、严重认知症	
准备物品	茶点用具、长桌、椅子(根据人数准备)、空易拉罐若干个、彩纸、双面胶、剪刀		
现场布置	室内场地移除障碍物,充分保证活动空间		
活动预算	0元/人		
活动内容	**活动导引部分(5 分钟)** **活动核心部分(30 分钟)** 游戏规则: ① 把长方形的桌子竖起来排好,分成两个组,每人发一个空易拉罐,使用彩纸事先在易拉罐做上记号,表示两个不同的组 ② 把易拉罐在桌上用力向前滑,易拉罐不能倒,看谁的滑得最远		

（续表）

	③ 两组人轮流进行，易拉罐从桌子掉落就算出局。可以瞄准对方组的易拉罐，让对方的倒下或掉落 ④ 每人轮一次，最后看哪一组剩在桌上的易拉罐最多，如果一样多看最远的一个属于哪个组  **总结部分(5分钟)**
注意事项	● 在易拉罐滑向目标环节，用矮一点的塑料酸奶罐可以降低难度 ● 小组比赛注意公布成绩

案例12

活动名称	"瓶瓶"安安		
活动类型	运动类	参与人数	参加人数：8～12人 工作人员：1～2人
建议活动时间	50分钟	难易度	★★★
活动目的	● 通过按摩刺激穴位，缓解身体疲劳 ● 团体游戏增强老人之间沟通和联系 ● 维持老人们的平衡控制能力		
活动对象	推荐参与	认知症、轮椅老人	
	不推荐参与	失能半失能、严重认知症	
准备物品	椅子（根据人数准备）、茶点用具、空饮料瓶若干个		
现场布置	室内场地移除障碍物，充分保证活动空间		
活动预算	0元/人		

活动内容	**活动导引部分(5 分钟)** **活动核心部分(35 分钟)** ● 热身活动(10 分钟) **饮料瓶按摩** 游戏规则： ① 每人发一个空饮料瓶，坐在椅子上，如果人较多可以围成圈坐 ② 慢慢地有节奏地用饮料瓶依次拍打肩膀、上臂、下臂各 5 次，换手拍另一边 ③ 接下来敲打背、大腿、小腿各五个来回。左右手交换 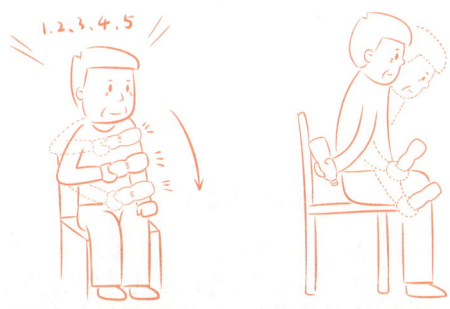 ④ 把饮料瓶放在大腿上，用手来回滚动 5 次。把饮料瓶放在手里来回搓 5 次   ⑤ 根据情况，可以再从头做一次 ● 主要活动(25 分钟) **饮料瓶倒立** 游戏规则： ① 把空饮料瓶倒立放在手上，看谁保持的时间最长  ② 计时赛，把空饮料瓶倒立放在手上，托着瓶跑步比赛

（续表）

	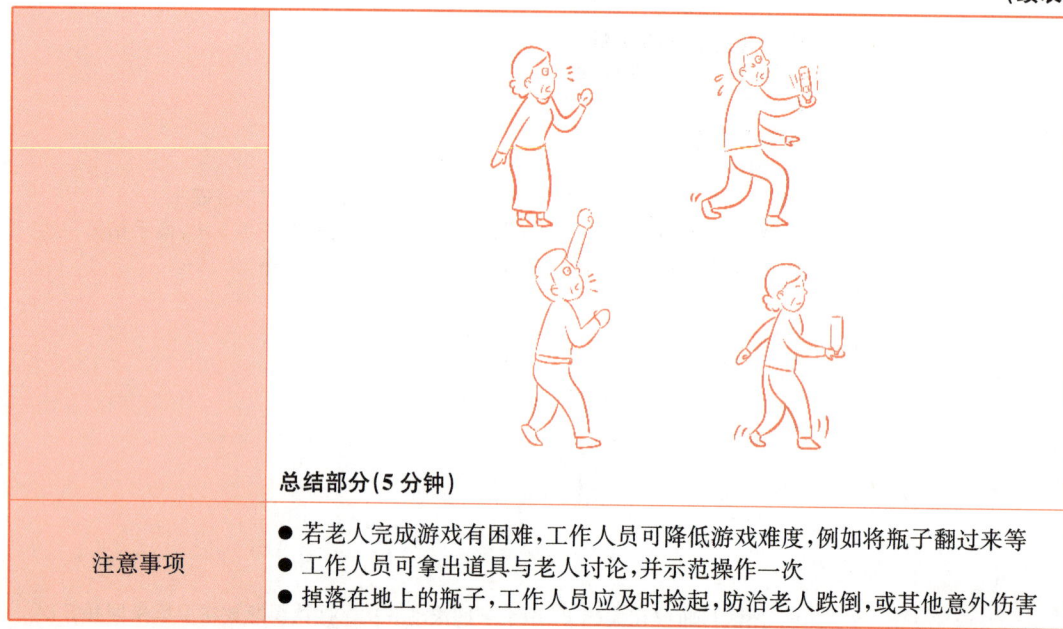 总结部分(5分钟)
注意事项	● 若老人完成游戏有困难，工作人员可降低游戏难度，例如将瓶子翻过来等 ● 工作人员可拿出道具与老人讨论，并示范操作一次 ● 掉落在地上的瓶子，工作人员应及时捡起，防治老人跌倒，或其他意外伤害

7. 适合偏瘫老人的体操类活动

通过一些简单的体操活动，可以帮助偏瘫老人缓解身体疼痛等症状，辅助康复治疗，预防并发症的发生。通过康乐活动营造愉悦、温馨的气氛，解除老人的精神负担，提高心理健康。

案例 13

活动名称	椅上毛巾操		
活动类型	运动类	参与人数	参加人数：20人左右 工作人员：1～2人
建议活动时间	40 分钟	难易度	★★★★
活动目的	● 通过身体活动提高身体机能 ● 增强老人之间沟通和联系 ● 维持老人们的自立生活能力		
活动对象	推荐参与	轮椅老人	
	不推荐参与	失能半失能、严重认知症	
准备物品	椅子（根据人数准备）、毛巾		
现场布置	室内场地移除障碍物，充分保证活动空间		

(续表)

活动预算	20元/人
活动内容	**接送及活动前期** ● 清洁场地,确保可以赤足踩踏,或者铺上合适的软垫(瑜伽垫) ● 邀请老人到小组场地进行活动 **活动核心部分(35分钟)** ● 主要活动 热身环节(10分钟) ① 大家赤脚坐在椅子上,在距离椅子前方20厘米处放置一块毛巾。用脚趾抓握毛巾,将毛巾移至自己前方 ② 单脚踩住毛巾中间,两只手握住毛巾两端,轻轻来回拉动,直至脚底微微发热 实施环节(20分钟) ① 弯曲单侧膝盖,两手拉住毛巾两端,套在膝盖上向后拉 ② 两手握住毛巾两端,从胸前举高至头顶,向后举至耳朵后方 ③ 两手握住毛巾两端套在肩膀后部,弯腰并两臂靠拢,打开背部 游戏环节 ① 参加者围成圆圈就座 ② 将毛巾打结,传递给旁边的人 ③ 拿到毛巾结的人,打开结并传递给下一个人 ④ 循环第二步和第三步 整理环节(5分钟) 深呼吸调整身体节奏 **总结部分(5分钟)**
注意事项	● 可以选择有弹性的毛巾或者瑜伽带,更加有助于身体活动 ● 赤脚抓握毛巾、用毛巾摩擦脚底等活动可以有效热身 ● 通过握住毛巾在身体前后移动,可以有效活动肩胛骨 ● 尼龙材质的毛巾摩擦后发热,需要特别注意

案例 14

活动名称	球操		
活动类型	运动类	参与人数	参加人数:20人以内 工作人员:1～2人
建议活动时间	40 分钟	难易度	★★★★
活动目的	● 通过身体活动提高身体机能 ● 增强老人之间沟通和联系 ● 维持老人们的自立生活能力		
活动对象	推荐参与	偏瘫老人	
	不推荐参与	失能半失能、严重认知症	
准备物品	直径18厘米左右的皮球或橡胶球、大浴巾或瑜伽垫		
现场布置	室内场地移除障碍物,充分保证活动空间		
活动预算	30元/人		
活动内容	接送及活动前期 ● 清洁场地,按照人数在地上铺上瑜伽垫或大浴巾 ● 邀请老人到小组场地进行活动 活动核心部分(35分钟) ● 主要活动 导入环节(10分钟) ① 大家赤脚坐在垫子上,工作人员向每人分发一个皮球 ② 工作人员向大家说明活动实施方法,并组织热身活动 实施环节(15分钟) ① 坐在垫子上,弯曲膝盖,两手撑在身体两侧,用膝盖夹住**皮球**,**向内挤压**。锻炼大腿内侧肌肉,缓解膝盖疼痛 ② 坐在垫子上,弯曲膝盖,用膝盖夹住皮球。伸直腰背,**两手扶住后腰**,微笑并保持动作20秒。强化腹部、背部肌肉力量,预防失禁 ③ 躺在垫子上,将球置于屁股下方 ④ 双手撑在身体两侧,抬高左侧身体,回到原位,抬高右侧身体,回到原位 ⑤ 将球置于后背中心,弯曲双腿膝盖,伸直双臂,做呼喊状		

（续表）

	⑥ 两手环抱单侧膝盖尽量向胸部靠近。换另一侧。锻炼平时难以活动到的腰腹部肌肉，提高身体机能 ⑦ 挺直腰背坐在垫子上，伸直双腿，两手撑在身体两侧，将球置于大腿上。轻轻抬起腰部，让球滚到脚尖处，再滚回来 ⑧ 让球再次滚到脚尖，打开双脚夹住皮球，再将皮球顶到脚面上 ⑨ 弯曲单侧膝盖，将球从膝盖下方穿过。在另一侧重复动作。此时腹部用力，可以强化腹肌 整理环节（5分钟） 深呼吸调整身体节奏 **总结部分（5分钟）**
注意事项	● 球操部分动作是躺在地上完成的，因此偏瘫的老人也可以参与活动 ● 球操需要躺在地上完成，因此必须保证室温适宜，以躺在地上不冷为宜 ● 活动前检查球的状况，可适当放掉一点气 ● 关注参加者身体和精神状况，不要勉强参加者参与活动

任务三　组织运动类老年康乐活动

任务组织

1. 组织运动类康乐活动的注意事项

1.1　运动项目选择时的注意事项

在制订运动类康乐活动策划方案时，如何选择活动项目应根据活动对象老年人的具体情况而定。一般应考虑以下几个方面的内容：

（1）参与活动的主要目的；

（2）一般体格检查、运动负荷试验、体力测验、体质测量与评价等结果；

(3) 参与活动老年人的运动经历、兴趣、爱好及特长等；
(4) 举办活动的环境，如活动场地器材是否合乎要求、是否有指导者等。

例如，要提高和改善老年人的心肺功能，就应选择以有氧运动为主的耐力性的运动项目；若参加活动的老年人年龄较大，身体各机能状况一般，可采取体力消耗较小的游戏项目。

1.2 活动实施注意事项

为了确保安全，在康乐活动的实施过程中，应提醒老年人注意：
(1) 练习前必须做好充分的准备活动，即在身体发热、微微出汗的前提下进行；
(2) 对于动作练习的难度、幅度等，应循序渐进，量力而行；
(3) 明确指出某些疾病应慎做或不做的动作。例如，高血压患者等应不做或少做过分用力的动作，以及幅度较大的弯腰、低头等动作。

1.3 特殊人群注意事项

对于一些身体虚弱的老年人，建议活动的原则是"起点要低，进度要缓"。比如，对于难以从椅子上站立起来的老年人，活动起来可以分为几个步骤：
(1) 首先借助手臂支撑从椅子上站立；
(2) 再逐步重复训练靠手臂站立的动作；
(3) 直到仅需要极小的手臂支撑力就能成功站立；
(4) 最后发展到不依靠手臂支撑即能站立。

案例展示

"趣味运动会，拉近你和我"活动计划

策划人	李珊珊	所在部门	照护1组	完成时间	2019年10月13日
活动名称	趣味运动会，拉近你和我				
目的	1. 为长者提供娱乐身心，锻炼身体的机会，丰富机构和社区老人的日常生活 2. 增进长者之间，长者与工作人员的交流 3. 帮助老人处理解决生活困难以及生理和心理难题，增强老人自我效能感和面对生活的自信心 4. 鼓励老人积极地进行人际交往，提升老人社交的能力，建立支持网络，使老人之间在生活上和精神上获得相互的支持 5. 协助社区构建小区文化，拉近小区邻里关系，打造阳光、和谐小区				
基本策略	组织机构及所在社区的老人共同参与此次康乐活动。邀请社区、对口联络志愿者共同组织、参与活动				
活动时间	2019年10月13日星期六，上午9点～11点30分				
地点	社区公共运动场				
参加对象	● 身体条件适合参加活动的全体入住长者 ● 社区内自愿报名的老人 ● 部分长者家属 ● 部分工作人员				

（续表）

活动内容	1. 主持人讲解比赛规则，宣布活动开始 2. 个人比赛项目①保龄篮球 3. 个人比赛项目②投掷羽毛球 4. 团体比赛项目①举球过河 5. 团体比赛项目②赶猪进栏 6. 大合唱 7. 统分颁奖
人员安排	参考"智力大挑战"策划方案
人员工作要求或注意事项	人员工作要求参考"智力大挑战"策划方案 注意事项： 1. 参加活动之前所有组织者要进行开会做好工作的分工与安排 2. 在活动过程中，应以安全第一 3. 组织者与老人沟通时注意语气和用词 4. 组织者与老人共同参加比赛时，应听从老人的意见 5. 物资的保存与看护，节省物资，以便循环利用
器材道具	活动室原有器材道具情况见活动室情况记录册 另需采购： | 物品	单价（元）	数量	总价（元）
---	---	---	---
矿泉水	1	20	20
羽毛球	1	10	10
羽毛球拍	30（一副）	1	60
乒乓球	1	10	10
乒乓球拍	30（一副）	2	60
洗洁精	15	8	120
毛巾	15	8	120
牙刷牙膏套装	15	10	150
环保购物袋	0.5	30	15
打印	0.7	100	7	 总计：572元
经费预算	600元，实际使用以票据为准
现场布置	以小区公共操场为主要活动场地，保证活动区域无障碍 场地边缘放置靠背椅，可根据现场实际人数调整 保持现场通道畅通 准备横幅、气球等装饰用品烘托气氛
个人活动项目1	保龄篮球 比赛规则 1. 按顺序每次一个老人参赛，每两组同时进行，每个老人有两次机会参赛 2. 老人距矿泉水瓶5米，老人将篮球当作保龄球滚向排成三角形的矿泉水瓶，取两次倒的瓶数最多值，每个瓶子计1分

（续表）

个人活动项目2	投掷羽毛球 1. 参赛时以个人为单位，共三个纸篓，从起点出发，将 ABC 三个纸篓分别放置在据起点 1 米、1.5 米、2 米的距离位置 2. 每个参赛选手拿 5 个羽毛球，以投入纸篓个数计分。投入 A 纸篓每个球加 1 分，投入 B 纸篓每个球加 2 分，投入 C 纸篓每个球加 3 分 3. 每位参赛长者最终分数为 3 个纸篓相加的总分数
团体活动项目1	举球过河 1. 两组选手同时出发，选手一手举乒乓球拍托球过障碍、途中乒乓球掉落，何处掉落就在何处重新开始进行比赛，以先到达目的地为赢 2. 过河途中用手帮忙，均不计分 3. 采取及时赛形式，取前 5 名，最快到达者加 5 分，其余依次加分
团体活动项目2	赶猪进栏 1. 在 20 米直线跑道上，2 组参赛的老人在起点用羽毛球拍拨动"猪"（篮球），将猪赶向终点，以用时少者依次排名 2. 赶"猪"途中，球滚出跑道或者用手帮忙，均不计分 3. 采取及时赛形式，取前 5 名，最快到达者加 5 分，其余依次加分
应急预案	雨天：准备防滑垫，备用伞，减少室外装饰 志愿者不足：工作人员顶替，增加陪护人员的服务长者数 志愿者主持人问题：事前准备，启用备用主持人 参与活动人员不足：撤除多余座椅，尽量安排机构内长者入场观摩 长者身体不适：及时安排休息，必要时终止参加活动 长者情绪激动：及时安抚，必要时终止参加活动，离开会场

前期准备，当日流程及收尾工作参考"智力大挑战"策划方案。

任务拓展

小组准备活动方案：

1. 补充完成该策划方案中的"前期准备工作"及"当日流程"部分内容。

2. 完成小组任务：结合实践机构实际情况，策划一次老年人运动会，完成相关策划方案的撰写。

3. 根据本项目学习内容的总结，完善活动策划方案，并在实践机构内组织实施。

项目五
操作类康乐活动

情 景 聚 焦

案例1: 老人们在社区养老服务人员的带领下根据自己的喜好制作不倒翁,有些心灵手巧的老人完成的作品很精致,获得在场很多人的赞叹,而有些老人虽然做得没有很完美,但是在做的过程中相互帮助、相互提建议,脸上洋溢像小孩子般的笑容,时不时还被自己的作品逗笑。老人们完成作品后开心地向工作人员和旁边的伙伴展示成果,然后小心翼翼地把作品装好,说要带回家做纪念,并相约下次活动再见。

案例2: 王奶奶喜欢编织,经常和身边的邻居一起织毛线衣,大家一起去买毛线,组织分享好看的花纹编织法,一起聊天,每次都很开心。社区看到大家热情高涨,准备开设编织课程,同时编织的围脖、手套、帽子、鞋子、衣服成品可以对外销售。

案例3: 李爷爷是高级知识分子,也是市书法协会成员。退休后现在家中无所事事想要发挥余热,在社区活动中心开辟了书法一角,组织有相同爱好的社区居民参与活动,组织社区书法兴趣班,每年兴趣班自主举办书法作品展览。

案例思考:
1. 根据案例描述,参与康乐活动时需要注意哪些?
2. 为什么老年人喜欢参与小组式活动?
3. 你身边的老年人喜欢参与什么样的活动?为了提高老年人活动参与度,可以采取哪些办法?

任务目标

知识目标:
(1) 了解常见的操作类康乐活动种类;
(2) 了解操作类康乐活动的作用;
(3) 了解操作类康乐活动的策划原则;
(4) 熟悉操作类康乐活动的操作流程和注意事项。

能力目标:
(1) 能根据老人实际情况判断适合的操作类康乐活动;
(2) 能独立策划简单操作类康乐活动,并参与组织实施。

素质目标：
（1）具有团结合作意识，扎实的工作态度和责任意识；
（2）具有爱心、耐心和同理心，敬老、爱老的良好品质。

任务要点

重点：学习各类操作类康乐活动的具体内容和案例。
难点：根据老人情况，策划组织针对性的操作类康乐活动。

知识准备

先修课程《老年心理学》《老年学概论》中关于老人的心理特点，以及《人体生理学》《老年护理》中关于老人的生理特点。

任务一　认识操作类老年康乐活动

任务组织

操作类康乐活动是作业治疗的重要组成部分，人们对活动治疗的理解源于对作业活动的理解。作业治疗通过有意义有目的的集体作业活动，提高人体生活自理、工作、学习的能力。

1. 作业活动

作业活动既是作业治疗的重要手段。

"作业活动"是指从事的活动或事件。目前，作业治疗所使用的活动包含日常生活技能、工作、职业劳动、家务劳动、体育、社会活动等，还包含一些创造性技能（例如陶土、纺织、纸艺、金属工艺、木工）和社会性活动（游戏、园艺、话剧、体育运动等），其中操作类活动是作业活动的重要组成部分。

2. 老年人作业治疗

2.1 老年人作业治疗的特点

1. 具有较强的目的性和针对性，对老人有重要治疗作用；
2. 趣味性强，老人能积极主动参加；
3. 具有较强实用性，能满足老人的需要。所选的作业活动与老人日常生活或工作学习有关；

4. 防治并重，有助于改善或者预防老人的功能障碍，提高生活质量；

5. 符合老人的兴趣，活动方式可以调节，可操作性强。

2.2 老年人作业治疗的分类

1. 按老年人实际要求分类：分为维持日常生活所必需的基本作业、消遣性的作业活动或文娱活动、教育性作业活动、矫形器和假肢训练等。

2. 按作业名称分类：分为木工作业、编织作业、黏土作业、手工艺作业、电器装配与维修、文书类、计算机操作、日常生活活动、治疗性游戏、认知作业、书法、绘画、园艺、厨艺等。

3. 按治疗目的和作业分类：分为增强肌力的作业、改善关节活动范围的作业、减轻疼痛的作业、改善灵活性的作业、增强耐力的作业、调解精神和转移注意力的作业、改善认知知觉功能的作业、提高劳动技能的作业等。

根据以上分类，及老年人生活特点，我们设计了操作类老年康乐活动。

3. 操作类老年康乐活动

3.1 常见的操作类老年康乐活动

1. 纸艺

撕、剪、贴、染、折、雕、塑、植、插等都是常见的纸艺表现形式，丰富多样。适合老年操作类康乐活动的表现形式主要有折纸、剪纸、撕纸、纸浮雕、头饰和面具制作、瓦楞纸应用、纸艺花等。

2. 布艺

布类活动中常见的操作形式是布贴画、信插、提袋、钱夹、杂物袋、布包、布玩具、布垫、扎染等，布艺的制作过程需要用到画、剪裁、缝制、填充、染色，可以与节日和民俗活动相结合。

3. 编织

编织活动常见的操作形式有中国结、吉祥结、藻井结盘长结、纽扣结、双线结、团锦结、万字结、平结。还可以制作复杂的手工编织壁挂，织毛衣、毛线绣的群众基础很广，大部分老年女性都喜欢参与。

4. 雕塑

雕塑活动常见的操作形式有泥塑、彩塑，也可以用手工黏土代替专业雕塑材料。手工黏土材料安全、操作简单、对环境要求低，老年人也容易上手。

5. 废旧材料利用

操作活动还可以充分利用废旧材料，例如各类包装盒、易拉罐、铁丝、瓶盖、吸管、餐盘、植物的根茎叶、种子、沙子、蛋壳等。常见的手工形式有纸盒改造、种子粘贴画、易拉罐造型、蛋壳贴画、彩色沙画、饮料瓶造型、综合材料拼贴等，可以参考儿童手工教程。

6. 园艺

利用园艺活动进行训练达到愉悦心情，促进身心健康目的的训练方法称为园艺疗法。常见的园艺活动包含规划园子、松土、种植和移栽植物，日常浇水、施肥、除草，此外可以采摘和整理花卉，进行艺术插花，安排聚会。如果场地有限可以采取盆栽制作、盆花管理、插花、修剪、扦插枝制作等活动。如果是居家还可以掘土和清理土地，购买和搬运肥料以及种花种菜、修整灌木和除草等。

7. 烹饪

烹饪治疗法结合了嗅觉、触觉、味觉等多感官活动,在锻炼手部能力的同时可以改善老人的精神健康。烹饪治疗法类似音乐治疗、艺术治疗等,是充满创造性的活动方式。烹饪疗法适合有基本自理能力、患有焦虑和抑郁综合征的老人,不适合不能自理、有严重精神或情绪障碍的老人。

除了以上常见的操作类康乐活动,可以挖掘老人的兴趣爱好,根据老人的实际情况拓展其他形式的操作类康乐活动。

3.2 活动作用

操作类康乐活动可以防止老人功能障碍和残疾的加重,促进老人身心健康,维持或改善功能,从而提高老人生活质量。具体作用有:

1. 促进老人机体功能的回复

能增强肌力、耐受力,改善关节活动度,减轻疼痛和缓解症状,改善灵活性,促进感觉恢复。例如园艺、木工可以增加上肢的肌力和耐力,改善肩关节、肘关节、腕关节活动范围,改善手眼协调性。

2. 有助于改善精神状况

能增强老人的独立感,减少依赖性,建立信心;成功的作品能提高老人的成就感和满足感;活动过程可以调节精神和转移老人注意力,调节情绪,促进心理平衡,改善认知、知觉功能。

3. 促进老人残余功能最大限度地发挥

老人利用现有身体功能残余操作类康乐活动,可以预防肌肉萎缩、减轻或预防畸形发生,提高对疼痛的忍受能力。

任务二　策划操作类老年康乐活动

任务组织

1. 策划操作类康乐活动的原则

1.1 在全面评定的基础上,有目的地选择活动项目

在进行操作类康乐活动前需要评定老人的身体情况,了解个人兴趣、爱好和特长,依据老人的具体情况给予不同的操作类康乐活动。

1.2 对活动进行分析,选择具有针对性且安全可行的活动

要有效使用作业或者有目的的活动,组织人员要在活动前对选定的活动项目进行活动

分析,了解该活动所需的设备、用具和材料、花费、时间、空间及人员。必要时考虑通过适应和改造设备、环境及简化活动,确保老人安全有效地完成活动。

1.3 对活动进行必要修改和调整,适应老人需求

如园艺活动较多,其中需要挖土、种植、浇水、除草等,主要适用于上肢力量弱、手部肌力较弱、手指精协调性差的老人,可以让老人参与园艺的全部过程,也可以针对性地选择某个环节参与。

1.4 尽量以集体活动方式进行活动,提高老人参与积极性

某些操作类康乐活动可以单独操作,例如书法,但是集体活动的趣味性高于单独一人,应鼓励组织书法小组,相互间可以帮助指导。

2. 操作类康乐活动案例说明及展示

心理学认为一个人的智力常常表现在操作上,手部活动对于保持认知功能有着保护作用。在折叠剪裁的过程中,手部肌肉群的运动,能促进大脑相应部位的发展,既能训练手眼协调功能,也能培养认真观察的习惯和做事的顺序性及条理性。手工活动的千变万化,可以发展老人的创造力、记忆力、想象力和形象思维能力,对训练者智力起着很重要的作用。

操作类活动种类丰富多样,参照老年操作类康乐活动策划基本步骤,以下内容举了部分活动内容,形成策划案例。

案例 1

活动名称	纸飞机大赛		
活动类型	纸类	参与人数	参加者人数:30人以内 工作人员:1人
建议活动时间	65分钟	难易度	★★★
活动目的	● 通过对抗赛增加团队黏性和竞争意识 ● 折纸强化手指活动,有利于介护预防和手部功能恢复,延缓脑部衰老		
活动对象	推荐参与	健康、眼部及手部功能良好、早期或轻度认知症,腿部功能良好	
	不推荐参与	视力功能丧失、记忆力严重退化、情绪不稳定、严重认知症	
准备物品	导向板、大桌、座椅、折纸用纸、笔、成绩记录单、奖品等		
现场布置	制作纸飞机时以大桌为中心,按人数周围平均布置座椅。对抗赛时两列战队		

(续表)

活动预算	5元/人
活动内容	接送及活动前期(5分钟) ● 邀请老人到小组场地进行活动 活动导引部分(10分钟) ● 工作人员自我介绍；与老人握手欢迎及鼓励老人自我介绍；老人间互相挥手问安 ● 活动的同时可以引导话题，是否有坐飞机的经历，去了哪里等 活动核心部分(40分钟) ① 带领老人做手指操 ② 制作：分组制作纸飞机并向大家展示，如果遇到不会做的工作人员进行帮助 ③ 对抗赛：介绍各组名称，进行对抗赛，统计每人投掷的距离。最后公布成绩，距离最远的团队获胜 ④ 工作人员发放奖品 总结部分(10分钟)
注意事项	● 活动前要确认老人的身体情况，准备活动要充分 ● 建议组内指定组名、加油口号等 ● 投掷竞赛时关注老人情况，防止摔倒

案例2

活动名称	剪窗花(三角六折剪纸)		
活动类型	纸类	参与人数	参与者人数：10人以内 工作人员：1人
建议活动时间	45分钟	难易度	★★★
活动目的	● 强化手指活动，有利于介护预防和手部功能恢复，延缓脑部衰老 ● 增强注意力		
活动对象	推荐参与	健康、眼部及手部功能良好、早期或轻度认知症	
	不推荐参与	视力功能丧失、记忆力严重退化、情绪不稳定、帕金森症状、严重认知症、严重抑郁症	
准备物品	导向板、大桌、座椅、剪刀、画笔、正方形彩纸(最好是红色)等		
现场布置	室内，移除障碍物，充分保证活动空间		
活动预算	5元/人		

(续表)

活动内容	接送及活动前期(5分钟) ● 邀请老人到小组场地进行活动,提前剪好一部分窗花作为成品展示 活动导引部分(10分钟) ● 工作人员自我介绍;与老人握手欢迎及鼓励老人自我介绍;老人间互相挥手问安 ● 介绍本次活动主题:马上到新年了,引导大家讲述过年的活动,为了更有过年的氛围,今年大家可以用窗花装饰自己的房间 活动核心部分(20分钟) ① 把准备好的彩纸沿对角线对折,找出中心点,以中心点为轴心姜三角形折叠成三等分,以中心线为轴,再整体对折一次 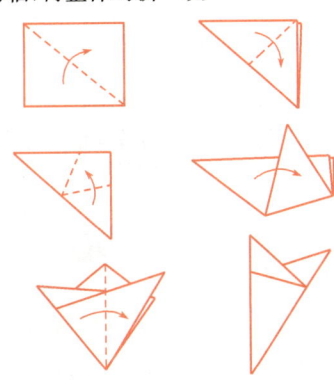 ② 折好后用笔在纸上画出图案,可以随便画,根据自己的想象也可以 ③ 为方便操作把需要减掉的部分画上阴影 ④ 用剪刀减掉阴影部分,注意要小心,不要剪断其他线条 ⑤ 剪好后小心展开 ⑥ 大家欣赏做好的成品,分享好看的花纹 总结部分(10分钟)
注意事项	● 活动前要确认老人的身体情况,准备活动要充分 ● 活动中使用剪刀,要注意安全 ● 活动结束后及时收回

案例3

活动名称		人人能做的水墨画	
活动类型	绘画	参与人数	参与者人数:4~12人 工作人员:1人
建议活动时间	60分钟	难易度	★★★
活动目的	● 强化手指活动,有利于介护预防和手部功能恢复,延缓脑部衰老 ● 增强注意力		
活动对象	推荐参与	健康、眼部及手部功能良好、能手握毛笔	
	不推荐参与	视力功能丧失、记忆力严重退化、情绪不稳定、手部不稳定者、帕金森手抖者	
准备物品	导向板、大桌、座椅、笔、墨、砚台、宣纸、练习用纸、废弃报纸等		

(续表)

现场布置	室内，移除障碍物，充分保证活动空间
活动预算	10元/人
活动内容	接送及活动前期(5分钟) 活动导引部分(5分钟) 活动核心部分(40分钟) ① 介绍水墨画的基本描绘方法，按人员分发用具并介绍用具的使用方法 ② 介绍如何以水墨画模板描红 ③ 练习：4人为一组，把旧报纸垫在练习纸下面练习运笔 ④ 制作：分发水墨画底板，沿线描红制作属于自己的水墨画 ⑤ 完成后张贴鉴赏 总结部分(10分钟)
注意事项	● 活动前要确认老人的身体情况 ● 准备活动中要充分活动手指、手腕部 ● 宣纸渗透性强，在底部多垫旧报纸防止弄脏桌子 ● 对于无法握笔老人，可以用水彩笔代替

案例4

活动名称	扎染		
活动类型	布类	参与人数	参加者人数：12 工作人员：2
建议活动时间	60分钟	难易度	★★
活动目的	锻炼手指、手腕和前臂的肌肉力量，促进手部灵活性和协调性 利用捆扎手法可以创作各种图案，制作成饰品，提升老年人审美		
活动对象	推荐参与	健康、早期认知症、轻度帕金森老人，眼部功能良好	
	不推荐参与	视力功能丧失、情绪不稳定者	

(续表)

准备物品	布料(棉布、麻布、丝绸等),设计图案,染料(靛蓝、茜草等),绳子,手套,围裙,容器,搅拌棒,热水,针线包,木板或夹子等
现场布置	室内,移除障碍物,充分保证活动空间
活动预算	20元/人
活动内容	接送及活动前期(5分钟) ● 邀请老人到小组场地进行和活动 ● 提前准备布料、染料 活动引导部分(5分钟) 活动核心部分(40分钟) ① 扎结。将布料平放在工作台上,根据设计好的图案,使用不同的手法,如撮皱、折叠、翻卷、挤揪等,使布料形成特定的形状 ② 捆扎。使用针线将布料缝合或缠扎,使其固定,必要时使用木板或夹子 ③ 浸湿。用清水充分浸泡后挤出多余水分,可以让颜色渗透得更好。衣服干的时候纤维上的浆会阻碍上色 ④ 染色。将染料与水按比例混合搅拌,充分氧化后再搅拌,盖上盖子静置1小时。将扎好的布料在染料中静置5~15分钟,想要颜色深或扎花图案多则多浸泡一会。也可以用热水固色 ⑤ 氧化。取出后静待氧化效果使染布变蓝色。用清水冲洗干净,直到水变清 ⑥ 拆线。把皮筋或绳子解开,打开布料。缝了线的部分,因染料浸染不到,自然成了好看的花纹图案 ⑦ 晾晒。用处理剂(白醋、食盐、明矾、衣物柔顺剂),加水浸泡约20分钟,在阴凉处晾干 总结部分(10分钟)
拓展活动	1. 多色扎染。在单色扎染的基础上,再经过一次以上的套染。套染的时间不宜过长,套色不宜过多。多色扎染由于色彩交错晕化,变化微妙,两三种颜色可以套染出多种色彩 2. 在古法扎染后可以尝试滴染、糊染等不同染色方法 3. 旧衣改造。选取淡色的旧衣服,根据自己喜好设计图案,进行扎染
注意事项	扎染一般用纯棉布。因为纯棉布的染色效果最好,麻布和混纺布料染色性要稍微差点 穿戴手套和围裙,染料沾到手上和衣服上很难洗掉 扎染图案取决于扎绑的技巧。扎得越结实越密,颜色渗透越少,图案也就会比较清晰 染好的布料先洗掉浮色再打开捆绑 晾晒环境不要暴晒,否则容易脱色

案例 5

活动名称		梅花	
活动类型	扭扭棒	参与人数	参加者人数：10 工作人员：2
建议活动时间	60 分钟	难易度	★★★
活动目的	● 锻炼手指、手腕和前臂的肌肉力量，促进手部灵活性和协调性 ● 利用扭扭棒的形状和可变性，可以创作各种手工艺品，如饰品、挂饰、玩偶等，提升老年人审美		
活动对象	推荐参与	健康、早期认知症、轻度帕金森老人，眼部功能良好	
	不推荐参与	视力功能丧失、情绪不稳定者	
准备物品	红色扭扭棒，花蕊，咖啡色花艺胶带、花秆、剪刀等		
现场布置	室内，移除障碍物，充分保证活动空间		
活动预算	20 元/人		
活动内容	接送及活动前期(5 分钟) ● 邀请老人到小组场地进行和活动 ● 提前准备布料、染料 活动引导部分(5 分钟) 活动核心部分(40 分钟) 一、花朵部分 1. 取一根红色的扭扭棒，分成三等分。取出 4～5 根花蕊，对齐，将它缠绕在扭棒的中心位置 2. 从右边拉出一条，缠绕一圈固定花蕊，包裹住花蕊的白线，花蕊的头不需要留得太长 3. 将剩余的 5 根扭棒拉开，平均分布。然后捏住一头，向内卷像蚊香形状 4. 5 根都卷完后，调整花蕊到正中心位置，把 5 个花瓣向内凹，做成花苞的形状 二、花苞部分 1. 取一根红色扭扭棒对折剪开，取其中一半对折 2. 再取二分之一往中心弯折并拧紧 3. 压平整后将上半部分对折，再对折，压紧 三、组装花枝 1. 先将花骨朵错落缠绕在一起，用花艺胶带缠绕好，再将它们缠绕到花秆上 2. 稍微调整位置后缠绕上小梅花，依次再将剩余的花苞和梅花缠绕在花秆上 3. 组装完成后用花艺胶带将整根花秆缠满，可以一般转动花秆一边缠绕花艺胶带 4. 调整花朵形态，让花朵向各个方向开放，并弯折花枝，模拟梅花花秆的自然形态 组织参加人员一起鉴赏作品，并交流 总结部分(10 分钟)		
拓展活动	扭扭棒有着广泛的用途和创意，可以尝试荷花、百合、郁金香、虞美人、草莓、荔枝、柿子、蝴蝶、蜻蜓、蜜蜂等多种造型 具体操作视频参考二维码中拓展资源		
注意事项	● 在使用花秆、剪刀过程中要注意安全 ● 扭扭棒的两端会偶有细铁丝包裹不严的情况，注意不要划伤皮肤		

案例 6

活动名称		中国结(吉祥结)	
活动类型	绳类	参与人数	参加者人数：10 工作人员：2
建议活动时间	45 分钟	难易度	★★★
活动目的	\multicolumn{3}{l|}{通过锻炼手部肌肉，从而提高手部的灵活性和精细动作能力 编织涉及图案设计、计算和执行多样的编织技巧，刺激了大脑不同区域的神经元，促进神经连接的形成，有助于提升认知能力和创造性思维}	
活动对象	推荐参与	健康、早期认知症、轻度帕金森老人，眼部功能良好	
	不推荐参与	视力功能丧失、情绪不稳定者	
准备物品	\multicolumn{3}{l|}{选择适合的长度和颜色的绳子}	
现场布置	\multicolumn{3}{l|}{室内，移除障碍物，充分保证活动空间}	
活动预算	\multicolumn{3}{l|}{10 元/人}	
活动内容	\multicolumn{3}{l|}{● 接送及活动前期(5 分钟) ● 邀请老人到小组场地进行和活动 提前准备布料、染料 活动引导部分(5 分钟) 活动核心部分(30 分钟) ① 取一根线对折，把对折的线分成四部分，可以标记为 1234 ② 大拇指捏住中间交叉口。按照顺时针方向，1 向上压住 2，2 压住 3，3 压住 4，4 穿进 1 的孔里 ③ 慢慢调整并收紧线}	

(续表)

	④ 再重复一遍之前的动作。1向上压住2,2压住3,3压住4,4穿进1的孔里 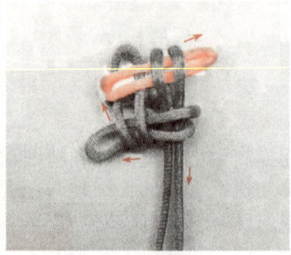  ⑤ 在拉出四个大小一致的耳朵,调整好整体形状  组织参加人员一起鉴赏作品,并交流 总结部分(5分钟)
拓展活动	1. 掌握吉祥结的基础上,可以拓展万字结、四回盘长结、双钱结、寿字结等不同中国结 2. 在完成后,可以用相同颜色的细线修补可能松散的部位,并可以镶嵌小珠子以增加美感
注意事项	线条处理:保持线的两端硬挺,避免因松弛而导致结形变形 调整细节:可以使用珠针或其他工具来固定绳子,帮助保持结形的完整性

案例7

活动名称	陶艺		
活动类型	雕塑	参与人数	参与者人数:10人以内 工作人员:4人
建议活动时间	第一次40分钟 第二次50分钟	难易度	★★★★★
活动目的	● 强化手指活动,有利于介护预防和手部功能恢复,延缓脑部衰老 ● 通过陶艺制作,调动所有感官,增加生活乐趣		
活动对象	推荐参与	健康、眼部功能良好、手部稳定者	
	不推荐参与	视力功能丧失、情绪不稳定、严重认知症、手部颤抖不稳定者	
准备物品	导向板、大桌、座椅、报纸、毛巾。〈第一次〉手动转盘、修胚工具、泥塑制作工具(滚筒、木板)、泥塑工具(5件装)〈第二次〉画笔、刷子、绘画颜料、釉酱、清水等		

(续表)

现场布置	室内,移除障碍物,充分保证活动空间
活动预算	150元/人
活动内容	接送及活动前期(5分钟) ● 邀请老人到小组场地进行活动 ● 工作人员提前准备陶艺成品,碗、杯子等 活动导引部分(5分钟) 活动核心部分 〈第一次〉(40分钟) ① 提前揉泥 ② 每人桌上铺好报纸,发放黏土、转盘、修胚工具等 ③ 拉胚制作:把泥块放在手动转盘上,根据预先的设计,用手拉出各种器形 ④ 把毛坯旋转成厚度合适、造型美观的胚体 ⑤ 在作品上写上名字后收齐后集中烧制,烧制过程中遇到破裂会进行修补 ⑥ 通知参会人员下周进行陶器上色 〈第二次〉(50分钟) ① 工作人员要提前把所有作品晾干,素烧。如果遇到素烧过程中破裂的情况,尽可能修补或额外准备素胎 ② 请参会人员一起欣赏烧好的素胎,交流 ③ 桌上铺好报纸,发放各自的素胎和上色工具、颜料等 ④ 工作人员说明上色的顺序和注意事项,并做示范 ⑤ 在各自作品上用绘画工具绘画或涂色 ⑥ 等待颜料风干之后发放刷子和釉浆 ⑦ 用刷子把素胎内外皆有釉,底座不要涂釉 ⑧ 上好釉的釉胚,自然放置干燥 ⑨ 工作人员安排统一釉烧,把最终成品发放给参加人员,组织欣赏交流

(续表)

	总结部分(10分钟)
注意事项	● 揉泥部分很耗时,技术要求高,可以提前准备好 ● 技术含量较高,可以把有些步骤事先准备,降低活动难度,增加完成度,提升老人自信心 ● 活动耗时较长,多关注老人精神状态,及时补水 ● 活动中多鼓励参与人员,工作人员巡场时注意观察老人情况,遇到困难时提供适当的帮助

案例8

活动名称	树叶贴画		
活动类型	废旧物利用	参与人数	参与者人数:5～10人 工作人员:1人
建议活动时间	45分钟	难易度	★★
活动目的	● 通过树叶感受季节的变化,尤其是秋季 ● 多人合作一起制作贴画,增加人际交流		
活动对象	推荐参与	健康、眼部功能良好、早期或轻度认知症、手部较稳定	
	不推荐参与	视力功能丧失、记忆力严重退化、情绪不稳定	
准备物品	导向板、大桌、座椅、双面胶、树叶、果实、空白纸、彩色笔、剪刀等		
现场布置	室内,移除障碍物,充分保证活动空间		
活动预算	10元/人		
活动内容	接送及活动前期(10分钟) ● 邀请老人到小组场地进行活动 ● 到室外收集落叶和各种颜色形状的树叶、果实等,最好放在书中夹平整,吸干水分备用		

(续表)

	活动导引部分(5分钟) 活动核心部分(20分钟) ① 导入:大家分享在室外看到的当季植物 ② 制作:参与者分2~3人一组,讨论做什么样的树叶贴画 ③ 选取适合的树叶材料,摆放好喜欢的造型,还可以用剪刀裁剪需要的造型。用双面胶粘贴到纸上 ④ 利用彩色画笔做点缀 ⑤ 完成后展览鉴赏 ⑥ 可以配合演唱当季的歌曲,例如《春天的故事》《晚秋》《大约在冬季》等 总结部分(10分钟)
注意事项	● 考虑安全因素,最好使用养老院内植物叶,如果无条件,可由工作人员提前收集 ● 叶子最好颜色丰富,形状各异,方便造型 ● 如果老人不知如何布局,可以提前准备模板成品,让老人模仿制作

案例9

活动名称	花卉移栽		
活动类型	园艺	参与人数	参与者人数:8人以内 工作人员:1人
建议活动时间	65分钟	难易度	★★★
活动目的	● 通过种植锻炼手部灵活、训练肌肉,达到介护预防的目的 ● 利用大自然的疗愈力量改善身心健康水平,提升抵抗力		
活动对象	推荐参与	健康、眼部功能良好、手部力量较好	
	不推荐参与	视力功能丧失、情绪不稳定、上肢力量差者	
准备物品	导向板、花盆、铁锹、花剪、花铲、耙子、喷壶、水桶、手套、培养土、移栽植物、肥料、咖啡过滤器或花盆碎片等		
现场布置	以花圃为中心,场地平整		

(续表)

活动预算	50元/人
活动内容	接送及活动前期(10分钟) ● 邀请老人到小组场地进行活动 ● 提前把器材准备好,把花圃的高度调节到老人适合操作的位置,移栽前一小时对植物浇水 活动导引部分(5分钟) 活动核心部分(40分钟) ① 老人挑选自己喜欢的花盆,在花盆底部孔下放一个咖啡过滤器或碎花盆 ② 在花盆内填土,不要选取太大的花盆,不方便移动 ③ 使用花铲将植物带土移栽,一只手托住植物底部"根球部分",另一只手从顶端轻轻提起植物,将植物固定在手中 ④ 遇到植物的根部被土壤卡住时敲击旁边的土壤使它松动。根部缠绕在一起的话,种植之前要梳理根的末端 ⑤ 在花卉根部周围流出3厘米左右以便添加土壤。用小花铲填土,每次要用铲子轻拍土壤,排除保留的空气 ⑥ 确保花卉的茎露出土壤,保证土壤表面与花盆口部保留3厘米的距离 ⑦ 移栽后立即浇水,如果浇完水植物根部一部分露出土壤,要及时添加土壤将根部埋住 ⑧ 移栽结束后大家交流鉴赏。清理场地,洗手 总结部分(10分钟)
注意事项	● 活动前要做好热身运动,鼓励老年人独自完成 ● 可以准备工作服防止老人的衣服弄脏毁坏 ● 如果是在室外,注意地面平整,防止老人摔倒 ● 如果盆栽是放在室内摆放,要选择合适的植物,对于有毒、引虫类、容易造成过敏源的植物,应慎重使用。可以选择适合本土的植物,例如薄荷、罗勒、百里香、艾草等生命力强,同时可以提供多感官刺激的植物 ● 室外活动时要考虑天气温度,避免气温过高或过低 ● 避免长时间活动,注意劳逸结合,及时补充水分

案例10

活动名称	制作桃酥		
活动类型	烹饪	参与人数	参与者人数:5~10人 工作人员:1人
建议活动时间	75分钟	难易度	★★★★
活动目的	● 通过烹饪锻炼手部灵活、训练肌肉,达到介护预防的目的 ● 学习相关营养学知识,完成后获得满足感和自信		
活动对象	推荐参与	健康、眼部功能良好、手部力量好者	
	不推荐参与	视力功能丧失、情绪不稳定、上肢力量弱、精细运动差者	
准备物品	导向板、大桌、烤箱、普通面粉、细砂糖、植物油、鸡蛋、核桃碎、泡打粉、小苏打、打蛋器、筛子、刮刀、吸油纸、电子秤等		

（续表）

现场布置	室内，移除障碍物，充分保证活动空间
活动预算	30 元/人
活动内容	接送及活动前期(10 分钟) ● 工作人员提前准备材料，预热烤箱180 度 活动导引部分(5 分钟) ● 向大家介绍营养学知识，解读桃酥配料表 活动核心部分(50 分钟) ① 2～3 人为一组，按照配料表称量合适的量 ② 将植物油、打散的鸡蛋液、细砂糖大大碗中混合均匀 ③ 面粉和泡打粉、小苏打混合均匀，过筛备用 ④ 将核桃碎倒入面粉中，混合均匀 ⑤ 将面粉倒入植物油混合物汇总，揉成面团 ⑥ 取一块面团，搓成小圆球 ⑦ 将小圆球压扁，放入烤盘。在表面刷一层鸡蛋液，放入预热好的烤箱，烤到表面金黄色即可 ⑧ 品尝成品，交流心得体会 总结部分(10 分钟)
注意事项	● 提前确认老人是否有食物过敏情况 ● 揉好的面团不能太干，必须是湿润的感觉，如果太干要添加植物油 ● 老人视力退化，称量环节工作人员要注意提供帮助 ● 烤箱的温度很高，使用过程中要防止烫伤 ● 老人的吞咽功能退化，品尝环节要注意防止呛噎 ● 可以邀请家人、朋友一起参与 ● 活动时间较长，注意休息，及时补充水分

案例 11

活动名称	智能手机"一键叫车"		
活动类型	智能手机	参与人数	参加者人数：12 工作人员：2
建议活动时间	35 分钟	难易度	★
活动目的	通过使用智能手机，减轻老年人日常生活的困扰，例如打车、购票、就医等。为老年人提供心理和社会支持，更好地适应社会和生活中的变化		
活动对象	推荐参与	健康、早期认知症，眼部功能良好	
	不推荐参与	视力功能丧失、失能、失智老人	
准备物品	智能手机		

(续表)

现场布置	室内，移除障碍物，充分保证活动空间
活动预算	0 元/人
活动内容	接送及活动前期（5 分钟） 活动引导部分（5 分钟） 活动核心部分（20 分钟） 一、"打车软件 A"打车步骤 1. 打开某支付软件 App，在搜索栏输入"打车软件 A"打车 2. 点击"打车软件 A"官方号下"去打车"，然后选择"助老"模式 3. 可以不输入终点，点击"呼叫出租车"即可 二、"打车软件 B"叫车步骤 1. 打开某社交软件小程序，在搜索栏输入"打车软件 B 老年版" 2. 点击"打车软件 B 老年版"进入小程序 3. 根据需求，选择"出租车"或者"网约车"即可。其中"网约车"需要输入终点 总结部分（5 分钟）
拓展活动	手机挂号、智能支付、生活缴费、手机摄影、图片处理等
注意事项	首次登录注册步骤较为复杂，可在子女或他人协助下完成，认证完成后再按步骤叫车 不同手机版本显示可能存在差异，需要时工作人员一对一指导老年人完成

任务三　组织操作类老年康乐活动

任务组织

在实施操作类康乐活动中要注意以下几点：

1. 根据老人特点选择活动项目

操作类康乐活动大都使用上肢，尤其是手部，要根据老人实际情况选择参加适合的活动，例如上肢肌无力、偏瘫痉挛老人就不适合参加雕塑、编织等精细活动，可以参加涂色、粘贴类活动。

2. 活动用具安全适宜

选择活动用具要符合老人特点，保证安全。在部分活动中使用剪刀、针线、铁锹等利具，老人参与前一定对其评估心理情况,有暴力倾向、自杀、自残倾向的老人不合适参加,活动结束后要及时回收并清点工具数量。操作类康乐活动包容了很多康复内容,在活动中老人可能出现沮丧、挫败而容易放弃,工作人员可以根据实际情况调整操作难度,多用鼓励肯定语言,及时提供帮助。例如,编织类可以提供粗细不同带子,粗的合适精细度差老人,在园艺类中帮助埋土,在撕纸类中提前用剪刀剪好切口等。

3. 活动功能与活动内容相结合

康乐活动可以增加怀旧内容,例如涂色模板选取红军、毛主席、天安门等内容,园艺活动选取种植大白菜、黄瓜、地瓜等当地常见蔬菜,编织类中选取中国结、端午节鸡蛋网、翻花绳等流传度高的活动,让老人重新体验快乐,提升成就感。

将单个的活动进行整合,形成综合性的操作类康乐活动。以下是某养老机构工作人员策划组织的康乐活动,并邀请社区、家属共同参与的综合性康乐活动计划。

案例展示

"幸福粽有你相伴"活动计划

策划人	周颖双	所在部门	照护1组	完成时间	2019.6.13
活动名称	"幸福粽有你相伴"					
目的	1. 为长者提供娱乐身心,锻炼身体的机会,丰富机构和社区老人的日常生活 2. 增进长者之间,长者与工作人员的交流 3. 帮助老人处理解决生活困难以及生理和心理难题,增强老人自我效能感和面对生活的自信心 4. 鼓励老人积极地进行人际交往,提升老人社交的能力,建立支持网络,使老人之间在生活上和精神上获得相互的支持 5. 协助社区构建小区文化,拉近小区邻里关系,打造阳光、和谐小区				
基本策略	组织机构及所在社区的老人共同参与此次康乐活动。邀请社区、家属、联络志愿者共同组织、参与活动				
活动时间	2019年6月9日星期六,上午9点~11点30分				
地点	社区公共活动区				
参加对象	● 身体条件适合参加活动的全体入住长者 ● 社区内自愿报名的老人 ● 部分长者家属 ● 部分工作人员				
活动内容	● 主持人介绍端午节习俗,宣布活动开始 ● 制作香包 ● 包粽子比赛 ● 老年大合唱 ● 统分颁奖				
人员安排	参考"智力大挑战"策划方案				

(续表)

人员工作要求或注意事项	人员工作要求参考"智力大挑战"策划方案 注意事项： 1. 参加活动之前所有组织者要进行开会做好工作的分工与安排 2. 在活动过程中，应以安全第一 3. 组织者与老人沟通时应注意语气和用词 4. 组织者与老人共同参加比赛时，应听从老人的意见 5. 物资的保存与看护，节省物资，以便循环利用
器材道具	活动室原有器材道具情况见活动室情况记录册 另需采购： | 物品	单价（元）	数量	总价（元）
---	---	---	---
糯米	5	6	30
苇叶	1	40	40
香料	2	若干	40
布	1	20	20
针线	3	10	30	 总计：160 元
经费预算	800 元，实际使用以票据为准
现场布置	以小区公共活动区为主要活动场地，保证活动区域无障碍 场地边缘放置靠背椅，可根据现场实际人数调整 保持现场通道畅通 准备横幅、气球等装饰用品烘托气氛
参赛规则	个人在15分钟内包出粽子的数量排名，要求速度快、质量好、遵守规则不浪费食材且场地保持最干净，包扎粽子以不露馅、包扎严密、形状规则、美观（见《包粽大赛评分表》） 	序号	项目	评分要求
---	---	---
1	包粽数量	每只5分
2	包粽时间	15分钟时停手，超时扣5分且不计入包粽得分
3	包粽外观	粽子露馅扣5分/只
4	包粽紧实	包粽绳脱落地松散扣5分/只
5	场地卫生	包粽桌面或地面有食材散落现象扣5分	
应急预案	雨天：准备防滑垫，备用伞，减少室外装饰 志愿者不足：工作人员顶替，增加陪护人员的服务长者数 志愿者主持人问题：事前准备，启用备用主持人 参与活动人员不足：撤除多余座椅，尽量安排机构内长者入场观摩 长者身体不适：及时安排休息，必要时终止参加活动 长者情绪激动：及时安抚，必要时终止参加活动，离开会场

任务拓展

任务内容:

1. 补充完成该策划方案中缺少的部分(前期准备部分)。

2. 分小组完成一份操作类康乐活动策划方案。

3. 联合社区、实地组织实施一次以"防诈骗"为主题的老年人智能手机学习活动,完成自我评价、组员评价、小组互评和教师点评。

项目六 音乐类康乐活动

情景聚焦

李云奶奶是一位轻度老年痴呆症患者,表现出情绪压抑、情感淡漠、社交活动减少等心理症状。她很少离开自己的房间,拒绝参加养老院的任何活动,不会轻易表达自己的感受。

刚开始进行一对一的音乐治疗活动时,她总是躺在自己的床上,闭着眼睛,不愿尝试任何一种乐器,她唯一能够接受的就是音乐治疗师唱歌给她听。不过随着时间的推移,李云奶奶慢慢开始愿意跟着治疗师的歌声尝试一些简单易操作的小型打击乐器,如沙锤、手鼓等。进而她开始从偶尔轻声地附和治疗师的歌声,变成一起完整地演唱歌曲。

大约9个月之后,李云奶奶竟然在一对一的音乐治疗活动之后同意去参加后面的一项团体活动。并且从那之后,每次一对一的活动结束之后,她都会欣然前往下一个团体活动。李云奶奶的改变令所有人感到惊喜,而这个巨大的转变却仅仅是开始于每周一次给她唱歌。

案例思考:

在以上案例中,音乐治疗在李云奶奶身上起到了什么样的作用?除了这样专业的一对一的音乐治疗活动,你身边的老年人还会开展什么样的音乐活动?

 **任务目标**

知识目标:

(1) 了解老年音乐活动的作用;
(2) 了解四种常见的老年音乐活动;
(3) 正确操作基本的身体动作;
(4) 熟知老年音乐活动设计、带动的方法。

能力目标:

(1) 能识别简单的乐曲节拍,并跟着音乐节奏打拍子;
(2) 会演唱部分受老年人欢迎的歌曲;
(3) 能进行音乐活动的带动;

（4）能根据不同的场合选择乐曲，进行简单的活动设计与策划。
素质目标：
（1）理解老年人的人生经历，有同理心；
（2）培养学习者的音乐修养；
（3）培养学习者灵活运用所学知识的能力；
（4）培养学习者全面考虑问题的能力。

重点：
（1）不同音乐活动的带动；
（2）老年音乐活动的简单设计。
难点：
（1）音乐活动的准确带动；
（2）乐曲的选择与动作的设计。

（1）向祖父母辈了解他们喜爱的歌曲与音乐；
（2）欣赏指定的乐曲。

任务一　认识音乐类老年康乐活动

1　老年音乐活动的作用

在音乐活动中，音乐是作为一个媒介来使用的。所谓媒介，也就是说音乐本身并不是目的，只不过是一种手段。我们一边使用音乐这一工具，一边要把焦点放在参加音乐活动的老人的"非音乐需求"上，这才是音乐活动的目标所在。

1.1　社会性功能

老年人通过参加各种音乐活动，如合唱、乐器合奏、舞蹈等等，可以获得一个安全愉快的人际交往环境，保持自己的社会交往能力，提高他们的人际交往能力、语言能力、正确的社会行为能力、行为的自我克制能力、与他人合作的能力等，并提高自信心和自我评价。音乐活动可以引起老人讨论共同的经历与话题，是社交生活的好机会。

1.2 生理性功能

1. 减轻身体疼痛,保持舒畅安适

运用音乐进行镇痛的原理一是转移患者的注意力,减少疼痛感受的传导;二是听音乐使脑内的内啡肽分泌增多,从而减少疼痛感。据临床分析,大提琴音乐与竖琴乐曲均有镇痛作用。

2. 消除身心疲劳,提高工作效率

旋律优美、节奏明快、活泼流畅、音色饱满浑厚的音乐,如进行曲、舞曲等,之所以能够发挥"生力"作用,是由于听音乐时,右脑接受音响的适宜刺激,疲劳的左脑得以休息复原。此外,振奋音乐有力的节奏对运动中枢和周围神经功能又有一定的兴奋作用,令人产生闻歌起舞的冲动。

3. 改善认知能力,有助健脑益智

对老年人来说,音乐可以延缓智力的衰退,尤其巴洛克时期的音乐和莫扎特音乐可能有较明显的促智作用。

4. 调节胃肠功能,可以开胃佐餐

饮食与个人的心情和餐桌上的气氛都有密切的联系,而音乐则是对上述三者有着积极作用的媒介或调节物。柔和、舒展、节奏平稳、流畅的音乐,优美、淡雅的乐曲可以令人们在轻松、愉快的心情和温馨、美好的气氛下用餐,如斯特劳斯的《蓝色的多瑙河》、维瓦尔第的《四季》、玛斯卡尼的《乡间骑士》间奏曲都是著名的餐桌音乐。

5. 提高免疫功能,有利防病抗病

许多学者都认为,精神和心理状态对免疫力有明显的影响。有一项研究报道,松弛训练和减压训练能使免疫细胞的数量有 10%～14% 的增加,而音乐可以减压,使人身心松弛,从而增强机体的免疫力。

1.3 心理性功能

1. 激发生存意志,增强生存活力

在极度艰难困苦、身心濒临崩溃,甚至感到生不如死的情况下,雄壮而豪迈的音乐可以激发人们的斗志。此外,一些对生活感到绝望、对人世极度厌倦的人,在奇妙而美好的音乐影响下,会突然顿悟,感到世界上还有如此美好的东西,从而唤醒了他们的生存欲望,不再走上自杀之路。

2. 减轻精神压力,促进身心松弛

人们从一些具有松弛、镇静作用的乐曲中,体会到其中包含的许多减压元素,身心放松,心灵随乐曲飘逸至无拘无束、自由洒脱的境界,从而收到减压的效果。一些摇篮曲、幻想曲、冥想曲、船歌等都有减压的作用。

3. 抚慰受伤心灵,恢复心理平衡

在经历自然灾害、家庭变故、人生风暴之后,一般会表现出各种负面情绪,如大悲、大怒、大愁、恐惧不安、焦虑,产生压抑感和抑郁感,或情绪激动甚至失控。中外许多名曲都有疗伤的作用。有人称赞莫扎特的音乐是生活忧伤的避难所,巴赫的音乐使人的心情有一种平稳感、安全感和亲切感,勃拉姆斯的摇篮曲用温暖和热情安慰人们的灵魂,舒伯特的即兴曲可使人宁静忘忧。此外,小提琴和钢琴奏出的许多柔美乐曲也能有效地抚慰紧张的神经。

4. 振奋乐观精神,克服悲观情绪

振奋性乐曲或歌词能传递一种光明感。像舒伯特某些柔板乐章似天使般的歌声能给人一种安全感,而音乐中明快、坚定的节奏又可增强人们的力量和信心。大家普遍认为聆听巴赫富于动力感的音乐后,使人乐观自信的情绪明显增强。

5. 改变不良心态,帮助提神去闷

音乐是富于感情的语言,是最能传达感情、引起共鸣、促进感情释放和转变情绪的语言,最能传达欣慰感和幸福感。尤其是曲调优美活泼、情绪明朗欢快的乐曲,如古典音乐的小步舞曲、圆舞曲、浪漫曲和民族音乐中的《步步高》《彩云追月》等,其去忧解闷作用更为显著。

2 老年音乐活动的主要类型

2.1 唱歌

据研究,唱歌前后由于副交感神经作用加强,唾液量会增加,唾液中会增加让人感觉减压的荷尔蒙,所以很多人觉得唱卡拉OK有减压的效果,对于老人也有同样的效果。当熟悉的旋律响起,老人自然而然会想起"这首歌曲是我……时的歌曲""这首歌曲流行的时候,发生了这样的事情"等等,这会给老人们带来怀旧的话题,帮助老人唤醒尘封的记忆,有助于预防认知症。

唱歌是使用最广泛的康乐活动,工作人员很容易掌握,并且老人也很容易轻松地陶醉在活动中。即使平时不太唱歌的人,在某个场景下,听着听着也会自然而然地张口唱起来,加入唱歌活动。此外,发声有障碍的老人,可以参与进来打拍子;或者卧床老人只是聆听别人唱歌。总之,不同的人用不同的方式享受唱歌活动。

1. 选曲

首先要了解各种不同的歌曲,手边上准备一些歌本和音频等。所选的歌曲需符合老人的年龄层次,歌词的内容贴近老人的生活(年轻时或是现在),能使得他们回忆起过去美好的时光。在选曲时要考虑以下两个要素:

(1)歌曲流行的年代和背景

了解歌曲流行的年代以及当时的一些社会背景,可以成为与老人交流的谈资。特别是老人在他们年轻时经常哼唱的歌曲、广播和电影电视中的热门歌曲,在唱歌活动中是比较受欢迎的。

(2)歌曲的类型

主要有童谣、民歌、革命歌曲、热门的晚会歌曲、影视歌曲,近年来流行的广场舞中使用率较高的歌曲也受到老人们的欢迎。

2. 歌曲单的编排

选择好歌曲后,按不同顺序编排歌曲,在编排时可将下列歌曲进行组合:

(1)大家熟知并喜爱的歌曲

(2)表达季节节日等主题的歌曲

(3)柔和的歌曲和欢快的歌曲

(4)时髦的歌曲

(5) 新歌

(6) 适合欣赏的歌曲

(7) 独唱的歌曲

(8) 可以加入乐器活动的歌曲

2.2 乐器活动

乐器活动有助于刺激老人的身体与大脑，维持其身体机能。并且，当老人学会乐器的操作后会获得成就感，在团队演奏中各种音色的乐器混合在一起，会让老人产生与团队的联结感。

乐器活动有单独使用乐器的活动，也有一边使用乐器一边唱歌的活动。打击乐器易于操作，对参加人没有音乐知识上的要求，使用比较广泛。在儿童音乐教育中使用的奥尔夫打击乐器同样适用于老年人。奥尔夫打击乐器分为有固定音高和无固定音高两类。有固定音高的乐器有钟琴、铝片琴、钢片琴、木琴、音砖等；无固定音高的打击乐有三角铁、串铃、响木、双响筒、铃鼓、手鼓、非洲鼓等。

2.3 音乐欣赏

音乐欣赏的方式灵活多样，如唱歌、乐器活动等中间休息时，欣赏一些短乐曲；在介绍新曲或介绍某位歌手时，播放一些乐曲；从外部邀请一些乐队团体等进行小型的演奏演唱会；在活动或一般生活场景中播放背景音乐。对于每天在医院、养老机构的有限空间内生活或卧床的老人来说，音乐欣赏会让人感觉到和平时生活不一样的气氛。即使老人没有专业的音乐素养和知识，也会为优美的音乐和演奏感到舒心，从而转换心情。不同的音乐有不同的效果，具体曲目与效果可以参考附件《音乐治疗处方》链接。

2.4 身体律动

音乐与身体的活动密不可分。如果音乐能让身体自然而然活动起来，不仅现场的气氛会完全不一样，对参加人有心情转换的效果，并且在音乐活动中加入身体律动，活动的菜单会更加丰富。

1. 坐姿活动

如果只是想让参加人稍微动一下以活跃气氛，可采用坐姿，时间不超过10分钟。活动时注意相邻两人的空间大小，确保活动双臂时不碰到邻座的参加人。

(1) 伸展/轻活动。

第一部分：用较小的音量播放柔和平稳的音乐。一边观察参加者的反应，一边提示活动部位，如头部、肩部、两腕、指尖、上半身、脚部等。

头颈活动	① 抬头、保持不动、拉伸前颈部肌肉 ② 头向下,拉伸后颈部肌肉 ③ 把头转向左边,保持不动,慢慢转向右边。把头倒向左肩,保持不动,慢慢倒向右肩 ④ 从左向右绕旋转头部,再从右向左旋转头部
肩部活动	⑤ 慢慢耸肩,放下。慢慢向后转动肩膀,再向前转动
上肢活动	⑥ 向上举起双臂,向后拉伸 ⑦ 向前平举双臂,像推一扇重门一样推几下 ⑧ 向上举起左臂,带动身体倒向右边。慢慢放下左臂,向上举起右臂,带动身体倒向左边
腰部活动	⑨ 如果有带扶手的椅子,则把左手放在右边的扶手上,身体转向右边,保持不动。把右手放在左边的扶手上,身体转向左边,保持不动。如果没有扶手,可以扶膝盖
下肢活动	⑩ 两手抱住左腿膝盖下方,慢慢把腿抱向胸口,保持不动。两手抱住右腿膝盖下方,慢慢把腿抱向胸口,保持不动。如果有参加人穿裙子,则不做这个动作 ⑪ 把左腿向前伸直,慢慢向上抬起(用腹肌的力量),慢慢放下;把右腿向前伸直,慢慢向上抬起慢慢放下。如果能做到的话,可以双腿平举
放松	⑫ 最后深呼吸放松

上述内容不一定要全部做完,也不一定要按照以上顺序。音乐活动的带动者可以不局限于以上的动作,根据音乐和老人的状态设计一些其他动作。在每次音乐活动中,选择不同的动作和顺序,让参加人保持新鲜感。在做的过程中,以平稳的语调清楚地说出指令,眼光要照顾到整体和个人。

第二部分:播放节奏感更强的乐曲。根据参加者的情况,设计不同的动作,主要有:
① 采用一部分以上的动作,加速做。
② 跟着音乐节奏用手敲打身体部位,如头部、肩膀、肚子、臀部、大腿等。
③ 按一定的节奏拍手或跺脚。
④ 两臂、两脚的屈伸。
⑤ 手腕或脚腕的屈伸、旋转。
⑥ 指尖的运动。
⑦ 两人面对面,互相拉着手一起拉伸或上下运动。

在这部分活动中,选择的曲目要符合参加人的年龄,不要选择太幼稚的曲目。可使用一些外国的流行音乐、拉丁音乐、最近的流行歌曲、爵士乐中节奏欢快并且速度适中的曲子。古典音乐改编成迪斯科曲风等和平时不太一样的音乐种类和风格的曲子,或者参加人还不太熟悉的热门曲都让人有新鲜感。

(2)模拟动作。把歌词的内容用动作表达出来,既有游戏感,又可作为坐姿状态的舞蹈。比如把两手大大张开,脸向上看就可以表达"蓝天";如果歌词中出现交通工具,可以把两臂放在身体两边像车轮一样转动;唱到"你和我",可以用手指一下身边的人,再指一下自己。曲子中不容易用动作表达的部分,可以加入拍手。

2. 站姿动作

如果时间和空间足够的话,可以做一些站姿的动作。下肢和腰部较弱的老人,可采用手抓椅背的方法,以便更大胆地做动作。

可以选用以下的动作:
① 双脚前后或左右轮流动作,同方向连续做 2 次或 4 次后换一个方向。
② 双脚轮流向前或向后,脚尖或脚跟点地。
③ 两膝屈伸。
④ 双脚轮流或同时用脚尖站立,再着地。
⑤ 踏步。
⑥ 抬腿。

这部分不要选择过快或过慢的曲子,让老人试一下,再选择适合参加对象的曲子。需注意带动者自己觉得可以的歌曲速度,对于老年人来说还是过快。不要一直用四分音符的节奏,用二分音符或全音符的比较长的动作,老人更容易胜任,且动作也有强弱。

下肢和腰部较健康的老人以及用拐杖可以行走的老人,可做一些在室内走动的动作。比如先在原地做动作,再加入手拉手走动的动作,具体根据参加人的反应和能力设计。例如,两段(A 和 B)构成的音乐中,在 A 部分单纯步行,B 部分原地动作,做曲膝、踏步或拍手等。

对老人来说,哪怕只是在室内跟着音乐走一走,或做一些简单的动作,互相轻松地聊聊天,都是一种享受。

任务二　策划老年音乐类康乐活动

案例展示

1　唱歌活动

1.1　看谁唱得多

将参加者分成若干小组,轮流唱出带特定字的歌曲,想不出可唱的歌曲的小组即被淘汰。参加者回忆特定的歌曲,可帮助锻炼记忆力;大声唱歌可锻炼肺功能;团队活动的形式还可增强参加者的社交能力。

案例 1

活动名称	看谁唱得多		
活动类型	音乐类	参与人数	2~3 组,每组 5~6 人
建议活动时间	10~15 分钟	难易度	★★
活动目的	提升老人记忆力、音准、节奏感、呼吸及社交能力、沟通能力		
活动对象	推荐参与	可以坐起的所有老人	
	不推荐参与	完全卧床老人	

(续表)

准备物品	座椅、记录纸或白板、笔
现场布置	室内或室外移除障碍物,充分保证活动空间;把每个小组的座椅围成一圈
活动预算	极少
活动内容	① 将参加者分组,每组 5~6 个人,请大家准备歌词里有颜色的歌曲。根据不同的活动主题,还可以是带有花、月、季节等不同词语的歌曲 ② 每组轮流唱,已经出现过的歌不能再唱,工作人员把歌名写在白板上 ③ 如果轮到的小组没有歌曲可以唱,可以使用"PASS" ④ 规定好的 PASS 机会全部用完且没有歌曲可唱的小组被淘汰,留到最后的小组获胜
注意事项	● 人数不足时工作人员也可参与 ● 活动不强调胜负 ● 根据参加人员的情况来设置使用 PASS 的次数

1.2 各唱各的

参加者分成两个小组,分别演唱两首歌曲。为了不被另一组带跑调,不仅需要参加者集中注意力,还需要提高唱歌的音量。

案例 2

活动名称	各唱各的		
活动类型	音乐类	参与人数	2 组,每组 5~6 人
建议活动时间	5~10 分钟	难易度	★
活动目的	提升注意力、音准、节奏感、呼吸及社交能力		
活动对象	推荐参与	可以坐起的所有老人	
	不推荐参与	完全卧床老人	
准备物品	座椅		
现场布置	室内或室外,移除障碍物,充分保证活动空间;把每个小组的座椅围成一圈		

(续表)

活动预算	极少
活动内容	① 将参加者平均分成两组 ② 两组分别同时唱不同的两首歌,坚持不能被另一组带跑调
注意事项	● 人数不足时工作人员也可参与 ● 强调参与,不强调胜负 ● 工作人员根据情况可帮较弱的一组唱

1.3 歌词填空唱一唱

将歌词填完整后一起合唱。在回忆歌词的过程中锻炼记忆力,大声地合唱可以锻炼肺功能,还能让老人体验到集体活动的乐趣。

案例3

活动名称	歌词填空唱一唱		
活动类型	音乐类	参与人数	5～15人
建议活动时间	5～10分钟	难易度	★★
活动目的	提升记忆力、音准、节奏感、呼吸、沟通能力、团队合作能力		
活动对象	推荐参与	可以坐起的所有老人	
	不推荐参与	完全卧床老人	
准备物品	座椅		
现场布置	室内或室外,移除障碍物,充分保证活动空间;把座椅围成一圈		
活动预算	极少		
活动内容	① 找一到两首耳熟能详的歌曲,把歌词中的某些部分去掉,让每个小组填空 ② 填好后带领大家边唱边对歌词		
注意事项	● 事先准备好白板,写上要填空的歌词,或者事先打印纸质稿 ● 最好能准备歌曲的卡拉OK伴奏音乐 ● 尽量选择旋律重复,但各段歌词不一样的歌曲,如《我的祖国》 ● 如果使用白板,要让所有的参加者能看到白板		

2 乐器活动

使用有动感的快节奏的音乐进行打击乐合奏。可用小鼓、铃鼓、三角铃、响板等,还可使用空易拉罐等自制乐器。在合奏中锻炼参加者的手脑协调性和音乐节奏感,获得合奏的成就感。

案例 4

活动名称	热情非洲鼓		
活动类型	音乐类	参与人数	参加者人数：5～10 人 工作人员：1～2 人
建议活动时间	30～40 分钟	难易度	★★★
活动目的	提升手部灵活性、节奏感，让老人在音乐中愉悦身心，增加社交机会，提高老人的沟通和团队合作能力		
活动对象	推荐参与	一般健康老人、中轻度认知症老人、偏瘫老人	
	不推荐参与	完全卧床老人、严重听力障碍老人	
准备物品	12 寸非洲鼓、座椅、音乐播放设备		
现场布置	(1) 准备好非洲鼓、音乐播放设备 (2) 如右图摆放椅子 		
活动预算	1 000～2 000 元左右，非洲鼓可反复使用		
活动内容	(1) 导入（5 分钟）。用歌曲的话题破冰，问大家一些关于喜欢的歌曲、年轻时喜欢的歌曲等 (2) 介绍非洲鼓最基本的打法，并带老人一起试着拍打高中低音（10 分钟） 低音：击打鼓面中间部位，重心在整个手掌上 高音：击打鼓的边缘部位，大拇指在外，其余四指张开 中音：击打鼓的边缘部位，大拇指在外，其余四指并拢 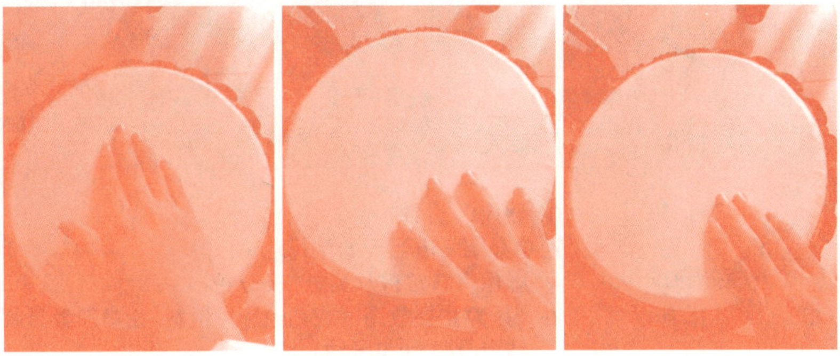 鼓谱上字母 B 表示低音，S 表示高音，T 表示中音 (2) 简单介绍最简单的四分音符节奏的打法，带老人练习一下。播放《小星星》《欢乐颂》等简单的音乐，带领老人跟随音乐练习（10 分钟） (3) 选择熟悉的曲目，带老人演奏完整的曲目（10 分钟） (4) 结束与整理（5 分钟）		
拓展活动	利用奥尔夫乐器自由组合演奏节奏明快的乐曲		
注意事项	● 选择大家熟悉的节奏明快的曲子 ● 可以连续安排由易到难的若干次活动 ● 偏瘫老人可以用单手拍鼓 ● 可以一边大声唱歌，一边打鼓，有助于改善身体机能		

3　音乐欣赏

在音乐声中欣赏各地的风景及古迹,再配上一定的解说,既可以勾起参加者的回忆,又可以享受美景与音乐。可选择参加者去过的地方。

案例5

活动名称	音乐冥想旅行			
活动类型	音乐类		参与人数	没有特别限制
建议活动时间	40分钟		难易度	★
活动目的	● 在音乐中勾起老人旅行的回忆 ● 让没去该地旅行过的老人学习新的知识			
活动对象	推荐参与	所有老人		
	不推荐参与	无		
准备物品	椅子(根据人数准备)、音乐及播放设备、投影及屏幕(或大液晶电视)、电脑、影像资料			
现场布置	如右图所示布置桌椅 测试好所有器材及投影和音乐文件 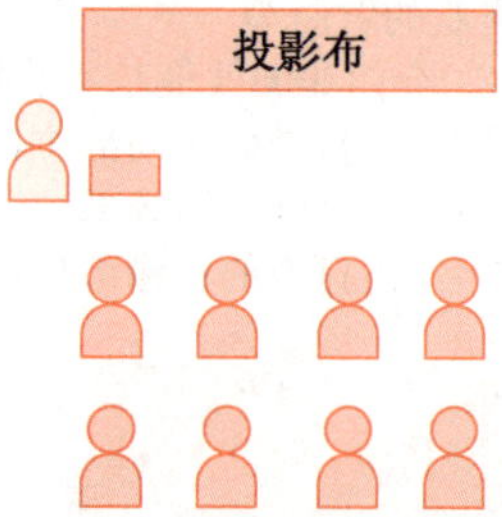			
活动预算	0元/人			
活动内容	① 导入(5分钟) 简单介绍一下当天的旅行地 ② 影像资料赏析及冥想(30分钟) 在音乐声中播放图片或其他影像资料,让参加者身临其境,并加入简单的解说 ③ 结束及整理(5分钟)			
注意事项	● 事先可问一下老人去旅行过的地方 ● 介绍旅行地时不要使用学术性的话语,要用简单易懂的语言,风格轻松 ● 如果有老人愿意发言,优先请老人来讲 ● 音乐曲目可参照附《音乐欣赏曲目》,也可使用其他合适的曲目			

4　身体律动

4.1　反拍节奏律动

一般正拍是在重拍上拍手,而反拍是在弱拍上拍手,可让参加者更集中注意力,活化大脑。可使用大家熟悉的曲子,跟着反拍节奏拍手,还可加上一些其他身体活动。

案例 6

活动名称	优雅中国舞		
活动类型	音乐类	参与人数	参加者人数:5~10人 工作人员:1~2人
建议活动时间	30分钟	难易度	★★★
活动目的	活化大脑,提升身体协调性、节奏感、反应力,活化经络,在优美的音乐和身体活动中感知节奏		
活动对象	推荐参与	一般健康老人、轻度认知症老人	
	不推荐参与	完全卧床老人、听力严重障碍老人、严重心血管疾病老人	
准备物品	座椅、音乐播放设备、《桥边姑娘》乐曲		
现场布置	(1)准备好音乐播放设备 (2)如右图摆放椅子 		
活动预算	极少		
活动内容	(1)导入(5分钟)。用歌曲和养生的话题破冰,问大家一些关于喜欢的歌曲、喜欢的原因等 (2)介绍《桥边姑娘》的音乐和基本动作(5分钟) (3)分步学习基本动作(25分钟) A. 准备动作:双手自然下垂,身体放松,准备迎接音乐 B. 向右侧迈出一步,同时抬起右手,做一个右侧弯曲的动作,左手自然下垂。另一侧重复 C. 向前迈出一步,同时将双手往上举起,做一个大幅度的伸展动作 D. 向后迈出一步,同时将双手向下压低,做一个下压的动作 E. 向右侧迈出一步,同时将右手向上举起,做一个右侧倾斜的动作,左手自然下垂。另一侧重复 F. 重复CD的动作 G. 结尾动作:双手自然下垂,身体放松,结束整个舞蹈 (4)整首乐曲舞蹈(15分钟) (5)结束与整理(5分钟)		
拓展活动			
注意事项	● 也可选择大家熟悉的中国风的曲子 ● 偏瘫老人可以只做单侧动作,坐轮椅的老人根据情况只做手部的动作。也可以只跟唱歌曲 ● 可以一边大声唱歌,一边活动身体,有助于改善身体机能		

4.2 海风与气球

使用蓝色的薄纱,6人一组围成圈,抓着薄纱的一角上下抖动,营造出海风与波浪的感觉,大家熟悉了旋律后还可以跟着音乐轻轻哼唱。作为活动的拓展,还可以把气球放在薄纱上,合力不让气球落下来,或用塑料充气球进行两组互相抛接的游戏等。这样既可以锻炼大臂肌肉力量,还可以在音乐声中想象大海的感觉。

案例 7

活动名称	海风与气球		
活动类型	音乐类	参与人数	6～18人
建议活动时间	20分钟	难易度	★
活动目的	舒缓压力,活化身心,并提升肌肉力量、沟通能力、团队合作能力		
活动对象	推荐参与	一般健康老人、轻度认知症老人、偏瘫老人	
	不推荐参与	完全卧床老人	
准备物品	座椅、有海浪声音的音乐、音乐播放设备、2米×2米大小的薄纱、CD、气球、塑料充气球		
现场布置	① 准备好乐器、音乐播放设备 ② 如右图摆放椅子 		
活动预算	极少		
活动内容	① 导入(5分钟) 用有关风和海浪的话题破冰,并把薄纱发到每一组,摊开薄纱,每人抓一个角 ② 实施(10分钟) 跟着音乐上下慢慢抖动薄纱,直到有海浪的感觉;把气球放在薄纱上,合力不让气球落下来。还可以用塑料充气球进行两组互相抛接的游戏 ③ 慢慢深呼吸放松 ④ 结束与整理		
注意事项	● 等大家协调一致后,可以跟着音乐一起哼唱 ● 活动中尽量让大家体验所有人呼吸步调一致的感觉,获得成就感 ● 如果是正常的老人,可以活动整个肩部和腕部,如果是身体活动不太灵活的老人,可以让他只抓着薄纱		

4.3 响板哒哒哒

使用熟悉的节奏明快的曲子,跟着节奏拍响板,并配上身体的动作。与一般广播体操相比,增加了音乐元素,会更有乐趣,尤其是当参加者把响板打整齐后会很有成就感。

案例 8

活动名称		响板哒哒哒	
活动类型	音乐类	参与人数	20人以下
建议活动时间	30~40分钟	难易度	★★★
活动目的	舒缓压力、活化身心,增加身体协调性、节奏感、肌肉力量,提升沟通能力、团队合作能力		
活动对象	推荐参与	一般健康老人、轻度认知症老人、偏瘫老人	
	不推荐参与	完全卧床老人	
准备物品	座椅、响板、音乐、音乐播放设备		
现场布置	① 准备好响板、音乐和播放设备 ② 如右图摆放椅子 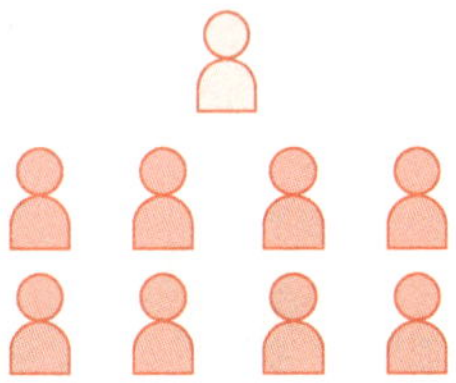		
活动预算	少		
活动内容	① 分发响板,破冰(10分钟) ② 演示并学习动作(5分钟) ③ 一边听曲子一边做动作,可以根据情况调整播放速度(10分钟) ④ 慢慢深呼吸放松 ⑤ 结束与整理 		
注意事项	● 使用节奏感非常明显的曲子 ● 使用可以调节乐曲速度的播放器,根据参加人的身体状态调慢乐曲的速度 ● 老人的动作是否能做到位并不重要,重要的是体验音乐的感觉 ● 如果没有响板,也可用手摇铃、加油拍来代替		

4.4 瓶盖踢踏舞

参加者坐在椅子上,跟着音乐像踩缝纫机那样活动脚部,跳出踢跳舞的感觉。不仅可以提升腿部肌肉的力量,还可以体验跳舞的乐趣。活动的道具是自制的,可将制作道具和跳踢跳舞放在同一场活动中,也可分为两次活动,制作道具本身就是一项有趣的手工活动。

案例 9

活动名称		瓶盖踢踏舞		
活动类型	音乐类	参与人数		30 人以下
建议活动时间	65 分钟	难易度		★★★
活动目的	通过在音乐中活动脚腕,可以提高前胫肌肉的力量,有助于防止跌倒			
活动对象	推荐参与	一般健康老人、轻度认知症老人、坐轮椅老人		
	不推荐参与	完全卧床老人		
准备物品	座椅、音乐、音乐播放设备、踢踏舞道具(如果当场制作,也可以准备一张桌子。) 踢跳舞道具制作方法 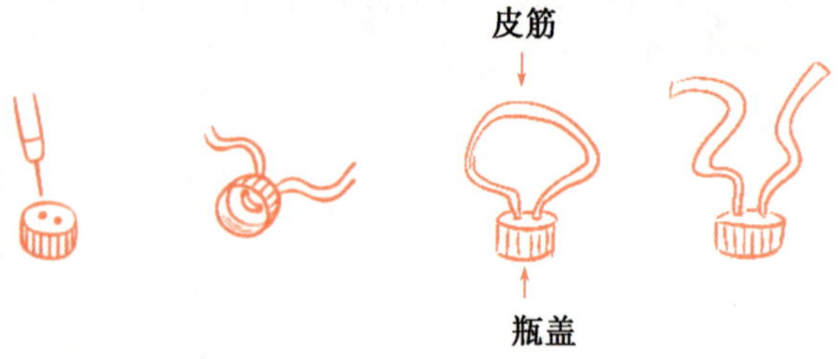 ① 在饮料瓶盖上用锥子钻两个孔 ② 两个瓶盖穿在皮筋上,两个穿在丝带上 ③ 把皮筋缝起来 道具穿戴方法 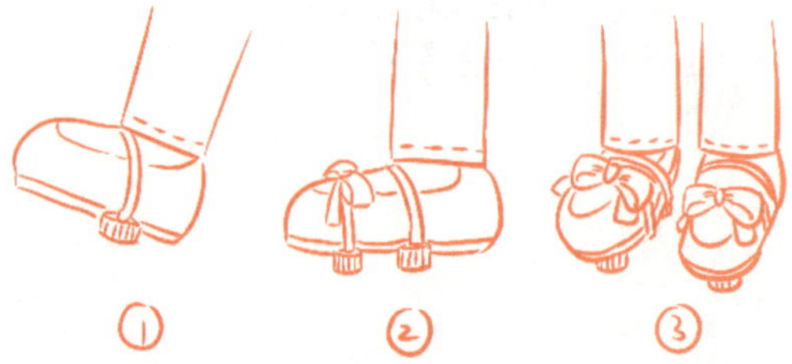 ① 把皮筋瓶盖套上,并把瓶盖调整到脚跟附近 ② 丝带瓶盖穿到脚前端,调整好位置后打结 ③ 双脚都穿好			
现场布置	① 准备好道具、音乐和播放设备 ② 如右图摆放椅子			
活动预算	极少			

(续表)

活动内容	① 导入及破冰(15 分钟)。 一边唱歌,一边拍手打拍子,熟悉曲子的节奏后,用脚来打拍子。脚跟踩地,上下拍打脚尖 ② 坐在座位上,在音乐声中穿好踢跳舞道具(5 分钟) ③ 练习(10 分钟) 先脚跟踩地,跟着节拍上下拍打脚尖;再脚尖踩地,上下拍打脚跟。可以双脚一起动或左右交替。带领参加人一起试着拍打 2 拍子、3 拍子、4 拍子的节奏。熟悉了以后,可以加大难度,比如全脚掌拍打地面、左右打开双膝、手拍打膝盖等 ④ 整体练习(25 分钟) 大家跟着音乐一起跳踢踏舞,尝试把节奏拍齐 ⑤ 慢慢深呼吸放松(5 分钟) ⑥ 结束与整理(5 分钟)
注意事项	● 不适合铺地毯的地面,要用木地板等能发出声音的地面 ● 使用节奏明快的乐曲 ● 脚部活动不方便的老人可以拍手或拍打膝盖等 ● 大家一起打出整齐的声音会让参加者更有成就感

4.5 动感节奏舞

坐在椅子上,跟着音乐活动脚部,并配合手的动作,需要参加者一边用脑子记住动作,一边活动身体,有助于提高身体的协调性,并活化大脑。其中使用的南美和非洲音乐充满动感,会让人不由得想要跟着音乐动起来,使人充满活力。

案例10

活动名称		动感节奏舞	
活动类型	音乐类	参与人数	参加者人数:30人以下 工作人员:1～2人
建议活动时间	30～40分钟	难易度	★★★
活动目的	使用动感的音乐,运用上半身的动作,可以活化大脑,有效预防介护		
活动对象	推荐参与	一般健康老人、轻度认知症老人	
	不推荐参与	完全卧床老人、听力严重障碍老人、严重心血管疾病老人	
准备物品	座椅、音乐《青花瓷》、音乐播放设备		
现场布置	(1) 准备好音乐和播放设备 (2) 如右图摆放椅子 		
活动预算	极少		
活动内容	(1) 导入及破冰(5分钟)。播放音乐,跟着音乐活动和拉伸手脚 (2) 学习舞蹈(10分钟) ① 依次伸出左右手,手心向下 ② 依次把手翻成手心向上 ③ 依次用左右手碰头  ④ 依次把左右手放到胸前,拍一下肩膀 ⑤ 依次把左右手叉腰 ⑥ 双手一起依次敲打膝盖、大腿 ⑦ 拍一下手  ⑧ 双手叉腰,右脚向斜前方伸出点地,再收回;左脚向斜前方伸出点地,再收回		

（续表）

	⑨ 两脚按脚尖—脚跟的顺序分别向外打开。两手平举到肩膀高度，握拳并竖起大拇指，动双脚的同时上下翻大拇指。两脚再按脚跟—脚尖的顺序，重复同样的动作 ⑩ 双手叉腰，右脚向左前方踢，并复原；再换左脚重复同样的动作 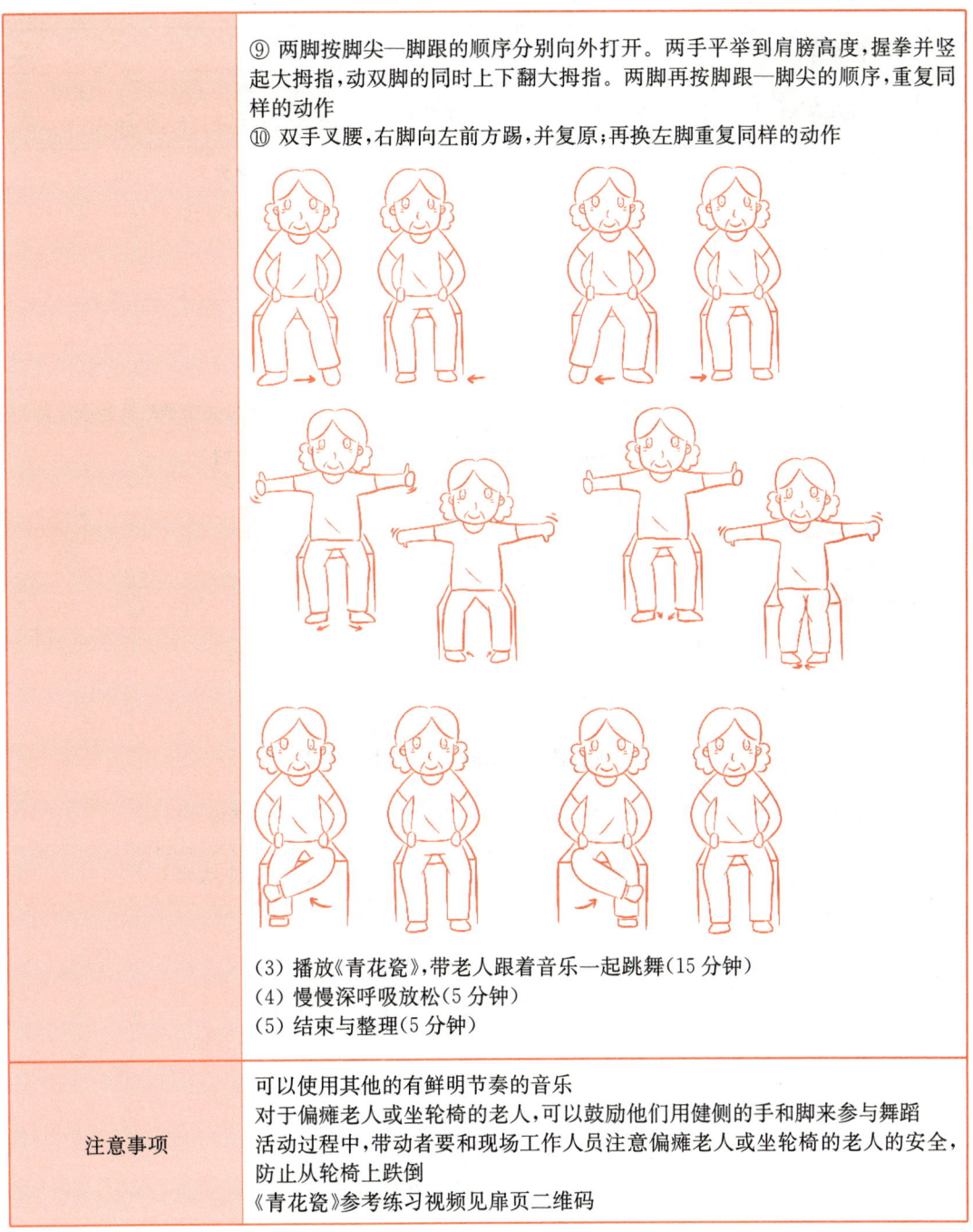 （3）播放《青花瓷》，带老人跟着音乐一起跳舞（15 分钟） （4）慢慢深呼吸放松（5 分钟） （5）结束与整理（5 分钟）
注意事项	可以使用其他的有鲜明节奏的音乐 对于偏瘫老人或坐轮椅的老人，可以鼓励他们用健侧的手和脚来参与舞蹈 活动过程中，带动者要和现场工作人员注意偏瘫老人或坐轮椅的老人的安全，防止从轮椅上跌倒 《青花瓷》参考练习视频见扉页二维码

4.6 椅上韵律操

参加者坐在椅子上挺直背部，跟着音乐的节奏上抬大腿、活动脚尖、脚跟等。既可以提升下肢的肌肉力量，有效防止跌倒，还可以稍稍加快心跳，促进新陈代谢。

案例 11

活动名称		椅上韵律操	
活动类型	运动类	参与人数	参加人数：30 人左右 工作人员：1～2 人
建议活动时间	35 分钟	难易度	★★★
活动目的	● 提高下肢活动能力，提高心率，促进新陈代谢，增强身体机能 ● 增强老人之间沟通和联系 ● 活动大腿及脚部内侧的肌肉，可以有效防止跌倒		
活动对象	推荐参与	使用助步车的老人	
	不推荐参与	失能半失能、严重认知症	
准备物品	椅子（根据人数准备）、音乐《蓝蓝的天上白云飘》《我想去西藏》及播放设备		
现场布置	室内场地移除障碍物，充分保证活动空间；座椅圆形排列		
活动预算	0 元/人		
活动内容	(1) 准备环节（10 分钟） ① 腰背挺直坐在椅子上，注意浅坐在椅子的前半部 ② 工作人员说明椅上运动的方法，并组织热身活动 (2) 实施环节（15 分钟） ① 抬起大腿踏步，重复 2 个八拍（双手在身体两侧自然摆动） ② 活动膝盖，伸缩小腿，重复 2 个八拍（伸出单侧小腿，脚后跟着地后收回） ③ 活动膝盖，伸缩小腿，重复 2 个八拍（小腿收回后抬起大腿再放下） ④ 开合膝盖，重复 2 个八拍（12 拍时双脚脚尖向外打开，双膝打开；34 拍时双脚脚尖向内侧闭合，双膝闭合） ⑤ 抬起、放下脚后跟，重复 2 个八拍（脚底着地，上下移动脚后跟，敲打地面）		

(续表)

	⑥ 活动脚尖,重复 2 个八拍(双脚脚后跟着地,上下活动脚尖,敲打地面) ⑦ 在音乐的前奏、间奏和结尾阶段拍打膝盖(膝盖内侧和外侧) 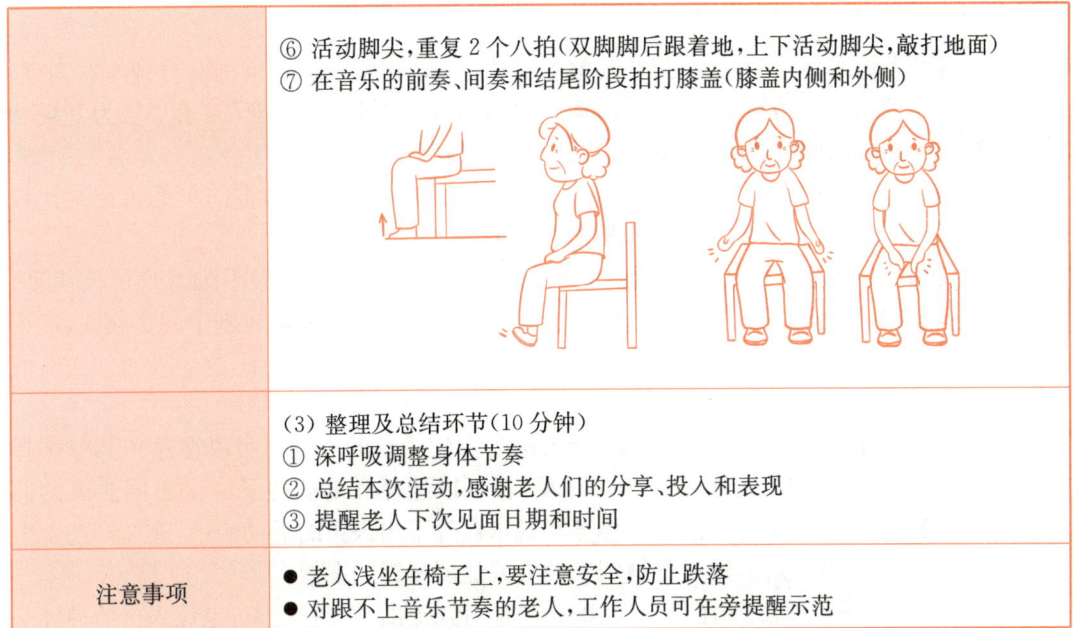
	(3) 整理及总结环节(10 分钟) ① 深呼吸调整身体节奏 ② 总结本次活动,感谢老人们的分享、投入和表现 ③ 提醒老人下次见面日期和时间
注意事项	● 老人浅坐在椅子上,要注意安全,防止跌落 ● 对跟不上音乐节奏的老人,工作人员可在旁提醒示范

任务三　组织老年音乐类康乐活动

 **任务组织**

如何设计和组织一场有趣且参与度高的音乐康乐活动,可参照以下的方法和流程:

1　了解参加者情况

在活动参加者中有养老机构的长住老人,也有日托老人;有自理的老人,也有半自理甚至不能自理的老人;还有认知症老人、偏瘫老人等,即使同为认知症老人,症状表现也各不相同。因此,在活动之前要充分了解参加人员的情况,以便设定正确的活动目标和选择恰当的音乐活动及曲目。

2　正确设定活动目标

活动方法是为实现一定的活动目标而采用的具体形式和手段。在不同的音乐活动中,必须根据具体目标来设计与之相适应的方法。设计活动前要充分了解参加者的身体及精神状态,根据参加者设定正确的目标。比如,把"增加全体参加者的活力"作为目标时,就需要帮助初次参加活动的老人先适应气氛,调动老人的情绪。再比如,把"促进与周围人的交流,增强归属感"作为活动的目标时,就要多使用集体音乐活动。

3　整场活动的起承转合

通过各环节起承转合的设计，串联起整场活动，一场音乐活动以 30～40 分钟左右为宜。在同一场音乐活动中要动静交替，整个活动呈现出山峰的形状。以"静"的活动作为开场和结束，整场要有一次到两次"动"的活动，达到活动的高潮。

"起"的部分一般用大家熟悉的曲子导入，引起参加人的兴趣。节奏简单的童谣是比较好的选择，最好是与活动的主题或季节相关的曲子。

"承"的部分应当选择能让气氛活跃起来的曲子，随着这些曲子做手脚及身体的律动。选择大家耳熟能详，但是没有唱过的歌曲也会有较好的效果。比如电视剧中的主题曲、晚会歌曲等，虽然旋律很熟悉，但是稍有点难度，可以让大家一起挑战唱一下，这会让参加人有成就感。

在"转"的部分要稍微变换一下气氛，让大家感觉到活动的强弱。可以在这个部分选择相对安静的曲子，把气氛变得沉静下来。相反，也可以选择和前面曲子完全不同曲风的曲子，比如在"起"和"承"的部分采用了身体律动或乐器等不出人声的活动的话，在"转"的部分就可以用一些容易唱的歌曲，通过尽情唱歌的方式让能量得到发散。

"结"是一场音乐活动的结尾部分，目的让参加者知道活动即将结束，也让兴奋的神经平静下来。一般可选择熟悉的童谣，可每次活动都用同一首结束曲，这样参加者听到这首曲子就知道活动要结束了。

4　有重复、有变化

在同一场活动中，如果单纯地重复，参加者很容易感到枯燥和疲惫。活动过于简单或安静会让人注意力涣散，活动过于激烈则会让老人觉得跟不上，失去活动的兴趣。因此，在同一场活动中可以乐器活动和唱歌活动交织使用，动静结合，让喜欢乐器和喜欢唱歌的人都能参与。还需要将活动方式做一点改变，以通过增加新鲜感来吸引参加者的继续投入。比如打击乐器中，可以使用不同的方法和策略。先用身体感知曲子的节奏，如拍手打出自己不同的节奏型；接下来，用乐器尝试自己敲打，再看节奏谱敲打，再分声部敲打，再轮换声部进行巩固练习。虽然自始至终用的是同一首音乐，但每一次都有变化。再比如唱歌活动中，把老人分成生日在奇数月份和偶数月份两组，由奇数月出生的老人唱第一小节，偶数月老人唱第二小节，全体一起唱第三小节。这样不仅更有趣味性，还可以让老人集中注意力。

5　合理使用比赛形式

因胜方和负方之间容易产生对抗情绪，在使用比赛的活动形式时要谨慎，尽量不要用一对一的比赛，采用团体对抗赛的形式更好。不能把比赛和评分规则设置得太严格，要让胜方和负方都能感受到活动的愉快。

6　使用熟悉的乐曲

使用熟悉的乐曲是音乐活动的基本要求。但不同年龄的老人熟悉的音乐不一样，可事先准备好歌词，帮助对音乐不熟悉的老人参与进来。如有参加者不好意思在大家面前唱歌，可让周围人跟着一起唱。

案例展示

"乐活越年轻"活动计划

策划人	李珊珊	所在部门	照护1组	完成时间	周四15：00—16：00
活动名称	"乐活越年轻"音乐活动				
目的	通过定期的音乐小组活动，享受音乐的美好，增加参加者肢体力量，缓解焦虑、紧张、抑郁情绪，获得良好的集体活动体验				
基本策略	定期开展的音乐小组活动				
活动时间	20××年9月××日 15：00—16：00				
地点	银龄公寓三层阳光大厅				
参加对象	本公寓的8位入住老人				
活动内容	1. 开始活动(5分钟) 2. 歌曲演唱(15分钟) 3. 器乐演奏(10分钟) 4. 身体律动(5分钟) 5. 集体音乐游戏(5分钟) 6. 结束活动(5分钟)				
人员安排	参考"智力大挑战"策划方案				
人员工作要求或注意事项	人员工作要求参考"智力大挑战"策划方案 注意事项 1. 在活动过程中，应以安全第一 2. 对认知障碍老人不勉强、不催促、不否定 3. 注意偏瘫老人使用响筒有困难，建议使用摇铃或响板单手可以操作的乐器				
器材道具	音乐播放设备及伴奏音乐、话筒、歌词、单响筒2只、双响筒2只、手摇铃2只、响板2只				
经费预算	物品 | 单价(元) | 数量(只) | 总价(元) 单响筒 | 3 | 2 | 6 双响筒 | 5 | 2 | 10 手摇铃 | 5 | 2 | 10 响板 | 5 | 2 | 10 总计(元) | | | 36				
现场布置	如右图布置好桌椅				
开始活动	用一首《你好歌》作为开始，同时运用这首歌曲帮助小组成员相互熟悉彼此，建立固定的结构化模式，让小组成员与活动带动人之间更好地建立关系				

(续表)

歌曲演唱	采用歌曲点唱形式,所用的歌曲是从20世纪40年代到20世纪60年代熟悉的革命歌曲。由老人共同点唱3首歌曲,在音乐伴奏中,带动者带动老人一起唱,达到热身的效果
乐器演奏	使用老人熟悉的《妈妈的吻》这首曲子,让小组成员伴随着歌唱或跟随着乐曲,使用打击乐器进行简单的器乐演奏
身体律动	继续使用《妈妈的吻》,使用手臂屈伸、空间概念(上、下、左、右)、和腿的动作。可参照上述案例(六)椅上韵律操
海风与气球	参照上述案例(二)海风与气球。让老人从之前的活动高潮中慢慢平静下来,为结束活动作准备
结束活动	用《再见歌》作为活动的结束标志。小组成员自由地表达他们的感觉,分享他们特别喜欢的活动和音乐
应急预案	长者身体不适:及时安排休息,必要时终止参加活动 长者情绪激动:及时安抚,必要时终止参加活动,离开会场

任务拓展

1. 小组活动:用《匈牙利舞曲》设计身体律动动作,并练习带动,视频上传云班课。
2. 音乐欣赏:欣赏《老年人喜欢听的歌100首推荐》中的歌曲,并学唱喜欢的歌曲。
3. 向身边的老人了解他们喜欢的歌曲,组编一份歌单。
4. 小组活动:参照上例中的音乐活动方法,设计一场40分钟左右的音乐活动,并完整实施。

项目七
四季、节日主题康乐活动

情 景 聚 焦

点点爱老心　浓浓敬老情

又是一年重阳节,伴随着新中国迎来70华诞的喜庆氛围,神州大地处处洋溢着尊老敬老的节日气氛。从为农村独居老人送去爱心温暖到志愿者上门与老年人同做节日佳肴,从"走一场温馨红地毯"的欢声笑语到"爱心伴夕阳"的志愿接力,各地以继承发扬孝老爱亲美德为着力点,精心设计了一系列内涵丰富、形式多样的重阳节主题活动,用点点滴滴的爱心创意弘扬尊老敬老的优良传统。在湖南长沙,"走一场温馨红地毯"早已是芙蓉区东湖街道韶光社区多年来重阳节活动"最吸睛"的环节。在河北省广平县南阳堡镇,刘贵芳爱心敬老院变成了欢乐的海洋——"九九重阳大爱广平 刘贵芳爱心敬老宴"文化活动在这里隆重举行。

案例思考:

农历九月初九是我国法定的老年节,社区及养老服务机构在这一天会举行各种不同的活动,但实际老年康乐活动应当是贯穿一整年的。除了重阳节,一年之中还有什么节日可以成为老年康乐活动的主题呢?

 **任务目标**

知识目标:
(1) 了解年度、月度康乐活动计划制订的目的;
(2) 熟知年度、月度康乐活动计划制订的步骤和方法;
(3) 熟悉了解一年中主要的四季及节日主题元素;
(4) 熟知音乐、手工、智力、运动等不同类型游戏中与四季、节日相关的活动;
(5) 掌握主题场景布置的方法。

能力目标:
(1) 能根据活动目标设定不同主题,并制订年度活动计划;
(2) 会熟练制作康乐活动月历;
(3) 能根据季节及节日变换灵活设计主题场景布置方案并完成场景布置;

(4) 能熟练操作四季、节日主题活动项目。

素质目标：
(1) 增强学习者对季节变化的感知能力；
(2) 培养学习者的计划意识与能力；
(3) 提升学习者的审美能力与美学意识；
(4) 提升学习者的创新意识和能力。

 **任务要点**

重点：
(1) 年度康乐活动计划的制订；
(2) 主题场景布置方案的设计与实现；
(3) 四季、节日康乐活动的设计与实施。

难点：
(1) 根据不同活动目标设定有创意的主题；
(2) 运用创新的手法进行环境和活动的设计。

 **知识准备**

(1) 复习音乐、手工、智力、运动类游戏的活动方案设计；
(2) 通过网络查找各个季节代表性的植物或动物；
(3) 在网站上观摩优秀的养老机构主题场景布置作品。

任务一　制订年度、月度康乐活动计划

 **任务组织**

1. 年度主题康乐活动计划的制订

康乐活动的目的之一是提升老人的生存意愿，要获得持续的效果，必须长年有计划地开展活动。因此，康乐活动不仅需要单次活动策划，也需要进行长期的活动规划。

表 7-1 书法活动年度计划

活动对象	日间照料轻度认知症老人 10 名		
目的	通过回想法维持老人残存身体机能，发掘新的特长		
月份	周次	目标设定	主题
1月	第1周	通过回想，让老人之间互相交流和了解	"书法俱乐部"开幕
	第2周		怀旧书法　1月（春节）
	第3周		每月一页
	第4周		毛笔画　传统劳动工具
2月	第1周	通过书法游戏了解参加的老人，更新个人的评估表	怀旧书法　2月（元宵节）
	第2周		每月一页
	第3周		看画猜字
	第4周		毛笔画　我的学校
3月	第1周	给活动中不太积极的老人一些聚焦，从对话中了解其兴趣点	怀旧书法　3月（踏青）
	第2周		每月一页
	第3周		毛笔画　传统游戏
	第4周		趣味小诗
4月	第1周	帮助老人感知季节变化	怀旧书法　4月（清明）
	第2周		每月一页
	第3周		毛笔画　花草
	第4周		画作题诗
5月	第1周	通过作品题诗引导老人回想，增加生活乐趣	怀旧书法　5月（劳动节）
	第2周		每月一页
	第3周		毛笔画　花草
	第4周		画作题诗
6月	第1周	挑战残存身体机能 挑战跨次活动	怀旧书法　6月（儿童节）
	第2周		每月一页
	第3周		第一次扇面制作
	第4周		第二次扇面制作
7月	第1周	完成扇面，激起目标达成的愿望	怀旧书法　7月（纳凉）
	第2周		每月一页
	第3周		第三次扇面制作
	第4周		第四次扇面制作

(续表)

月份	周次	目标设定	主题
8月	第1周	激发老人动手的欲望,提高手部精细动作的能力	怀旧书法　8月(七夕)
	第2周		每月一页
	第3周		第一次花草纸DIY
	第4周		第二次花草纸DIY
9月	第1周	引导老人发现和感受生活之美,在活动中体验愉悦感	怀旧书法　9月(中秋节)
	第2周		每月一页
	第3周		花草纸面书法
	第4周		花草纸书签制作
10月	第1周	帮助老人提升自我认知,进而增强自尊自信	怀旧书法　10月(国庆)
	第2周		每月一页
	第3周		毛笔画　自画小像1
	第4周		毛笔画　自画小像2
11月	第1周	激励老人通过回想肯定自我,通过作品完成获得成就感	怀旧书法　11月(红叶)
	第2周		每月一页
	第3周		小像题诗
	第4周		自画小像摆件制作
12月	第1周	团体合作,共同完成日历制作	怀旧书法　12月(冬至)
	第2周		每月一页
	第3周		制作次年日历
	第4周		制作次年日历

1.1　月计划的制订

以表7.1中的1月份为例,主题为"春节",用4周的活动完成这一主题。
第1周:向所有成员说明本项活动主题、活动的方法,让大家尝试挑战书法。
第2周:把能回想到的有关"春节"的词语用毛笔写下来。
第3周:从第2周里写的词语中选出一个最喜欢的词语,写成"每月一页"。
第4周:给老人看春节传统活动的图片,大家互相说说自己的回忆,然后用毛笔画下来。

1.2　年度计划的制订

把每周的活动用以下五步规划成一年的活动。

1. 明确一整年活动的目的和主题

在表7-1的案例中,把活动的目的设定为"通过回想法维持老人残存身体机能,发掘新的特长"。

2. 选择达成目标所要采用的活动

上表中整个活动的主题概念为"用书法表达回忆的文字精灵俱乐部"。首先,把一年中重大节庆作为每月回想的主题;接着,以过去的图片或照片为蓝本,把其中的某个内容画到毛笔画中。例如,让老人回想儿时的游戏时,会想起斗蛐蛐,可提供一幅蛐蛐的图片,让老人一边看图片一边用毛笔画下来。

3. 设定一个终结性的工作或仪式

从怀旧书法的作品中,每个月选中一幅最有怀旧意义的作品,在年末把收集的这些作品制作成下一年的日历。

4. 与养老机构内的其他活动进行联动

例如,养老机构将在八月份举行传统扇子舞的活动,为了配合这一活动,可加入设计制作扇面的活动,使用平时写的字和画来装饰扇面,用 2 个月的时间来完成。

5. 确定调整最近三个月的活动主题

依据整年活动的总目的,设置每个月的分目标,基于这个分目标,再预设最近三个月的每次活动的主题。每次活动的主题设定后,并不是固定不变的,可根据目标达成情况,调整计划或变更主题。

2　月度康乐活动告示牌制作

在养老机构中,需要在每月下旬把次月的月度活动安排表张贴在告示板上,或者把纸质计划表分发到老人手中。如表 7-2 所示。

表 7-2　月度计划示例

日	一	二	三	四	五	六
	1 插花艺术	2 扇子舞	3 烘焙教室	4 围棋	5 手机摄影	6 大合唱
7	8 编织教室	9 太极拳	10 音乐欣赏	11 书法	12 美容沙龙	13 歌声广场
14 生日会	15 插花艺术	16 扇子舞	17 烘焙教室	18 围棋	19 手机摄影	20 大合唱
21 合唱会	22 编织教室	23 太极拳	24 圣诞会	25 书法	26 美容沙龙	27 歌声广场
28 合唱会	29 插花艺术	30 扇子舞	31 迎新会			

 案例展示

表 7-3 是以"四季之花"为主题,让老人体会到不同季节插花乐趣的一项年度活动策划。

表 7-3 插花活动策划示例

活动对象	同一机构内不同介护程度的入住老人以及日间照料老人	
目的	为入住老人创造交流的机会	
月份	目标设定	主题
5月(春)	让初次碰面的参加老人彼此熟悉,共享愉快时光	"尽享春天的花朵" 初学者也可完成的插花
7月(夏)	为参加老人创造互相交谈的机会	"餐具与花朵碰撞的清凉世界" 用玻璃餐具进行的创意插花
11月(秋)	创建小团体,让团体成员互相加深了解	"花开不败" 制作可以放置三个月的干花
2月(冬)	由参加老人共同完成一项作品,增加大家的分工合作意识	"美丽的花朵餐厅" 全体人员参加的插花创作

任务二 策划四季、节日主题康乐活动

任务组织

1 主题环境布置

1.1 环境布置的方法

1. 根据四季及节日定期变换布置场景

根据四季及节日定期变换布置场景,不仅可以为老人带来新鲜感,并且可以让老人感知季节的变化。

一年中主要的主题元素

季节	主题元素
春季(3—5月)	油菜花、迎春花、樱花、桃花、燕子、新柳、春笋
夏季(6—8月)	荷花、向日葵、梅雨季节、知了、西瓜、桃子、海滩、端午节、七夕节
秋季(9—11月)	桂花、菊花、银杏、红叶、柿子、梨子、螃蟹、中秋、重阳节
冬季(12—1月)	蜡梅、雪花、水仙、春节、元宵节

2. 与机构内老人共同完成环境布置

在进行环境布置时,可采购成品装饰件,也可自己动手制作。邀请机构内的老人共同制作环境布置的装饰件,把制作活动融入康乐活动的手工环节不仅让老人体会到动手的乐趣,还可增加老人在养老机构的归属感。

3. 每年进行环境布置方案的计划和预算

在年底时,根据一年的季节变化、生活习惯、节日活动等,进行养老机构次年环境布置方案的整体规划,再根据规划做出费用的预算。保持环境布置有计划地定期更换,避免某次环境场景放置时间过长或过短,并注意合理分配整个年度的费用。

4. 环境布置的要素

(1) 根据不同的节日选择不同种类的植物,营造节日氛围。比如在春节时可以选择富贵竹、橘子树、蝴蝶兰等,母亲节可以选择康乃馨,不仅可以丰富室内的色彩,而且还可以散发出清新的气息和生机。使用植物布置环境时,要注意照顾好植物,及时更换掉枯萎凋谢的植物。

(2) 通过合理的色彩搭配来营造节日的气氛。根据不同节日的特点,选择相应的色彩,营造出节日的气氛。如春节以红色为主色调,结合金色、黄色等温暖色调,元宵节以红色、黄色、粉色为主色调,端午节以青绿色搭配金色、棕色等。

(3) 灯光也是制造节日氛围的好方法。如春节悬挂红色的灯笼,元宵节装饰兔子灯,国庆节可以在建筑物周围缠绕彩色灯带,圣诞节在圣诞树上缠绕彩色小灯。使用灯光时要注意安全性,确保电线的正常使用,消除安全隐患。

(4) 将老年人制作的手工作品放到一起,布置成 DIY 作品展区。比如春节可以设置"年味餐桌""石狮迎春门"等系列摆件的设计,中秋节可以设置"月圆人圆家团圆"手绘团扇摆设,元旦可以设置"新年之旅"一角,摆放贺年卡、日历等手工作品,给节日带来令人耳目一新的个性味道。

1.2 不同季节环境布置案例

1. 春季

主题元素：樱花

布置地点：墙面

使用材料：用瓦楞纸剪出树枝、云彩及小鸟造型，以不同深浅的白、粉、红色纸圆片贴出一朵朵樱花。

2. 夏季

主题元素：夏天代表性食物玉米

布置地点：日历可以贴在养老机构门厅的小黑板上，也可以贴在老人的房间。圈出每天的日期，可以帮助认知症老人记住当下的季节和时间。

使用材料：用解开的麻绳做玉米穗，用卡纸做玉米，尤其是卷曲的叶片营造出立体感。

3. 秋季

主题元素：月兔、中秋、圆月、桔梗花

布置地点：挂在门上的不同门饰可以让老人很快识别出自己的房间。

使用材料：卡纸或瓦楞纸、毛线、棉花、丝带

4. 冬季

主题元素：雪花、圣诞、新年
布置地点：餐厅、活动室、房间
使用材料：卡纸、条形彩纸

2　主题活动项目案例

主题活动项目可使用本书前面介绍过的智力、运动、手工、音乐等各类活动，融入有关四季或节日的元素，也可以使用以下活动项目，根据主题需要变换内容，设计成不同的主题活动项目。

2.1　积木作品搭建

使用市场上的积木，大家一起讨论决定搭建什么样的作品，一起合作搭建，乐趣会更多。该活动不仅可锻炼手指灵活度，而且还可以刺激视觉，活化大脑。可根据不同的时间和主题，选择不同的搭建主题。

案例 1

活动名称	动手动脑庆国庆		
活动类型	手工类	参与人数	参加者人数：10人以下 工作人员：1～2人
建议活动时间	60～70分钟	难易度	★★★★★
活动目的	通过大家一起动手完成作品，来体验达成目标的喜悦感 使用颜色鲜艳的积木来刺激视觉，设计过程可以丰富想象力及创造力 加强手部精细动作的练习		
活动对象	推荐参与	一般老人，需要改善手部灵活度的老人	
	不推荐参与	完全卧床老人、视觉障碍老人	
准备物品	座椅、桌子、积木（包括积木底座）		

（续表）

现场布置	如图布置好桌椅 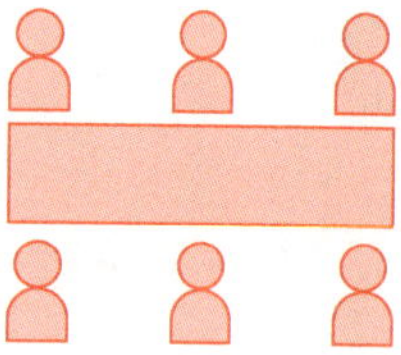
活动预算	视积木的材质及数量而定，可重复使用
活动内容	① 导入(10 分钟) 播放《我和我的祖国》等音乐，在音乐声中用积木说明当天要制作的有关国庆的作品。分成每 4～5 人一组 ② 讨论(10 分钟) 让每个小组讨论制作什么。如果有小组决定不下来，工作人员可以给一些建议 ③ 制作(30 分钟) 各小组搭建好作品后，摆放好 ④ 作品观赏、结束及整理(10 分钟) 
拓展活动	
注意事项	如果有手部精细动作有困难的老人，可以请他们提创意，摆放成品 不要求完成度，而是强调大家的合作与创意 事先也可以准备好一些图片提供给老人作为参考 也可以每个小组搭建一系列作品再进行陈列，比如搭建不同的动物放到一起组成一个场景 事先要确认是不是有会把积木放进嘴里的认知症老人
不同主题变换	可以使用不同材质和拼接方法的拼搭玩具，如纸积木、塑料积木、木质积木、拼豆等，进行不同主题内容的创作。例如，端午节可以搭建龙舟；春节主题搭建舞狮，生日会搭建蛋糕等

2.2 传"画"不走样

工作人员事先准备好照片，第一位参加者把照片上的内容画成图画，再传给下一位。比赛规则与传话游戏相似，只是把传递的内容从语言换成了图画。如果最终的图画和最初的图画一样，就会很有成就感；如果差距很大，也能制造欢乐的气氛。

案例 2

活动名称	传"画"不走样			
活动类型	益智、绘画类	参与人数	12人左右(尽量偶数)	
建议活动时间	40分钟	难易度	★★★★	
活动目的	刺激手部及大脑 凭记忆画画可以锻炼记忆力 让参加者体验大家一起获得成功的喜悦			
活动对象	推荐参与	一般老人,需要改善手部灵活度的老人,轻度认知症老人		
	不推荐参与	完全卧床老人、视觉障碍老人		
准备物品	座椅、桌子、笔、纸(人数份)、事先准备好的照片			
现场布置	室内如左图布置好桌椅 			
活动预算	极少			
活动内容	(1) 导入(10分钟) 说明游戏规则。让参加者坐成两排 (2) 游戏(20分钟) ① 工作人员给坐在第一位的老人看一下照片 ② 第一位老人凭记忆画出刚才看到的照片,再给下一个人看  ③ 第二位老人画好后,再给后一位看,重复直到最后一位  (3) 结果发表(10分钟) 工作人员把最后一幅画展示给大家,并和原来的照片作对比。如果大家发现和原来的照片差了很远,就会大笑。可以为画得最准确的一组鼓掌,也可以评选"最远差距奖" (4) 结束及整理(5分钟)			

(续表)

注意事项	● 工作人员可帮助绘画困难的老人一起画,如帮助握笔、画画的同时询问老人"这样画吗?" ● 在最后展示画作时,可以用幽默的语言、倒数等方式调动气氛 ● 重要的不是画得正确与否,而是大家一起看到在传"画"过程中的不断走样,带来笑料 ● 如果参加者不太擅长画画,则使用简单的画来代替照片
不同主题变换	根据不同的活动主题使用不同的照片或图片来完成活动。如:踏春主题使用春笋、柳树,元宵节使用汤圆、灯笼,春节使用生肖动物、饺子

2.3 我是茶王

把参加者分为2～3人一组,品尝工作人员准备的不同茶品后,每组写下自己的答案,跟着工作人员的口令一起举起答案纸,猜中最多的一组获胜。体味不同季节的不同味道,还可使用果汁来做活动。

案例3

活动名称	我是茶王		
活动类型	游戏类	参与人数	20人以下
建议活动时间	60分钟	难易度	★
活动目的	增强味觉感知能力,体味季节的风物。		
活动对象	推荐参与	所有老人	
	不推荐参与	无	
准备物品	座椅、桌子、泡好放在大壶或大瓶中的5种茶水、纸杯(人数×茶水种类)、成绩表、小点心(按人数)		
现场布置	室内如右图布置好桌椅 		
活动预算	5～10元/人		
活动内容	(1)导入(5分钟) 介绍游戏,并把老人分成2～3人一组 (2)试饮(5分钟) 先把出题的茶让大家试饮一遍 (3)游戏(30分钟) ① 工作人员把茶倒进纸杯后分给大家 ② 参加者喝一下茶,品出茶的种类 ③ 小组内统一意见后把茶名写在白纸上。注意不要让别的小组看到自己的答案 ④ 在工作人员的口令下,各组一起举起写好茶名的纸。工作人员记录成绩		

(续表)

	在游戏时间内,把出题的茶都让大家喝一遍 (4) 公布优胜小组(5 分钟) (5) 吃点心(15 分钟) (6) 结束与整理(5 分钟)
注意事项	● 只要能自己喝东西的老人都可以参加,根据情况也可使用吸管杯等 ● 准备点心和茶水时可以多预备几份 ● 事先要了解老人的身体状况、有无糖尿病及过敏史等
不同主题变换	1. 可使用绿茶、乌龙茶、红茶、普洱茶、大麦茶等完全不同种类的茶叶,也可使用同一种类中的不同品种,如红茶中的大红袍、祁门红茶、滇红、英式伯爵、金峻眉等 2. 根据时令也可品尝辨别果汁。如苹果上市的季节可以制作苹果汁,加入少量不同的其他果汁,如雪梨汁、橙汁、桃汁、胡萝卜汁、黄瓜汁等。但是使用果汁做活动时,特别需要注意参加者中是否有糖尿病患者

2.4 热缩片装饰件

在薄薄的热缩片上用油性笔绘制图案,加热后变成可爱的小装饰件,再用这些小装饰件装饰橘子树等绿植。完成后大家欣赏一下自己 DIY 的漂亮绿植,会很有成就感。除了装饰绿植,还可以根据不同的节日和主题,用同样的方法制作钥匙、手机挂件等小装饰件。

案例 4

活动名称	大吉大利橘子树		
活动类型	手工类	参与人数	5~10 人
建议活动时间	60 分钟	难易度	★★★
活动目的	激发参加者的创作热情 锻炼参加者的手部精细动作 完成圣诞装饰件,获得成就感 在共同装饰的过程中促进参加者之间的交流		
活动对象	推荐参与	一般老人、手部可以活动的老人	
	不推荐参与	完全卧床老人	
准备物品	桌椅、橘子树、烤箱、筷子、热缩片(0.2 mm 厚度)、打孔机、彩色油性笔、剪刀、铝箔、除光液、棉签、平板两块、挂绳、图案打印稿、制作好的成品样品		
现场布置	事先制作好成品样品 准备一些橘子、灯笼、中国结等图片底稿 试好烤箱 如右图布置好桌椅 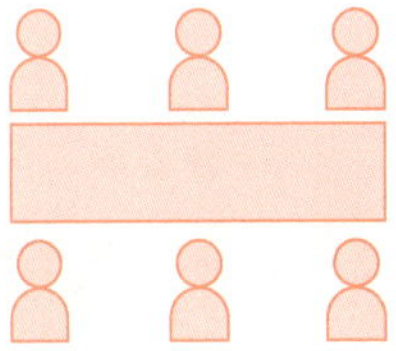		
活动预算	2~5 元/人		

（续表）

活动内容	（1）导入（10分钟） 给大家展示制作好的成品，并介绍制作流程 （2）准备（5分钟） 分发热缩片和油性笔，挑出各自喜欢的画样 （3）加工（15分钟） ① 将热缩片盖在画样上，用油性笔描边 ② 如果需要修改，可以向工作人员借棉签及除光液 ③ 从热缩片上裁下画好的图 ④ 工作人员用打孔机在裁好的热缩片上打孔 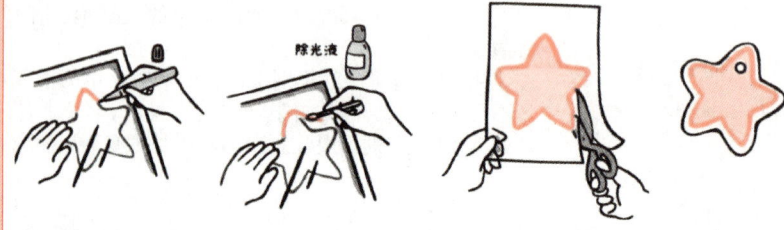 ⑤ 加热（15分钟） 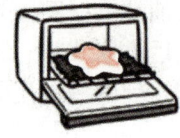 把铝箔揉出皱，铺在烤盘上 把热缩片放在铝箔上加热。600瓦的烤箱加热80秒、800瓦的烤箱加热55秒左右。（如果连续加热，可以缩短时间。）这个过程时间很短，观看加热的过程也会很有趣 等热缩片变成原来的四分之一大小时，用筷子取出  ⑥ 把热缩片夹在两块平板的中间，用力按一下 ⑦ 将绳子穿过小孔 （4）装饰橘子树（10分钟） （5）结束及整理（5分钟）
注意事项	■ 工作人员可以帮助不太擅长手部精细动作的老人描图样、穿绳子等 ■ 请可以使用剪刀的老人来剪绘好的图，或者由工作人员帮忙 ■ 出于安全考虑，使用除光液、打孔及烤箱加热这几项作业，由工作人员来操作。把烤好的热缩片压平的作业可以请老人帮忙 ■ 注意剪刀、烤箱使用安全
不同主题变换	根据不同的主题，搜集不同的图样并制作作品，例如：夏天的海滩、椰树，动物主题，食物主题等

2.5 水培蔬菜种植

本活动使用废旧饮料瓶、椰壳纤维水培蔬菜幼苗。在集中活动时间里种上幼苗,把种好的幼苗放到有阳光的地方,由参与人分组负责浇水和照料蔬菜。这是一项参与时间较长的活动,收获后还可以举行品尝活动。不仅动手参与,还让参加者获得植物成长带来的喜悦。

案例 5

活动名称	水培蔬菜种植		
活动类型	园艺类	参与人数	30 人以下
建议活动时间	65 分钟	难易度	★★
活动目的	通过栽培蔬菜让老人获得生命的价值感 有助于手指功能的强化和恢复		
活动对象	推荐参与	一般老人、手部可以活动的老人	
	不推荐参与	完全卧床老人	
准备物品	桌子、椅子(人数份)、浇水壶、用过的塑料瓶(尽可能多准备一些 2 L 的瓶)、胶带、椰壳纤维、铝箔、厨房用的沥水网、适合水培的蒸菜苗(以上都和塑料瓶数量一致、可以搬花盆的托盘)		
现场布置	把事先收集好的 2 L 塑料瓶剪成适合水培的高度(大约 10 厘米高),使用下半部分。在剪好的塑料瓶沿上缠上胶带,以防止瓶沿划伤手  事先找好适合放置蔬菜的有阳光的地方 如图摆放桌椅 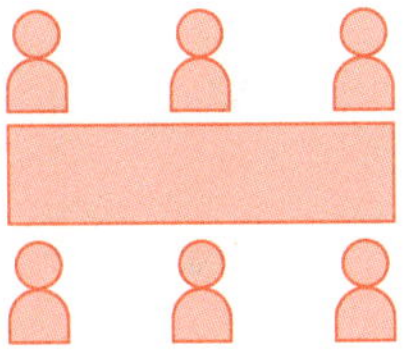		
活动预算	2~5 元/人		
活动内容	(1) 导入(5 分钟) 可以通过"是否知道水培蔬菜"等话题破冰 讲解水培种植(即不用固体的土壤,而是用营养液来种植的方式) (2) 制作(30 分钟)		

（续表）

	 ① 塑料瓶外包上铝箔 ② 放入椰壳纤维，上部留一定的空间 ③ 椰壳纤维的上方放沥水网，再放上蔬菜苗 (3) 浇水(10 分钟) 把栽种好的蔬菜苗放在托盘上，搬到事先找好的地方，浇水 (4) 分工(10 分钟) 分好小组，分配好浇水的任务 (5) 结束及整理(5 分钟)
注意事项	● 栽种作业比较简单，参加的人数多一点也可以。工作人员根据情况提供一些帮助 ● 事先要了解是否有认知症老人会把蔬菜苗放入口中，活动中多加关注 ● 这是持续时间比较长的一项活动。栽种结束后把蔬菜放在朝阳处，可以分小组轮流浇水。收获后可以大家一起来烹饪和品尝这些蔬菜 ● 在摆放水培蔬菜的地方可以贴上一张表格，写上浇水的时间表和负责人
不同主题变换	根据不同的季节，选择适合水培的蔬菜。适合水培的植物主要有：小白菜、油菜、生菜、苋菜、空心菜、莜麦菜、木耳菜、秋葵、黄瓜、西红柿、荷兰豆、辣椒、茄子、香瓜、草莓

2.6 怀旧流行风

选择参加者 20～30 岁时流行的歌曲、事件、生活等主题，一起观看影像，勾起参加者的回忆，聊聊当年的故事。慢慢地播放影像，尽量引导参加者一起分享自己的经历等。该活动可以多次举行，选择不同的时代与主题会有不同的快乐。

案例 6

活动名称	怀旧流行风		
活动类型	回想类	参与人数	10 人以下
建议活动时间	45 分钟	难易度	★
活动目的	通过回忆激活过去的记忆 增加参加者之间的交流，发现新的人际关系		
活动对象	推荐参与	全部老人	
	不推荐参与	无	
准备物品	投影仪、屏幕（或者大液晶电视）、椅子、电脑、主题相关的图片资料、怀旧物件		

（续表）

现场布置	室内，如右图布置场地
活动预算	0
活动内容	（1）导入（5分钟） 介绍本场活动的话题 （2）回想（35分钟） 播放图片，唤醒记忆。工作人员在过程中与参加者不断交流 （3）结束及整理（5分钟）
注意事项	● 可聚焦某个时代的某个主题，找到当时流行的时装、歌曲、大事件等 ● 缓慢地播放图片，着重引出参加者的回忆，并进行交流 ● 某一个人的发言可能会唤醒大家的记忆，所以要认真地对待每一次发言。在参加者发言后可补充一句"哦，这是……呀"
不同主题变换	可以选择电影、歌曲、春晚、服装、当地老街景、游戏及玩具、老农具、生产或生活场景等不同的主题，充分借助网络资料，查找相关的图片

任务三　组织四季、节日主题康乐活动

任务组织

1　主题康乐活动策划及实施的方法

1. 确定活动目标

一般来说主题康乐活动的目标最主要是娱乐，而不是为了训练、康复或竞赛。要让活动的参加者在轻松欢快的氛围中活动，体验到集体活动、与家人团聚等带来的快乐。

2. 选定活动主题

选择的活动主题要具备以下一些要素：一是目的性，原则上要服从于活动的目标，满足参加者的需要；二是客观性，来源于现实生活的体验，与生活是密切相关的；三是文化性，体现一定的文化内涵；四是新颖性，要有新意，让参加者有一定的新鲜感。

3. 拟定活动名称

活动名称是对活动主题的反映和升华，好的主题活动的名称能引起参加者的兴趣，并且能很清楚地了解到活动的主题。从语言上看，活动名称应当做到新颖、鲜明、简单。

4. 选择活动项目

根据不同的季节、节日或事件选择主题后，根据参加对象的情况，选择音乐、运动、手工、美术、益智等不同的活动项目，变换成与主题相呼应的内容，就可组成一场主题活动。也可

一场主题活动只用一类活动形式,例如以"国庆"为主题的音乐活动会。

5. 注重环境布置

与常规的康乐活动不同,主题康乐活动更注重环境的布置,通过环境布置来突出活动主题,营造活动氛围。

2 主题康乐活动计划方案案例

"月圆人圆"活动计划书

策划人	李珊珊	所在部门	照护1组	完成时间	20××年9月××日
活动名称	"月圆人圆"赏月大会					
目的	1. 娱乐身心,丰富机构生活 2. 增进长者、家属、工作人员之间的交流 3. 减轻老人的孤独感,让老人感受到节日快乐的气氛 4. 在活动中感受中秋传统文化				
基本策略	养老机构的老人及家属共同参与的一次聚会				
活动时间	20××年9月××日 18:30—20:00				
地点	一楼室外活动场地				
参加对象	● 身体条件适合参加活动的全体入住长者及部分日托长者 ● 部分长者家属				
活动内容	1. 开始词(5分钟) 2. 传统苏式月饼制作(25分钟) 3. 传画不走样(20分钟) 4. 品尝月饼(10分钟) 5. 中秋月圆对歌赛(10分钟) 6. 赏月(15分钟) 7. 结束及整理(5分钟)				
人员安排	参考"智力大挑战"策划方案				
人员工作要求及注意事项	人员工作要求参考"智力大挑战"策划方案 注意事项 1. 参加活动之前所有组织者要开会做好工作的分工与安排,并分发书面会议纪要 2. 在活动过程中,应以安全第一 3. 组织者与老人沟通时应注意语气和用词 4. 组织者与老人共同参加比赛时,应听从老人的意见 5. 物资的保存与看护,节省物资,以便循环利用 6. 活动中有进食环节,注意了解老人食物过敏史及糖尿病人的情况				
器材道具	使用活动室现有桌椅、借用厨房的烤箱、擀面杖、油、糖等调味料、餐厅的餐盘、茶叶、茶具、准备笔、白纸、音乐播放设备、话筒 另需采购 | 物品 | 数量 | 总价(元) | |---|---|---| | 中筋面粉 | 30克*30只 | 10 | | 猪肉 | 30克*15只 | 25 | | 豆沙馅 | 30克*15只 | 10 | | 横幅及展板制作 | 1 | 100 | 总计:145元				

(续表)

经费预算	150元,实际使用以票据为准
现场布置	1. 在室外活动场地的一面围墙上挂上横幅,并布置事先制作好的展板 2. 如右图布置好桌椅
传统苏式月饼制作	1. 参照网络上的配方及制作方法,事先制作好水油皮、油酥及甜咸两种馅料 2. 展示制作的方法及成品 3. 分发一次性手套 4. 现场请参加者一起来制作月饼。每6位为一小组,分工合作 5. 将制作好的月饼放入烤盘,由工作人员放入烤箱烤制 6. 在等待烤制的过程中开展下面的活动
传画不走样	详见项目七案例《传"画"不走样》,选用月亮、月兔等图片
品尝月饼	1. 为老人倒好茶水 2. 分发现场烤制好的月饼
中秋月圆对歌赛	唱歌词中带有"中秋月圆"四个字中任何一个字的歌曲 详见项目六案例"看谁唱得多"
赏月	在音乐声中与老人一起赏月聊天
应急预案	雨天或室外气温过高:在室内一楼活动室开展活动 志愿者主持人问题:事前准备,启用备用主持人 长者身体不适:及时安排休息,必要时终止参加活动 长者情绪激动:及时安抚,必要时终止参加活动,离开会场

任务拓展

1. 设计一张本月度的活动月历,并用电脑完成制作并打印作品。

2. 小组活动:设计一套有关冬天主题元素的布置方案,并在1.5 m*1 m的白纸上制作所设计的方案。

3. 选择3个主题活动项目,变换成与案例介绍中不同的主题,完成操作。

4. 设计一场春节主题活动并撰写策划书。可以使用本章中所列活动,也可以自己进行创意。参考活动案例见二维码资料。

项目八
认知症老人康乐活动

情景聚焦

案例1：刘女士，经商数十年，现89岁。近1年来，家人发现她记忆力减退，经常心情低落、生闷气，甚至用抓脸、勒脖来伤害自己，还老是觉得看到了别人看不见的"东西"，听到有"人"责备她，并出现身体僵硬、颤抖的现象。

案例2：徐先生的父亲68岁，退休前工作能力强，为人和善，担任机关要职，与同事、家人相处得非常融洽。

一年半前的某天，徐老因为一包薯条而异常的行为，吓到了全家人。他不仅指着徐先生的鼻子骂："你这个狗东西。这种猪都不吃的东西！居然买给我吃！"还把孙子的薯条也扔到地上去了。听到周围的质疑后，徐老立马躺在地下打滚撒泼……

之后，徐老动不动就大发雷霆，失去了理智一样地满地打滚，大吵大闹、不顾形象的情况越来越多。

案例思考：
（1）你能判断案例中的老人具体有哪些认知症患者的典型症状？
（2）以上属于什么类型的认知症？
（3）针对此类老人，可以开展哪些类型的康乐活动？

任务目标

知识目标：

（1）熟练辨析认知症老人的心理、行为症状；
（2）熟练掌握认知症长者康乐活动的不同类型及典型活动方案；
（3）熟练认知症老人康乐活动组织流程及要点。

能力目标：

（1）能区别认知症的不同分类及症状，并沉着应对；
（2）能根据活动对象特点，策划适合不同阶段认知症老人的康乐活动；
（3）能与认知症老人顺利沟通，组织、实施康乐活动。

素质目标：

（1）通过认识认知症的特征及表现，培养对认知症老人的同理心；

（2）通过康乐活动设计过程，体现人文关怀，加强职业责任感。

任务要点

重点：认知症老人康乐活动项目策划。
难点：认知症老人活动表现评估。

知识准备

1. 知识回顾：回顾认知症相关知识点；
2. 视频观看：推荐观看（1）医疗纪录片《人世间·往事只能回味》；（2）《忘不了餐厅》系列综艺节目。

任务一　认识"认知症"

任务组织

1. 认识"认知症"

认知症学名叫作阿尔茨海默病（AD），它是指老年老化程度超过生理性变化，或过早老化，致使脑功能障碍引起获得性、持续性智能障碍。它是一种起病隐匿的进行性发展的神经系统退行性病变，多发病与60岁以上，女性发病率高于男性（大约1.5∶1），65岁以前发病者，称早老性痴呆，65岁以后发病者称老年性痴呆。

认知症是由于认知缺陷或异常造成的心理障碍。包括：感知障碍、记忆障碍、思想障碍。认知症的发生为多种因素相互作用的结果，与年龄成正比。"认知症"发展不同阶段的特征及表现可参照表8-1理解。

表8-1　"认知症"不同阶段特征及表现

1	正常老化 Normal aging （Memory Loss）	● 善忘 ● 偶尔会忘记
2	轻度认知障碍症 （Mild Cognitive Impairment MCI）	● 主要影响记忆力 ● 10％~15％的机会会演变成亚氏认知障碍症 ● 基本自理能力不受影响 ● 日常功能开始受到影响（忘记熄火、忘记自己要做的事情）

（续表）

3	早期认知障碍症 （Early neuro-Cognitive Disorder）	● 较多表现"近期记忆"的困难（如不能牢记新认识的人名、电话号码、放置物品的地方或刚发生的事情） ● 判断力和工作技巧会减退 ● 兴趣逐渐变得狭窄 ● 以往熟悉的事物，也会忘记如何执行（有机会在熟悉的地方迷路）
4	中期认知障碍症 （Moderate neuro-Cognitive Disorder）	● 认知能力会继续下降 ● 对辨认人物、时间等会更感困难 ● 部分患者可能会有情绪波动、疑心、幻觉、行为问题（如叫喊、游荡等），或明显的性格改变
5	后期认知障碍症 （Late neuro-Cognitive Disorder）	● 患者会失去自我照顾的能力，以致穿衣、进食或处理二便等都需要别人的照顾，甚至可能长期卧床 ● 他们的语言交流会更趋减少 ● 也可能会忘记生平中重要的事情

阿尔兹海默病约占认知症的 60%。认知症分类及占比如图 8-1 所示。

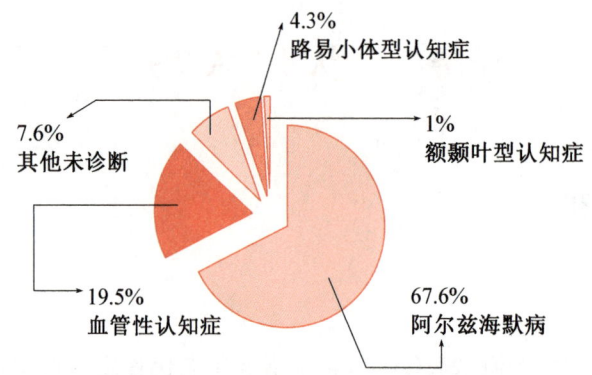

早田隆《在城市中认知症发病率和对认知症的生活功能障碍的应对》综合研究报告书 2013

图 8-1 认知症分类及占比

2 掌握与认知症老人的沟通方法

2.1 单纯的遗忘与认知症的区别

关于单纯的遗忘与认知症的区别如表 8-2 所示。

表 8-2 "遗忘"与"记忆障碍"的区别

单纯的遗忘	认知症引起的记忆障碍
● 记得吃过饭，但忘记吃了什么	● 忘记吃过饭这件事
● 自己可以察觉	● 自己不能察觉
● 对日常生活没有影响	● 对日常生活有影响

2.2 与认知症老人的沟通

与认知症老人沟通，既要了解其认知症的发展状况，又要结合本人的性格与兴趣等综合考虑,所以并没有固定的方法。但从认知症患者内心感受出发,我们总结了几个共同点,以此为参考开展沟通。

① 不求结果

在对认知症老人开展认读汉字和简单计算等康乐活动时,不要追求和局限于结果,不要在意老人读的是否正确,而应该把活动重点放在让老人大声朗读上。当遇到老人出现计算错误或者无法正确认读汉字时,应该避免使用类似"下次我们要加油噢"等对待孩子的语言和态度,要特别注意带着对老人的敬意恰当处理此类状况。

② 聆听对方的表达

认知症的症状之一就是怀旧,老人常常回顾以往因而产生强烈的表达意愿。此时,认真聆听对方的表达,并适当提问是比较恰当的应对方式。

案例1 陈爷爷,一到晚上就会回忆起自己年轻时在战争中的经历。陈爷爷总是跑到一名男性护理人员身边并报告:"我是一名军人!"。

● 应对方法

战争记忆复苏的陈爷爷,总是一副悲伤的神情。因此,采取直接询问"战争中,您一定很辛苦吧?"这样与战争带来生活影响相关的内容,能够引发老人对战争中困苦生活的回忆。后续询问关于当时日常生活相关的话题,例如交通工具、物价、通讯方式等,都能激发老人倾诉和表达的愿望,也能够引导话题向轻松愉悦的方向发展。

③ 多了解对方

知道对方的年龄,就可以尝试着调查了解下他年轻时的经历。这是给予对方更多了解的第一步。

案例2 康乐活动组织者可以自己制作一张时代元素表,随身携带。根据这张表格,可以知道服务对象在多少岁的时候,国民生活中出现了哪些重要元素,这样对老人的生活经历一目了然。

时间		要素
1949年前	服饰	中式的对襟上衣、粗布
20世纪50年代		中山装、列宁装、灰黑蓝色调
20世纪60年代—20世纪70年代		绿色军装、军帽、军用书包
20世纪80年代		太阳镜、喇叭裤、蝙蝠衫
20世纪50年代—20世纪90年代	饮食	粮票、油票、布票……
20世纪60—20世纪70年代	影视	《红色娘子军》《小兵张嘎》
20世纪80—20世纪90年代		《庐山恋》《少林寺》

如果带着这张表格与老人展开交流,根据表格可以充分了解老人生活经历中出现了哪些重要元素,可以选择相应话题与老人交流,引发老人共同话题。同时,通过交流,也能让我们更加尊敬、了解老人。

任务二　认识认知症老人康乐活动

任务组织

1　认识认知症老人康乐活动的策划

为认知症老人策划康乐活动时,活动策划和计划部分非常重要,不能单纯按照工作人员自身喜好设计活动,忽略老人的能力及兴趣,只会增加老人的挫败感,并非重拾其自信心;只会继续让老人看到增加的不足而非帮助他们发挥残余功能。因此必须合理策划、安排活动,有系统地将活动分拆成不同的步骤或工序。

1.1　认知症老人康乐活动需求

(1)尊严:将老人视为有经验的老人,给予尊重,避免幼儿化。
(2)安全:选择安全的环境开展活动,且应避免使用尖锐或易造成伤害的物品作为活动物品。
(3)熟悉:选择老人熟悉的活动主题和环境,促进老人投入活动。
(4)自愿:尊重老人自愿选择是否参与活动的权利。
(5)简单:活动设计应尽量简单,便于老人能够完成每个步骤,并容易获得成功感。
(6)固定:维持固定的活动时间、地点及程序,减少混乱。
(7)生活化:活动内容尽可能贴近老人的日常生活,让老人更容易明白。
(8)好玩:活动内容应具有趣味性,能够激发老人的参与积极性。
(9)弹性:活动内容应能够根据老人的能力、反应和现场状况进行灵活变化,不能强迫每位老人都做到同一件事或同一程度的活动。

1.2　康乐活动流程

(1)评估老人——活动评估。
(2)了解老人的能力及活动需求——活动的短期及长远目标。
(3)选择合适的活动——活动策划书/活动计划。
(4)活动实施——活动进展及定期评估老人。
(5)活动评价——编写报告。

1.3　分析活动步骤

实施认知症老人的康乐活动前必须先为该活动进行详细的分析,以下几项是策划活动时要考虑的地方。
(1)策划活动时首先要制订活动的目标(例如在体能方面、智能方面、情绪方面、社交方面或自理方面)。

（2）将活动简化成不同而简单的步骤。
（3）考虑该活动所需的技能，例如：
- 体能方面：大肌肉或小肌肉活动、协调、耐力及体力消耗等。
- 智能方面：判断力、记忆力、理解力、组织能力、决定能力及集中力等。
- 感知能力：对自己身体的警觉、寻找或选择物品的能力、手眼协调、物品颜色及大小的辨识等。
- 感官方面：视觉、听觉、味觉、嗅觉、触觉。
- 社交方面：沟通能力、情绪状况等。

1.4 活动策划技巧

（1）活动设计晋级

按照认知症老人现有的能力及拥有的技能将活动界定不同的级数。换言之，按他们的程度编排不同难度的活动，例如将智能类活动设计为数个级数的难度，轻度老人可参与一些需要思考或判断力的训练活动；中度老人可参与一些简单计算的训练活动；而智能程度较弱的老人则可安排他们参与一些简单辨识日常物品的训练活动。当老人在活动中的技能有所改善时，他在该活动参与的范围及难度也可以随之调整。

（2）活动内容调整

为能增加老人在活动中的参与性，按需要调整活动规则、物资或方法是不可忽略的。例如老人视力欠佳，字体就要放大而清晰；若参加者的记忆力较差，在活动中每次只给一个指示或重复指示；老人不能站立进行，便要将活动形式改为坐着也能完成等。总之，活动应弹性配合老人能力而非增加其挫败感。

（3）逆序协助法

一些重复性的活动能拆分成一连串顺序的步骤。在活动初期由最后一个步骤开始实施，往往较容易令老人获得成功感，随后便推往前一个步骤练习，以此类推，务求让老人掌握最多能独立完成的步骤。例如自理训练中的穿衣训练，首先由扣扣子开始训练，其他步骤暂由工作人员协助完成，当老人能掌握扣纽扣步骤后，便开始进行穿衣袖训练，再训练分辨衣物的前后，最后训练分辨上衣和裤子等。而当中不忘给予不同程度的提示（口头提示、亲身示范、手部接触协助）和鼓励。

（4）将拆分的步骤延长数次完成

患有认知症的老人短期记忆力差、学习能力较慢，因此复杂的活动不能只拆分为不同简单步骤，需要时可考虑延长完成时限，每次只完成一个步骤，特别对中后期的老人尤为重要。例如手工艺班，一件制成品连续安排数次才完成，能加强老人对该活动的印象，更有满足感。

（5）考虑活动对象的个人背景及兴趣

每位老人背景各有不同，因此了解老人的生活模式及习惯、过往历史及兴趣是计划活动的先决条件。若活动能配合老人兴趣及过往的社会角色，便能吸引他们加入小组。例如老人过去很喜欢做家务，她可能对下棋之类的活动不感兴趣；另一位老人年轻时经常参与一些跳舞场合，可能对舞蹈组或运动组特别感兴趣。

2　了解康乐活动对认知症老人的作用

康乐活动对认知症老人的作用具体体现在以下几个方面。
(1) 享受更快乐的人生
(2) 提高自尊感
(3) 保持和加强健康水平
(4) 延缓记忆力衰退
(5) 保持和加强沟通能力
(6) 改善人际关系
(7) 保存家庭的历史记忆
(8) 保持和加强肌肉力量
(9) 减轻肌肉和骨关节疼痛
(10) 保持和提高灵活度
(11) 减轻焦虑感
(12) 减少坐立不安感
(13) 减少重复的异常行为
(14) 减少徘徊行为
(15) 提高夜里睡眠质量

任务三　策划认知症老人康乐活动

任务组织

1　策划"正常化活动"

"正常化"是设计安排认知症老人日常生活和活动中一个重要的概念。我们要相信：在妥善的照顾下，认知症老人及其照顾者的生活质素可以得到提高。"正常化活动"(Normalization Activity)是熟悉的、平常的、无挫败的"工作"(活动)，可以是日常生活过程中一些重要的环节，能促进有意义地运用时间。

"正常化"(Normalization)的最终意义是尽可能贴近文化的准则，建立及保持独特文化准则上的个人行为及特点。为了达到以上目的，活动需要改良及简化，以加强老人的参与性、自尊、自我价值观及尊严。

要策划"正常化"的活动，就必须了解对于认知症老人来说，日常生活中具备的基本能力及可能遇到的困难，可以参考表8-3。

表8-3 认知症老人日常生活能力与困难分析

可能做得到：	有困难做到：
回忆过往，怀旧	记忆现在的事，特别是细节
拥有个人感想	详细表达感受
对感受有反应	详细理解感受
对恐惧有反应，变得焦虑、害怕	详细理解恐惧
处于熟悉环境的运作，有安全感	了解新环境的运作，例：初到老人院
基本知道自己需要	详细表达自己需要
赞同，批准别人所提供的选择	自己做出复杂抉择
处理简单的工作或应用旧有的技能 例：折毛巾、包粽子	处理复杂的工作，有时可包括穿衣、梳洗
跟随简单指示和带领 例：我带你到浴室	跟随复杂指令 例：请于半小时后带同衣服去浴室

2 认知症老人康乐活动策划案例

认知症老人由于脑部有不正常的退化与缺损，令他们丧失了很多身体上的功能，如记忆力减退（尤以近期记忆为甚）、思考及判断能力减退、自理能力减退、社交能力减退等，以致他们会缺乏自信心及生活品质，变得退缩与被动。

为保持或减缓老人的脑部退化，通过不同活动满足不同需要的老人，辅以合适的工具开展认知症老人康乐活动，活动案例分类如表8-4所示。

表8-4 认知症老人康乐活动分类

性质	活动素材		
智力类	回忆老家	记忆力/认知训练	感官刺激训练
运动类	开心游乐场	健脑八式	
自理训练类	梳洗打扮	叠衣服	
音乐类	音乐与回忆		
操作类	园艺小组	手工艺制作小组	美术活动

2.1 智力类活动

1. 回忆老家

一些患有认知症的老人，因身体功能及近期记忆力衰退，思考及判断能力下降，性格会显得较退缩及不合群。然而，他们对以往、远期的事物则有深刻的记忆力，而且通过回忆活动，老人回顾个人的人生经历，会重新检视其个人生活，建立新角度，更接纳现在的自我和生活，从而肯定个人身份及成就。

● 训练节数

这类活动可分为"衣之篇""食之篇""住之篇""行之篇""习俗篇""家之篇"和"玩之篇"等

主题,策划方案参考案例介绍。

● 活动组织注意事项

工作人员必须先了解每个老人的背景,以便准备与他们相关的引导物品,促进老人之间的沟通。

① 鼓励分享及正面沟通。
② 避免直接指出老人的错误,可通过与老人之间的沟通来纠正。
③ 应尽量多安排一些实物或图片,以增强对老人的刺激作用。

例如:可以自制导向板,列出当日时间和日期等信息,引导老人认识。

④ 保持环境安静及光线充足。
⑤ 尽量布置与主题相关的气氛环境。
⑥ 让老人有固定的位置。
⑦ 播放与主题相关的音乐以增加投入感。

案例1

食之篇——"传统风味"

活动名称	传统风味		
活动类型	智力类	参与人数	参加者人数:4~8人 工作人员:1~2人
建议活动时间	50分钟	难易度	★
活动目的	● 通过传统食物刺激老人回想昔日情怀 ● 让老人可尝到怀旧美食,重温昔日感觉 ● 增强老人之间沟通和联系 ● 维持老人们的定向能力		
活动对象	推荐参与	中度认知症	
	不推荐参与	失能半失能、身体行动不便、严重认知症	
准备物品	导向板、配合时节的花朵或其他装饰、茶点用具、老人的席卡 传统食物、碟子、小礼物、制饼模具、蒸笼、糯米粉、花生		
现场布置	移除障碍物,充分保证活动空间 (见示意图)		
活动预算	30元/人		
活动内容	**接送及活动前期(5分钟)** ● 邀请老人到小组场地进行活动 **活动导引部分(10分钟)** ● 工作人员自我介绍;与老人握手欢迎及鼓励老人自我介绍;老人间互相挥手问安		

（续表）

	● 时间、地点、天气及季节的导向介绍 ● 介绍本次活动主题：如传统风味 ● 给予茶点作欢迎气氛用 **活动核心部分（30分钟）** ● 热身时间 ① 工作人员将一种传统食物分派给老人 ② 工作人员可先让老人看是什么食物，并猜一猜 ③ 工作人员再邀请老人嗅嗅是什么食物，并猜一猜 ④ 各老人可于同一时间一起品尝食物并看看谁能最快说出是哪种传统食品 ⑤ 工作人员与老人一起鼓掌称赞，胜出者可获得小礼物一份或再尝怀旧食品  ● 讨论内容 工作人员可询问老人该食物如何制作？用什么工具制作？什么时候会做？是哪里的特产？制作程序要多久？ ● 与特别节日相关 老人们可再尝尝传统食物作为小吃；工作人员可答谢他们的教导 **总结部分（5分钟）** ● 总结本次活动主题 ● 多谢老人们的分享、投入和表现，并以正面的态度肯定他们过往的经验和成就 ● 再次简介导向内容（时间、地点） ● 提醒老人下次见面日期和时间 ● 鼓励老人在友好气氛下与其他老人道别
注意事项	● 工作人员可选取老人的家乡特产 ● 若老人猜不到何种食物，工作人员可给予提示帮助其猜出 ● 工作人员可拿出道具与老人讨论，并请老人示范制作一次 ● 工作人员可问老人吃该食物时的经历，让他们重温昔日感受；也可问他们最喜欢/怀念吃哪一种食物而现在已经很难吃到

案例2

行之篇——"工作面面观"

活动名称	工作面面观		
活动类型	智力类	参与人数	参加者人数：4～8人 工作人员：1～2人
建议活动时间	50分钟	难易度	★★
活动目的	● 借有组织地回想过去的工作成就，来增强长者自信心和自我满足感		

(续表)

活动对象	推荐参与	中度认知症
	不推荐参与	失能半失能、身体行动不便、严重认知症
准备物品	导向板、配合时节的花朵或其他装饰、茶点用具、老人的席卡 草帽、算盘、工厂女工图片、鸡毛掸子、过去年代的工人、歌曲	
现场布置	室内,移除障碍物,充分保证活动空间	
活动预算	30元/人	
活动内容	接送及活动前期(5分钟) 活动导引部分(10分钟) 活动核心部分(30分钟) ● 热身时间 请长者先听与主题相关的音乐,再请长者挑选一种与自己昔日工作相关的物品 ● 讨论内容 ① 可借其中一位长者的工作,引导并询问其他长者对此工作过去工作图片的了解、工作中的苦与乐,重复请其他长者参与 ② 在讨论过程中,工作人员需提倡正面积极的思想让长者学会现实中看自己的成就和擅长的地方 总结部分(5分钟)	
注意事项	● 工作人员必须先了解各长者过去从事的工作,以便准备与他们工作相关的道具,促进长者间的沟通	

案例3

习俗篇——"喜宴"

活动名称	喜宴		
活动类型	智力类	参与人数	参加者人数:4~8人 工作人员:1~2人
建议活动时间	50分钟	难易度	★★
活动目的	● 借活动让老人缅怀昔日预备婚宴的喜乐,回忆美好生活,提升生活乐趣 ● 促进老人们彼此的认识及加强沟通能力		

(续表)

活动对象	推荐参与	中度认知症
	不推荐参与	失能半失能、身体行动不便、严重认知症
准备物品		导向板、配合时节的花朵或其他装饰、茶点用具、老人的席卡 音乐(喜宴乐曲)、梳子、子孙尺、对联、双喜字、花烛、请帖、裙衫、红包、头绳
现场布置		室内,移除障碍物,充分保证活动空间
活动预算		30元/人
活动内容		**接送及活动前期(5分钟)** **活动导引部分(10分钟)** **活动核心部分(30分钟)** ● **热身时间** ① 工作人员预先布置场地,使老人感受有喜庆事的气氛 ② 工作人员播放音乐带,并将喜饼分给长者吃,让老人猜本次是什么活动 ● **讨论内容** ① 工作人员将物品放入盒中,一边播放音乐一边让老人在盒中抽取出一样物品,并说出是何时使用,如何使用及有何意义 ② 工作人员引导老人回忆过往嫁娶时的情况:有什么人参加婚礼？当日要做些什么事情？有什么嫁妆？仪式？结婚有什么注意事项？ ③ 禁忌:引导长者回忆叙述以往嫁娶时或协助他人嫁娶时的禁忌 **总结部分(5分钟)**
注意事项		● 有些长者没有结婚,可问他们曾否有家人或协助他人嫁娶的经历 ● 工作人员可每次只讨论喜宴的某一仪式,如彩礼、嫁妆、大门喜联,而可按每次讨论的仪式,购买适当物资 ● 可邀请长者带上儿孙的结婚旧照片,以丰富讨论内容

案例 4

家之篇——"粗茶淡饭的日子"

活动名称	粗茶淡饭的日子		
活动类型	智力类	参与人数	参加者人数：4～8 人 工作人员：1～2 人
建议活动时间	50 分钟	难易度	★★
活动目的	● 让老人缅怀昔日家庭的生活，以提高他们的自尊和成功感 ● 忆苦思甜，提倡乐观积极的态度面对生活		
活动对象	推荐参与	中度认知症	
	不推荐参与	失能半失能、身体行动不便、严重认知症	
准备物品	导向板、配合时节的花朵或其他装饰、茶点用具、老人的席卡、饭碗、筷子、美食图片数张、新鲜蔬菜、酱油、咸鱼、腐乳、饭盆		
现场布置	移除障碍物，充分保证活动空间		
活动预算	10 元/人		
活动内容	接送及活动前期(5 分钟) 活动导引部分(10 分钟) 活动核心部分(30 分钟) ● 热身时间 A ① 工作人员先请求老人协助按人数摆放碗筷吃饭 ② 以择菜为游戏，邀请老人比赛最快拿取桌上的蔬菜，并择适当长度放到自己的碗中 ③ 胜出者可以老人的掌声作鼓励 ④ 可引导老人回答家中谁负责预备晚餐和做家务 B ① 可引领老人回想一日的辛苦，最渴望是回家吃饭 ② 请老人在美食图片中抽取一张，让老人猜是什么美食 ③ 询问老人以往的晚饭是否有这些配菜 ● 讨论内容 ① 工作人员准备数款食物，让老人嗅嗅是什么东西，以作讨论题目 ② 以往喜欢的菜式 ③ 可询问他们吃完饭后由谁负责洗碗及打理家务等 ④ 可询问老人家务分工情况 ⑤ 工作人员以正面态度肯定老人昔日在家的成就		

（续表）

	 总结部分(5 分钟)
注意事项	● 老人可能会误以为是吃饭时间，工作人员可邀请老人在规定时间到饭堂吃饭或给予少许茶点。

案例 5

玩之篇——"童年生活"

活动名称	童年生活		
活动类型	智力类	参与人数	参加者人数:4~8 人 工作人员:1~2 人
建议活动时间	50 分钟	难易度	★★
活动目的	● 借儿时用具与老人重温昔日童年的岁月，提升其个人自尊和满足感 ● 促进老人相互沟通，加强小组凝聚力		
活动对象	推荐参与	中度认知症	
	不推荐参与	失能半失能、身体行动不便、严重认知症	
准备物品	导向板、配合时节的花朵或其他装饰、茶点用具、老人的席卡 弹弓、沙包、橡皮筋、竹签、风筝		
现场布置	室内，移除障碍物，充分保证活动空间		
活动预算	20 元/人		
活动内容	接送及活动前期(5 分钟) 活动导引部分(10 分钟) 活动核心部分(30 分钟) ● 热身时间 ① 将用具放在盒内，不让老人看见 ② 边播放歌曲一边将盒子传开，当音乐停止时手上拿着盒子的老人，需要抽出盒中的一件物品 ● 讨论内容 ① 让这位老人说出这件物品的用途、是否用过、什么时候用过、如何用等		

	（续表）
	② 还询问其他老人的情况是否一样，有何不同或相同 ③ 重复以上步骤并逐一邀请其他老人尝试抽取物品并分析 ④ 邀请老人们分享以往童年生活的一件难忘往事 **总结部分(5分钟)**
注意事项	● 因为每个人经历不同，儿时生活还可能有负面的回忆，工作人员应尽量引导老人有正面的思想，例如不怕辛苦 ● 因每个人不同的经历而使老人不能投入，故工作人员一方面要熟悉每个老人的经历，另一方面还可以用实物让老人能具体理解活动内容 ● 有些老人可能从没玩过玩具，而要照顾弟妹等，工作人员需多留意，或把本次小组调整为"儿时的快乐回忆"

2. 记忆力/认知训练小组

记忆力及认知能力减退是认知症老人的症状之一，通过持续提供有系统的记忆/认知训练确实有助改善老人的集中力及对周围环境的反应，尤其对于患有轻度认知症的老人还能提升他们的接受能力，从而有助记忆。此外，针对性的记忆/认知训练活动鼓励重复进行，增加老人对该活动的掌握，从而提高参与程度及其自信心。

案例 6

日常标志与文字配对

活动名称	日常标志与文字配对		
活动类型	智力类	参与人数	参加者人数：4～6人 工作人员：1人
建议活动时间	50分钟	难易度	★★★
活动目的	● 保持对日常环境的生活认知 ● 促进联想及思考的能力 ● 增强集中力		
活动对象	推荐参与	患有轻度认知症的老人，懂文字者较佳	
	不推荐参与	中度、严重认知症	
准备物品	导向板、老人的席卡、文字卡和图片一套，图片上显示出生活中常见的标志，如"请勿吸烟""男洗手间""女洗手间""消防通道"等		
现场布置	室内，移除障碍物，充分保证活动空间		
活动预算	10元/人		

(续表)

活动内容	接送及活动前期(5分钟) 活动导引部分(5分钟) 活动核心部分(30分钟) ① 让老人从文字卡中抽出若干数量(通常每人每次抽两张)的文字卡 ② 鼓励他们轮流读出卡上的文字,然后将文字卡平放在桌面上 ③ 带领的工作人员展示其中一张图片(图片下的文字可预先用纸盖上),询问他们有关图片的意思(可先引导他们讲出图片的内容,再引发他们联系标志的意思) ④ 引导老人找出与标志相配的文字卡,然后邀请其中一位揭开图片下的纸进行核对 ⑤ 以此类推,再展示第二张图片继续以上的步骤 总结部分(10分钟)
注意事项	● 按老人的能力决定每次抽出多少文字卡,以免数量过多引起混乱 ● 该项活动需运用较多思考过程,适宜安排在一个安静的环境下进行 ● 带领的工作人员需要提供足够的时间让老人思考及回答,并逐步引导老人作答

案例7

颜色、形状认识

活动名称	多彩记忆块		
活动类型	智力类	参与人数	参加者人数:6~8人 工作人员:2人,1人主持,1人辅助
建议活动时间	60分钟	难易度	★★★★★
活动目的	● 通过颜色、形状记忆游戏,强化长者对颜色、形状的认知,帮助长者保持原有记忆力或延缓记忆力进一步下降 ● 训练老年人逻辑思维能力,充分刺激老人脑部活动 ● 激起老年人的游戏兴趣,提高参与积极性		
活动对象	推荐参与	中度认知症	
	不推荐参与	失能老人、视力障碍老人、严重认知症	
准备物品	导向板、老人席卡		
现场布置	室内,移除障碍物,充分保证活动空间		

(续表)

活动预算	无
活动内容	**接送及活动前期(5分钟)** **活动导引部分(5分钟)** **活动核心部分(40分钟)** ① 先对模块进行分类堆放。颜色鲜艳、形状各异能有效吸引老人的注意力。先按照颜色对模块进行分类堆放。完成后向老人提问：您能告诉我都有哪些颜色？ ② 接下来按照形状分类。完成后向老人提问：您能告诉我都有哪些形状？ ③ 认识了形状和颜色，就用模板开始拼图：第一步，排列模块，横向保持形状一致，纵向保持颜色一致。完成后增加模块数量，提升难度 ④ 团体游戏——趣味接龙 请大家把所有模块先翻转过来，每人取4个模块。从第一位参加者开始先出一张牌，同时根据手中这张牌的形状和颜色，联系日常生活物品说一句话。例如拿到红色圆形模块，可以说：西红柿是红色的，或者皮球是圆形的。最先出完手中牌的人获胜 **总结部分(10分钟)**
注意事项	● 通过联系生活常见物品，不断加强老人对颜色与形状的记忆；团体游戏的参与有利于增强认知症老人的社会适应性 ● 工作人员应该关注游戏过程，而不是游戏结果。并不一定要让老年人记住多少东西，而在于让老年人参加了游戏，动了脑筋，获得了愉快的游戏体验 ● 在图形摆放环节，图形的设计应根据老人的实际情况设计游戏的难度，如果难度太高，一方面老人无法完成，另一方面加重了老人的精神负担，造成不良情绪反应；老人不但会拒绝配合游戏，有的甚至会产生心理阴影

案例 8

活动名称		饮料瓶排列	
活动类型	智力类	参与人数	参加者人数:4～8人 工作人员:1～2人
建议活动时间	50 分钟	难易度	★★★★
活动目的		● 提高对颜色、形状的认知能力,强化老人对图形规律的认知,保持原有记忆力或延缓记忆力进一步下降 ● 提升老人的手脑协调性,有助于手部功能的恢复与保持	
活动对象	推荐参与	中度认知症	
	不推荐参与	失能半失能、身体行动不便、严重认知症	
准备物品		准备一块白板,黑色、红色、蓝色、黄色记号笔各一支 空饮料瓶若干,红色、黄色、蓝色瓶盖若干	
现场布置		移除障碍物,充分保证活动空间	
活动预算		0 元/人	
活动内容		接送及活动前期(5 分钟) 活动导引部分(10 分钟) 活动核心部分(30 分钟) ① 工作人员把 9 个饮料瓶固定在底板上,瓶盖与瓶身分开 ② 工作人员在白板上画出相应排列图形,由参加者按照图形摆放饮料瓶	

(续表)

	③ 工作人员邀请老人设计图案,并完成摆放 ④ 可根据老人完成情况,增加瓶子的数量,设计有难度的图案让老人完成 **总结部分(5分钟)**
注意事项	● 利用身边材料制作游戏道具,例如空饮料瓶、空牛奶盒等 ● 鼓励老人参与图案设计,并自己动手拧紧或拧开瓶盖 ● 可采取小组比赛的方式开展游戏。例如,比赛哪组最先完成,或者小组设计图案展示

3. 感官刺激训练

认知症老人的感官能力往往随着年龄增长及病情变化而有所缺损,导致老人变得更加被动,缺乏主动性,对周围发生的事情完全不感兴趣。一般所提的感官包括视觉、触觉、听觉、嗅觉和味觉。感官刺激训练是通过有目的、有意义的并针对不同感官刺激的活动,帮助他们重新体验周围事物及环境与自己的关系。感官刺激训练可以小组或个别进行。每次有系统地集中训练一些独特、实质的感官元素,配以有意义的形式进行,例如游戏或分享交流。

案例9

嗅味人生

活动名称	嗅味人生		
活动类型	智力类	参与人数	参加人数:10人以内 工作人员:1~2人
建议活动时间	50分钟	难易度	★★★
活动目的	● 提供嗅觉刺激,提高联想能力 ● 增强老人对日常生活常见气味及物品的认知		
活动对象	推荐参与	患有轻度至中度老年痴呆症的老人	
	不推荐参与	失能半失能、身体行动不便、严重认知症	
准备物品	导向板、老人的席卡 不同强烈气味的东西(如醋、米酒、花露水、红花油等)		
现场布置	移除障碍物,充分保证活动空间		
活动预算	10元/人		

(续表)

活动内容	接送及活动前期(5分钟) 活动导引部分(5分钟) 活动核心部分(30分钟) ① 预先将不同强烈气味的东西分别放于瓶内,然后逐一让老人闻一闻,并邀请他们猜是什么味道 ② 当他们猜对答案时,工作人员还可以邀请他们说说各个物品的用途,或一些类似物品等,以增加他们的趣味感和投入感 总结部分(10分钟)
注意事项	● 选用的物品应以气味强烈为主,气味太微弱会使得嗅觉能力较弱的老人不易分辨,反而增加老人的挫败感 ● 如老人嗅觉较弱,可尝试给予提示 ● 定期检查放在瓶内的东西是否已变质或过期
活动拓展	可利用老年人的五感:视觉、味觉、触觉、听觉、嗅觉分别设计游戏,注意贴近老年人日常生活及回忆场景

2.2 运动类活动

认知症老人往往显得退缩和被动,缺乏适当的运动。康复活动可按个别老人在体能上的不同程度安排合适的活动。老人可经职业治疗师评估,安排合适的训练活动及定期评估。

1. 开心游乐场

通过游戏的方式达到运动身体的效果。体能较弱的老人一般较少自发地运动肢体,集体游戏可以提供一个互动的气氛环境,让老人一起运动。另外,游戏可以用较少的指令达到运动的效益,对于老人来说是较易掌握的。

案例 10

活动名称		开心游乐场	
活动类型	运动类	参与人数	参加者人数:6~8人 工作人员:1~2人
建议活动时间	节数:每周三节,每节一小时。	难易度	★★★
活动目的	● 保持体能较弱的老人有一定的运动量 ● 维持体能较弱的老人的活动能力 ● 为老人提供一个愉快的活动环节		
活动对象	推荐参与	中度认知症	
	不推荐参与	失能半失能、身体行动不便、严重认知症	
准备物品	导向板、配合时节的花朵或其他装饰、茶点用具、老人的席卡		
现场布置	室内,移除障碍物,充分保证活动空间		
活动预算	30元/人		
活动内容	**活动前期准备(10分钟)** 准备游戏用的物资及邀请老人出席活动 **活动导引部分(5分钟)** 工作人员自我介绍;时间、地点、人物及活动导向介绍 **活动核心部分(40分钟)** 进行游戏活动,可预备三至四种游戏 **总结部分(5分钟)** ● 结束游戏带老人离开		
注意事项	● 老人在游戏时,有时候会太投入而将身体过分前倾,有跌倒的危险。工作人员在支持活动时应多加留意 ● 由于参与游戏的为认知症老人,其抛物时力度及方向的控制不太准确,抛物游戏时不宜选择重物,以免伤及其他老人 ● 较主动玩游戏的老人宜坐在一起,而较被动的老人宜坐在另一边,以便工作人员在旁协助		

游戏设计案例如表 8-5 所示。

表 8-5 游戏设计

游戏名称	道具	规则	功效
套圈圈 	圈圈多个、套圈物品	将圈圈分给每个,然后一起向前抛出 ● 分圈圈给老人时提高,令其须尽量伸展上肢	● 活动上肢关节及保持其幅度 ● 扩张胸腔,增加肺活量 ● 训练座椅平衡

（续表）

游戏名称	道具	规则	功效
拍拍有气氛	气球一个	工作人员站在长者围坐的圈内，将气球拍给老人 ● 尽量将气球拍高，使老人尽量伸展上肢	● 扩张胸腔，增加肺活量 ● 活动上肢关节及保持其幅度 ● 训练手眼协调 ● 训练座椅平衡
以球传球	小皮球一个	将皮球向老人的左或右方传递 ● 顺时针或逆时针	● 活动腰部关节 ● 训练手眼协调
命中目标	大皮球一个、大小不等的空纸箱若干个	在老人围坐的圈中心放置数个纸箱，由老人轮流用球踢中纸箱 ● 留意让每位老人都有踢球的机会	● 活动下肢关节
投沙包	沙包多个、纸箱一个	将沙包分给老人，然后一起抛向纸箱 ● 沙包可有不同重量	● 对不同轻重物品的力度控制训练 ● 训练座椅平衡

（续表）

游戏名称	道具	规则	功效
双人套圈 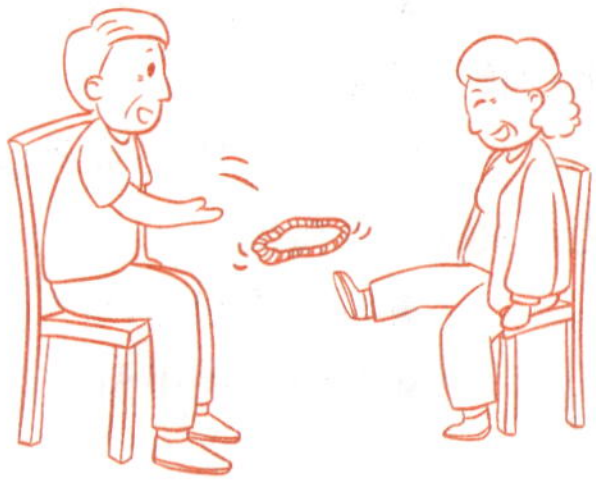	用报纸或软绳制作成绳圈	● 参加者两人对坐，一方用手抓住绳圈，扔向对方，对方用脚接住绳圈算完成 ● 完成3组后，互换再次完成3组。对于能顺利完成的参加者，可提高难度，换用脚套住绳圈，努力扔向对方，另一方仍用脚接绳圈，接住算完成	● 对不同轻重物品的力度控制训练 ● 训练座椅平衡
扇子扇纸巾 	团扇、纸巾	● 参加者围坐在桌前，由工作人员讲解规则并示范 ● 工作人员站在桌边高举纸巾，主持人宣布开始后放开纸巾，每位参加者用团扇扇纸巾，保证纸巾不掉落。纸巾最后掉落者算获胜 ● 游戏完成后，组织参加老人发表自己的感想	● 需团队配合，提高老人社会交往能力 ● 改善老年认知症患者不良情绪及日常活动能力 ● 活动上肢关节及保持其幅度
一路到底 	用乳酸菌饮料瓶做目标，摆在长桌另一端。用厚纸板剪成圆形滑片，涂上颜色	● 每位参加者左右手各滑3次，之后换人。工作人员负责计算碰倒的饮料瓶数目，最多者获胜 ● 完成后主持人宣布获胜者，并请获胜者和其他参加者发表感想	● 对不同轻重物品的力度控制训练 ● 训练座椅平衡 ● 活动上肢关节及保持其幅度

2. 健脑八式

由香港认知障碍症协会的职业治疗师设计，专门针对认知症预防和延缓，锻炼脑筋和手脚协调的"健脑八式"，是伸展性运动，帮助老人增强身体的活动，并以小组形式进行，提高参与兴趣。

案例 11

活动名称		健脑八式	
活动类型	运动类	参与人数	参加人数：不限 工作人员：1~2 人
建议活动时间	节数：每天一次， 每次 15 分钟	难易度	★★★★★
活动目的	● 增强老人的导向能力 ● 增加老人身体的伸展活动以保持健康的体魄 ● 让老人有沟通及交流的机会		
活动对象	推荐参与	轻度、中度认知症	
	不推荐参与	失能半失能、身体行动不便、严重认知症	
准备物品	导向板、配合时节的花朵或其他装饰、茶点用具、座椅		
现场布置	室内，移除障碍物，充分保证活动空间		
活动预算	30 元/人		
活动内容	接送及活动前期(5 分钟) 活动导引部分(10 分钟) ● 现实导向 ① 撕掉昨天日历纸及划去月历日期 ② 介绍今天日期、天气、季节、正处于的地点及即将到来的节日，更换现实导向板内的资料 活动核心部分(30 分钟) 操作方法 第一式　左手右脚齐举高　　第二式　举高左手拍右膝　　第三式　一包一放互交替		

	(续表)
	 第四式 双手拼成长方形 　　第五式 伸出拇指齐赞好 　　第六式 交叉伸出两拇指  第七式 拍拍肩膀和膝头 　　第八式 指天望地脚放好 **总结部分（5 分钟）**
注意事项	● 练习时配合舒缓的音乐，加强练习效果 ● 做的时候，可以带领老人一起进行，根据老人的实际情况调整速度和练习次数，讲解示范动作，如有需要也可以就其中一些动作做出调整

2.3 自理训练类活动

在机构中，照顾者的角色是协助老人进行日常的自理工作（如洗澡、梳洗、穿衣等），但如果老人长期以来都由照顾者提供护理，他们的自我照顾能力便会逐渐下降。尤其是患有认知症的老人，由于他们的记忆力、思考与组织能力受损，他们的退化更为严重。

日常自理活动是每一个人的基本习惯，但这些基本的动作对老人也往往很困难，若能将活动简单化并提供适当的指示，老人的自理能力便能够发挥。

案例 12

活动名称		梳洗打扮		
活动类型		自理训练类	参与人数	参加人数：不限 工作人员：1～2 人
建议活动时间		30～40 分钟	难易度	★★★
活动目的		● 提供机会给老人整理仪容 ● 提供机会给他们欣赏自己，重拾自信 ● 提供感官刺激		
活动对象	推荐参与	中度认知症		
	不推荐参与	失能半失能、身体行动不便、严重认知症		
准备物品		导向板、配合时节的花朵或其他装饰、茶点用具、老人的席卡 基本自理小组物资：梳洗用品（梳子、毛巾、脸盆、润肤膏、唇膏）、镜子、轻快音乐 化妆小组物资：怀旧化妆品（花露水、雪花膏等）、新式化妆品（唇膏、粉底等）、眉笔、镜子、柔和音乐		
现场布置		室内，移除障碍物，充分保证活动空间		
活动预算		20 元/人		
活动内容		**活动导引部分(10 分钟)** ● 工作人员自我介绍；与老人握手欢迎及鼓励老人自我介绍 ● 时间、地点、天气、季节及小组内容的导向介绍 **活动核心部分(20 分钟)** 小组按照老人能力及昔日习惯分为两个小组，两个小组都在上午举行。 (1) 基本自理小组 参加者程度： ● 智能上不能自己安排梳洗步骤 ● 不能自己判断清洁与否 活动程序 ① 协助老人按步骤梳洗（包括梳头、洗脸、抹润肤膏）(15 分钟) ② 邀请老人照镜子，欣赏和感受熟悉后的感觉(5～8 分钟) (2) 化妆小组 参加者程度： ● 认同打扮的重要性并注重个人仪表 ● 视力正常及无手抖 ● 在口头提示或协助下能参与化妆过程		

(续表)

	活动程序(30 分钟) ① 工作人员在要求老人出席前,预先为老人准备化妆品在桌上,并按次序由右至左排列化妆 ② 梳头 ③ 涂抹润唇膏、唇膏 ④ 修眉、画眉、抹粉底及胭脂 ⑤ 涂指甲油 ⑥ 喷香水 ⑦ 照镜子 **总结部分(5 分钟)** 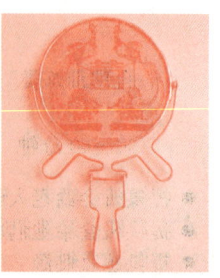
注意事项	● 由于老人专注力较弱,需加上屏风减少不必要的打扰 ● 工作人员应多利用梳洗物品作提醒老人跟随步骤 ● 尽量利用化妆品和工具位置以提示老人跟从步骤 ● 化妆期间工作人员多鼓励老人相互欣赏,给予正面鼓励 ● 选择指甲油颜色时,可以桃红色、粉红色、浅紫色为主,红色对老人来说是"好兆头"的意思,而浅色可使她们容易接受,但必须配合老人喜好 ● 提供含香味化妆品(如香水、唇膏等)增加参加者对外界的注意,提供感官刺激 ● 小心选择化妆品,因可能引起皮肤敏感,特别是患糖尿病的老人。另外,由于旧式化妆品在使用时需配合细微手部动作,老人可能难以控制。此外,工作人员需注意部分长者可能因为抗拒新物品,而引起不必要的恐惧,所以邀请参加者时,需顾及参加者的性格,配合使用新式或旧式化妆品

案例 13

活动名称	一起叠衣服		
活动类型	自理训练类	参与人数	参加人数:不限 工作人员:1～2 人
建议活动时间	50 分钟	难易度	★★
活动目的	● 减慢功能退化维持及增强老人现有的生活技能 ● 建立生活角色 ● 增强或重拾自信,肯定自我价值		
活动对象	推荐参与	中度认知症	
	不推荐参与	失能半失能、身体行动不便、严重认知症	
准备物品	导向板、配合时节的花朵或其他装饰、茶点用具、老人的席卡		

(续表)

现场布置	室内，移除障碍物，充分保证活动空间
活动预算	0元/人
活动内容	接送及活动前期 **活动导引部分(10分钟)** **活动核心部分(30分钟)** ● 叠衣服及导向 ① 按老人能力分为两组，可以叠毛巾、裤子和衣服 ② 在叠衣服期间鼓励老人评估衣服的质地、薄厚和款式 ● 收拾 收拾已叠好的衣服 **总结部分(10分钟)**
注意事项	● 应按照老人能力分组： | 智能 | 可叠物品 | |---|---| | 低 | 小毛巾 | | 中 | 小毛巾、长裤 | | 高 | 一般衣服、外套、被子 | ● 评估老人能力时可以按照以下方向 智能：可参考老人MMSE分数 视觉：如果老人视力衰退，可提供小毛巾、长裤及色彩较鲜艳的衣服 活动能力：如果老人手脚关节活动幅度有限，应选择叠毛巾和长裤

2.4 音乐活动

音乐是一种强而有力的媒介，它能影响个人的内在身体机能，还能影响人与外界的接触。它更是一种令人有缅怀的情意，促进人际沟通和社交的刺激媒介。当患有认知症的老人听到耳熟能详的歌曲时，也会不由自主地哼着歌，完全忘却疾病所带来的困扰。

案例 14

活动名称	音乐与回忆		
活动类型	音乐类	参与人数	参加者人数：4~8 人 工作人员：1~2 人
建议活动时间	50 分钟	难易度	★★
活动目的	● 感官刺激（听觉）、分享与歌曲有关的事件和感觉，训练老人对音乐与面孔联系的记忆、反应及远期记忆		
活动对象	推荐参与	中度认知症	
	不推荐参与	失能半失能、身体行动不便、严重认知症	
准备物品	可播放歌曲的仪器、昔日歌曲、歌星照片		
现场布置	室内，移除障碍物，充分保证活动空间		
活动预算	30 元/人		
活动内容	**活动导引部分(10 分钟)** **活动核心部分(45 分钟)** ① 逐一展示歌星照片，让老人分享对该明星的认识，例如歌名、所做的事及与其他明星的歌星照片关系，并把照片贴在白板上(15 分钟) ② 随机播放歌曲，每首约半分钟，让老人猜歌名及配对其歌星图片，分析歌词内容，分享歌词所唤起的记忆(15 分钟) ③ 播放歌曲，让老人快速指认该歌星的照片，让全部老人都指着正确答案(15 分钟) **总结部分(5 分钟)**		
注意事项	● 需留意有些老人可能比较熟悉电视剧，因此也需预备经典电视剧歌曲		

2.5 操作类活动

1. 园艺小组

园艺小组能让老人在过程中得到成功和满足感，又能刺激他们的感官系统，减少滋扰行为。

案例 15

活动名称	园艺		
活动类型	操作类	参与人数	参加人数：5~6人 工作人员：1~2人
建议活动时间	60 分钟 建议 12 节,每星期 1 节,每节 1 小时(可根据所种植的植物而定)	难易度	★★★★
活动目的	● 通过种植提升老人对环境的关注 ● 提供感官的体验 ● 增加自信和成功感,鼓励老人社交接触 ● 减少滋扰行为发生及次数		
活动对象	推荐参与	轻、中度认知症	
	不推荐参与	失能半失能、身体行动不便、严重认知症、视觉和嗅觉有障碍的老人	
准备物品	鲜花(花香味较浓)、花瓶、笔记本、种子、耙子、泥土、水壶		
现场布置	室内或室外,移除障碍物,充分保证活动空间		
活动预算	30 元/人		
活动内容	活动导引部分(5~10 分钟) 活动核心部分(40 分钟) ● 插花 ① 协助修剪并插鲜花于花瓶内 ② 要求他们细心欣赏那些鲜花 ③ 询问他们鲜花的名称 ④ 闻一闻花的香味 ● 步行花园 ① 欣赏花园的植物 ② 了解各花的种植要点 ③ 讨论不同季节的植物 ● 种植(就不同节数有所更改) ① 种植或灌溉由小组所栽种的植物 ② 记录植物的生长情况 总结部分(10 分钟) ① 重温所种植的植物 ② 重温花园所见或所插的花朵 ③ 简单导向 ④ 答谢老人的出席并回房间		
注意事项	● 一些老人的能力只能做修剪、播种,一些老人则可以协助浇水,因此要注意老人的活动能力。评估时可加入老人能够记起在花园中曾见过的花朵和植物		

种植环节内容见表 8-6。

表 8-6 种植活动内容

节数	内容
1	清除种植地方的杂草,并翻松泥土
2	讨论放什么种子和该植物的特征
3	放上新鲜和肥沃的泥土,放上种子
4	浇水和布置花槽或花盆
5	浇水,观看该植物的收成和开花的图片
6	浇水,手工艺(用图画纸或纸巾做花)
7	浇水,观看植物的录影带或图片
8	浇水,用花泥插花,作装饰比赛
9	浇水,讨论植物收成后可做成的食物
10	浇水,与所种的植物拍照做干花
11	将植物的成果做成茶点或小菜(如:蔬菜色拉)
12	将干花贴于卡上,可鼓励送给家人

2. 手工艺制作活动

手工艺制作活动是其中一种治疗的媒介,尤其对患有认知症的老人来说,通过制作过程让他们重拾自信,再次发掘自己的潜能,增添享受生活的乐趣,提升晚年生活的品质。

手工艺活动设计的难易程度可因老人能力而弹性调整,详见下列活动难易程度分析见表 8-7。

表 8-7 活动难易程度分析表

难易程度	活动特征	适用对象
十分难	表示该作品制作过程约需要 5 个工序 参加者具有理想的集中能力(能维持约 60 分钟注意力集中) 作品常需要运用细微的手部动作	患有早期认知症的老人对手工艺有兴趣
难	表示该作品制作过程约需要 3~4 个工序 参加者具有中上的集中能力(能维持约 40~60 分钟集中力) 作品有时需要运用细微的手部动作	患有早期认知症的老人
一般	表示该作品制作过程约需要 2~3 个工序 参加者具有普通程度的集中能力(能维持约 30 分钟集中力) 作品偶尔需要运用细微的手部动作	患有中期认知症的老人
容易	表示该作品制作过程约需要 1~2 个工序 参加者具有普通程度的集中能力(能维持约 20 分钟集中力) 作品不需要运用细微的手部动作	患有中期至严重认知症的老人

案例 16

活动名称	四季树		
活动类型	操作类	参与人数	参加者人数：4~8人 工作人员：1~2人
建议活动时间	50分钟	难易度	★★★★★
活动目的	● 通过使用剪刀，重复剪、贴等手部精细动作，锻炼认知症长者动手能力提高手脑协调性 ● 通过参与游戏过程，强化老人对四季特征的认知，增强定向能力		
活动对象	推荐参与	轻、中度认知症	
	不推荐参与	失能半失能、身体行动不便、严重认知症	
物品准备	彩纸、广告彩页、贴纸、剪刀、双面胶、白纸、胶水、水彩笔		
现场布置	室内，移除障碍物，充分保证活动空间		
活动预算	20元/人		
活动内容	**活动前期准备工作(10分钟)** ● 准备工作：咖啡色彩纸剪成树干形状，根据季节不同，选取颜色深浅不一的粉色、绿色和蓝色彩纸剪成圆形，贴在树干上，装饰成不同季节的树。为了方便老人操作，工作人员可以提前在白纸上画出苹果的形状 **活动导引部分(5分钟)** **活动核心部分(30分钟)** ● 手工制作 ① 按照涂色和粘贴的不同操作，将老人分为两组 ② 由工作人员协助老人完成涂色或者撕纸粘贴，根据参加者的实际情况，由能熟练使用剪刀的老人或者工作人员剪下苹果、花朵、树叶的图案 ③ 将花朵、树叶、果实分别粘贴到不同季节的树上 ④ 完成作品，展示作品，让老人辨认不同季节树木的特点		

(续表)

	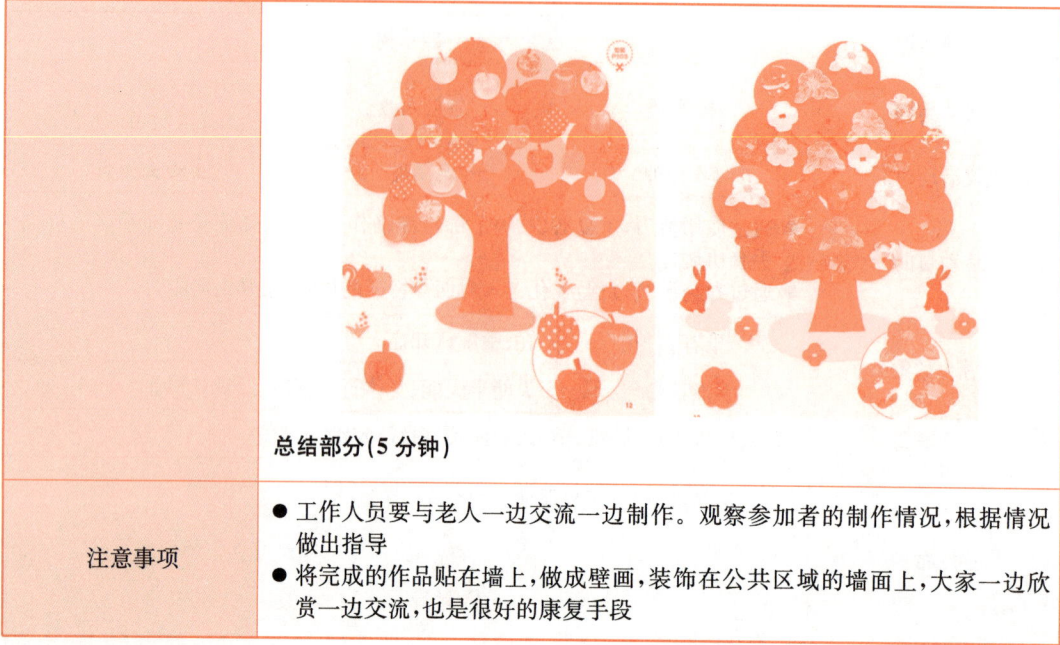 **总结部分(5 分钟)**
注意事项	● 工作人员要与老人一边交流一边制作。观察参加者的制作情况,根据情况做出指导 ● 将完成的作品贴在墙上,做成壁画,装饰在公共区域的墙面上,大家一边欣赏一边交流,也是很好的康复手段

3. 美术活动

案例 17

活动名称	我爱涂色		
活动类型	操作类	参与人数	参加者人数:4~8 人 工作人员:1~2 人
建议活动时间	50 分钟	难易度	★★
活动目的	● 通过涂色锻炼手脑协调 ● 增强老人之间沟通和联系		
活动对象	推荐参与	中度认知症	
	不推荐参与	失能半失能、身体行动不便、严重认知症	
准备物品	各种图案的填色画、彩色铅笔(按照人数准备)、白板一块		
现场布置	室内,移除障碍物,充分保证活动空间		
活动预算	30 元/人		

(续表)

活动内容	活动导引部分(5 分钟) 活动核心部分(40 分钟) ● 活动准备(5 分钟) ① 向老人展示各种图片,让老人自由选择自己喜欢的图案 ② 向老人分发彩色铅笔 ● 涂色 ① 使用彩色铅笔涂色 ② 可以让提前完成的老人再选择一张图案填涂 ● 作品鉴赏(10 分钟) 把大家完成的作品贴在白板上,共同欣赏并展开讨论 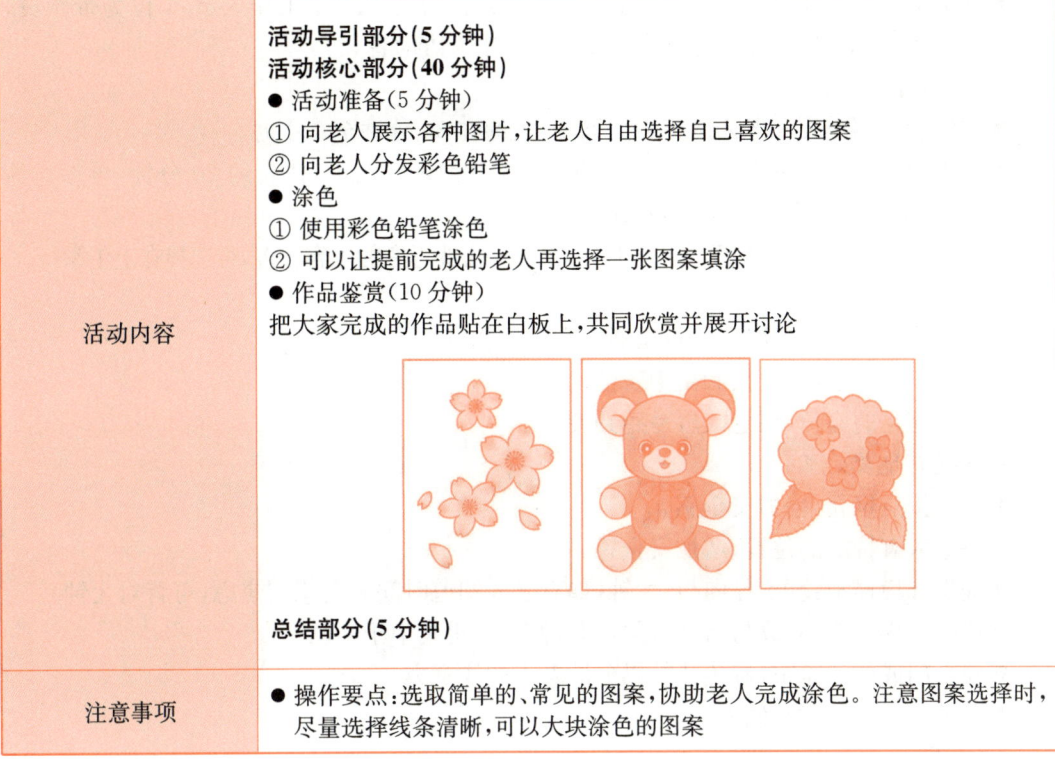 总结部分(5 分钟)
注意事项	● 操作要点:选取简单的、常见的图案,协助老人完成涂色。注意图案选择时,尽量选择线条清晰,可以大块涂色的图案

任务四　组织认知症老人康乐活动

 **任务组织**

1　康乐活动实施技巧及注意事项

为了保证小组顺利开展活动,建立小组气氛,达成小组目的及能让老人投入参与并享受小组活动,有以下须注意的事项及小组技巧。

1.1　活动准备的注意事项

1. 活动对象招募

- 人数大约为 4~6 人,内容越需要集中注意力的活动,成员应该越少,或工作人员应该越多。
- 老人智力和能力与小组互相配合,增加成功感,避免产生挫败感。
- 活动需配合老人的兴趣及背景,吸引其专注于康乐活动。
- 老人必须自愿参加。

2. 工作人员

- 视活动对象认知能力及活动内容而定，最适合的是2、3位工作人员，1位为带领员，1、2位为协助者。也可邀请受训练的义工作为协助者。

3. 活动时间

- 按活动内容需要和老人的集中力而定，大约在30分钟至1小时。
- 也可以让活动对象先参与约30分钟至45分钟运动活动，休息约20分钟，再参与约30分钟至45分钟认知训练活动。
- 由于老人的集中力一般于上午较佳，若活动中需要思考的内容较多，可选择在上午举行。

4. 环境和设施

- 注意安全，包括活动房间、进出通道和活动物资。
- 舒服宁静，让老人放松和集中于活动。
- 预备充足的座位，因老人较易感到疲劳。
- 光线充足及柔和。
- 按时按点聚会，增加安全感。
- 各老人有特定的位置，增加安全感。
- 提供环境提示：现实导向板、大钟（如有老人知道时间后会感到焦虑，可背对大钟）。
- 房间四周简洁，只放与活动有关资料，使老人更集中于活动。
- 关上门或放下窗帘，避免让外界分散老人的注意力。
- 避免让活动干扰其他人。

5. 工具

- 每次展示一至两种物品。
- 多用不同感官刺激媒介，如文字、图片和实物等。
- 现实导向板。（内容为：年月日、季节、天气、位置信息）
- 时钟。
- 所有与该节小组有关的道具及用品。
- 放大镜。
- 老人的眼镜、助听器、假牙等。
- 话筒及音乐播放设备。
- 小吃或饮茶器具。

根据活动实施的不同时期，我们将各个阶段的带领要点总结如表8-8所示：

表 8-8　活动实施不同阶段带领技巧

活动阶段	带领技巧
准备期	专心；平心静气，最好保持一点幽默感
	四周的环境应该安静
	先取得参加者注意，才开始交谈，如轻拍其前臂和站得近些，面向老人望着他的眼睛
过程中	神态自然
	平常心面对沟通上的困难，采取主导以补足欠缺的交谈能力
	句子不要过长，意思不可太复杂，有需要时可以重复
	咬字要清楚，语调要清晰
	多鼓励老人表达，老人尝试沟通时，勿打断其说话
	多采用面部表情、手势和动作，以加强说话中的意思
	采用多种媒介，如文字、图片和实物等
	示范动作可诱发患者的记忆，使沟通更容易
	勿与老人争辩事件的正确性
	因人而异

面对特别情况时，工作人员均需保持冷静以及正面面对这些情况。表 8-9 所示是一些常见的突发情况以及建议应对方法。

表 8-9　常见突发情况及建议应对方法

特别情况	建议应对方法
老人情绪不稳定	由于每人皆有不同的过去，一些看似平常的话题有可能会刺激到某些人的情绪。在分享自己的经历或聆听老人的分享时，老人的情绪可能会被触动，以致有哭泣、愤怒或指骂其他老人的表现。这时，工作人员可以聆听他的情绪，并尝试说出他需要怎样的支持。如果他的反应过于激烈以致其他老人面露不悦，则可请另一位员工陪伴该老人暂时离开小组，让他宣泄情绪。组后亦需由社工员工继续跟进
老人的分享被其他老人批评	工作人员可引导进行批评的老人说出他的价值观，然后让被批评者说出他的价值观，让小组知道对着同一件事物可以有不同的观点与角度
某一两位老人说话过多，减少其他老人的发言时间和机会	在尊重该老人的情况下鼓励他让其他人发言，例如工作人员可以说："非常感谢您的分享，现在可以邀请其他老人也分享一下吧？"
老人经常替另一老人分享	让老人分享往事的主要目的并不在于让其他老人明白事件本质，而是让老人再次经历往昔片段。如果一位老人常常代不善言辞的老人说出往事，则达不到这个目的。工作人员可以说："我们明白你很了解他，但我们希望让他亲自诉说自身经历，这样才原汁原味嘛。"
老人的分享离题	老人于讨论时可能兴之所至而离题，工作人员无须实时把讨论带回原本讨论的题目上，因为过度干预老人发言会减少老人多说的欲望。只要老人的说话有组织性及有逻辑，而其他老人亦在对他的说话做出响应，工作人员就不需要干预。工作人员可先简单总结及感谢其分享，以让该老人感到被尊重，然后邀请其他老人分享

(续表)

特别情况	建议应对方法
老人分享一些不愉快的经历	工作人员可以指出一些环境因素的限制,以及引导其他老人以同理心明白这些限制,然后带动其他老人给予鼓励和支持
两位老人正在分享与小组有关的经历	如果只有一位工作人员,则邀请老人一起先听其中一位老人的分享,随后再听另一老人的分享,以暗示其中一位老人暂停分享。如果有第二位工作人员,两位老人又分隔较远,工作人员则应明确提出分组讨论,然后分两组讨论
没有人说话	工作人员需了解沉默的原因,例如老人不太明白刚才的说话,那工作人员便应重复刚才的说话;如老人正在思考刚才的话题,那工作人员便应给予多一些时间让他们思考,或是提出引导性问题让他们能简洁地回答;如老人对于刚才的话题已经全部分享了,那工作人员便应带领小组讨论下一个话题
老人或工作人员听不明白老人的乡音	工作人员用正面的态度鼓励老人及给予多些时间让老人表达,需要时使用身体语言进行沟通
参加者因表达能力有限而变得焦躁	别假装已经明白或当作若无其事,宜坦白表示不理解;可建议暂时保留话题,先谈谈别的东西,尝试把话题转向别的事情;如长者不能平静下来,告诉他安静一下,稍后再谈
因谈及某些话题而变得情绪激动	为带出使患者不开心的话题而道歉;勿轻视情绪表现;以平静的态度继续谈,安抚情绪;给予支持,如握其双手;尝试转移话题

2 认知症老人的活动表现评估

2.1 认知症老人活动评估

在活动开始前和完成后,运用评估工具量度老人的认知能力和情绪上的情况。

1. 认知能力

应用简短智能测验(Mini-Mental State Examination,MMSE),为每一位老人进行前测及后测,以评估老人前后转变,但需留意 MMSE 应相隔最少半年才做一次,因结果有可能因老人熟悉内容而得到较高分数。

2. 情绪状况

评估老人的情绪状况可以应用老年抑郁情绪量表(Geriatric Depression Scale,GDS),为每一位老人进行前测及后测。

此外,在持续性的康乐活动中,每一次活动后,工作人员可评检每位老人在活动过程中的专注力、记忆力及与人沟通等方面的情况,以更加了解老人在整个活动期内的表现变化。表8-10为认知症老人活动表现评估表格。

表 8–10　认知症老人活动表现评估表

评估范围	（评分）评估项目	评估级别	活动日期			活动后总评估
情绪方面	（4）完全享受活动及表现兴奋					
	（3）大部分时间享受及开心					
	（2）间歇表现开心					
	（1）心情平淡					
社交互动	（4）主动与其他人接触或打开话题，并有眼神接触					
	（3）主动响应话题及有眼神接触					
	（2）需鼓励才做出回应，偶尔有眼神接触					
	（1）拒绝与其他人谈话及眼神接触					
对事物的兴趣	（4）主动表示浓厚兴趣					
	（3）经引导后才有兴趣					
	（2）经引导后仍然反应缓慢					
	（1）没有兴趣知悉					
语言表达能力	（4）有条理					
	（3）大部分时间有条理					
	（2）偶尔有条理					
	（1）完全没有条理					
专注能力	（4）维持 15 分钟以上					
	（3）维持 8~15 分钟					
	（2）维持 8 分钟以下					
	（1）完全不能集中					
时间导向能力	（4）良好					
	（3）一般（需要少量指引）					
	（2）较弱（需要较多指引）					
	（1）没有/欠缺					
人物导向能力	（4）良好					
	（3）一般（需要少量指引）					
	（2）较弱（需较多指引）					
	（1）没有/欠缺					
跟随指示能力	（4）能够明白及跟随指示					
	（3）需少量提示					
	（2）需重复提示及示范					
	（1）完美不明白指示和示范					

3. 所需工作人员

工作人员1名或协助员工2名。

2.2 活动案例及评估

1. 活动理念

有医生指出，认知症的成因可能与较少思考及用脑有关。搓麻将活动具有治疗成效，一方面鼓励认知症老人多打麻将（不涉及金钱或其他赌注，这里指单纯的脑力游戏），以有效保持头脑清醒；另一方面该活动要求参与者运用计算、观察、专注、分析及部署，大脑手眼协调。此外，搓麻将是一项群体活动，有助于促进老人的社交生活。

2. 活动目的

（1）鼓励老人多动脑筋，减缓脑退化的速度。

（2）增加老人的专注力。

（3）通过运用仍能掌握的技巧，建立认知症老人的自信心。

（4）老人可坐在一起切磋牌艺，提供社交的机会。

3. 活动组织技巧

（1）评估参加者

了解他们的过往爱好及现状，是否对打麻将仍然有浓厚兴趣。此外，还要评估他们是否仍然保留打麻将的技术，否则容易令他们产生挫败感。留意一些老人虽然打麻将技术高明但过往因赌博而产生的负面经历，若让他参加此活动可能会引起情绪不稳或其他幻觉。此类老人应选择一些容易令他感觉享受的小组。故除了评估参加者能力之外，还需要细心评估参加者对活动的感受。

图8-2 认知症老人的麻将游戏

（2）按参加者的程度组合

最理想是将相近程度的参加者组合一起，分初期、中期及后期老人小组。由于有懂得打麻将的认知症老人仍然保留很高明的技术，或会对一些反应较慢的参加者表现出不耐烦，甚至容易引起争执，而对方也感到自己技不如人，反而在活动中产生挫败感。

（3）带组工作人员尽量采用"零挫败感"（Failure-Free）的技巧

带领一组较弱的参加者需要给予足够的时间，尽量让他们自己作决定，有需要时可作简单的提示引导便已足够。活动着重享受过程，并非结果。

（4）重复提醒参加者活动目的

老人往往将打麻将与赌钱相联系，因此需要开始前重复说明该活动旨在锻炼思考多动脑筋、培养兴趣等，并非赌钱。活动时可以计分数比赛，得分高者胜出获赠小礼物，增加其参与兴趣。

（5）活动完毕后评估表（参照评估表8-11和评分指导8-12）

打麻将是一种治疗工具，借此锻炼认知症老人的专注力、思考力及促进社交能力，还能检查该治疗的效用及参加者的进度，过程评估和特别事项的评估是一项重要的环节。

表 8-11 参加麻将活动老人评估表

单位名称：_____ 老人姓名：_____

项目＼日期				
(1) 专注力				
(2) 投入程度				
(3) 智能方面（打麻将技巧）				
(4) 社交能力				
(5) 滋扰行为				
备注（特别事件）				

表 8-12 参加麻将活动老人评分指导

项目＼分数	2	1	0
专注力	能保持 30～45 分钟专注力	只能保持 10～20 分钟专注力	不能保持多于 10 分钟专注力
投入程度	非常投入	一般投入	没有兴趣
智能方面	能熟练地掌握打麻将技巧	能掌握一部分打麻将技巧，但不熟练	忘记大部分打麻将技巧，需要人协助进行活动
社交能力	主动,能与其他参与者交谈,谈话内容恰当	被动,需鼓励与他人交谈	人际关系差,容易挑起纷争
滋扰行为	明显减少滋扰行为（请列明_____）	轻微减少滋扰行为	没有滋扰行为

任务拓展

任务内容：

1. 分组完成任务：按照 20 世纪 50 年代、20 世纪 60～70 年代、20 世纪 80 年代、20 世纪 90 年代的时间段，完成年代元素调查，了解社会生活中的代表性事物，例如流行歌曲、电影、明星、服饰、饮食等。通过 PPT、短视频进行分组展示。

2. 养老服务机构实地实践，分组策划、实施认知症老人康乐活动，完成实训活动。根据《老年康乐活动实训评分表》开展小组活动评价。

3. 《老年康乐活动实训评分表》及操作说明。

表 8-13 老年康乐活动实训评分表

活动阶段	考察项目	评分标准	得分	最佳工作人员
开始	专业性（30分）	活动目标明确，符合参加者需求及特点（10分）		
		活动设计具有创新性、活动规则明确且具有灵活性（10分）		
		主持人活动介绍清晰明了，有工作人员示范游戏规则（10分）		
活动组织	可行性（50分）	主持人语言组织恰当，具有感染力（10分）		
		活动参与度高，现场气氛热烈（10分）		
		工作人员职责明确，能有效把控活动进度（10分）		
		准备工作充分，活动道具、规则符合老年人特点（10分）		
		活动过程具有逻辑性、关联性和系统性（10分）		
结束	过程性（20分）	策划过程完整且符合专业要求（10分）		
		完整总结活动过程，组织参加者有序离场（10分）		
总分				

评价方式说明：采取小组互评、教师评价、机构导师观摩点评方式。

1. 执行方案：分小组执行认知症老人的康乐活动策划方案，并对活动场地进行简单装饰。要求对老人提供适度的活动辅助，重点把握现场组织情况和意外情况处理。

操作要点：

（1）活动策划符合认知症老人的需求；

（2）能够根据认知症老人的自主活动情况设计相关游戏，组织有序，协助活动程度把握恰当；

（3）活动工作者能恰当处理活动中出现的意外情况；

（4）组织过程体现同理心、爱心与耐心；

（5）每位老人都有较高的参与度。

2. 自评、小组互评：各小组按《老年康乐活动实训评分表》完成自评、互评；

3. 专家点评：请养老服务机构导师，全程观摩小组操作，并在每组活动结束后针对活动的实际可操作性及预期效果进行点评；

4. 投票评选：教师、学生、实践单位三方评价，选出最优操作活动方案设计、最佳工作人员，同时指出方案的不足之处。

 # 参考文献

1. 蔡笑岳,邢强暨.智力心理学[M].暨南大学出版社,2012
2. 高焕民,李丽梅.老年心理学[M].科学技术文献出版社,2017
3. Jerry M. Burger.人格心理学(第七版)[M].中国轻工业出版社,2012
4. 罗小平,余瑾.老年·音乐·精神——老年精神音乐学简明读本[M].中国中医药出版社,2011
5. 理查德·格里格,菲利普·津巴多.心理学与生活(第16版)[M].人民邮电出版社,2014
6. 刘春芳.智力游戏[M].江西美术出版社,2017
7. 彭华茂.中老年人智力游戏精选[M].大连理工大学出版社,2013
8. 吴淑娥.作业治疗技术(第3版)[M].人民卫生出版社,2019
9. 香港圣公会福利协会.从心出发——老年痴呆症全人照顾手册[M].中国社会出版社,2013
10. 张路光,成红军等.手工制作及材料[M].天津大学出版社,2015